《鳥　譜》
滿文圖說校注

第一冊

莊吉發 校注

滿　語　叢　刊
文史哲出版社印行

國家圖書館出版品預行編目資料

《鳥譜》滿文圖說校注 / 莊吉發校注. -- 初版 -- 臺北市：文史哲, 民 106.09
頁；　公分（滿語叢刊；25）
ISBN 978-986-314-383-3（平裝）第一冊
ISBN 978-986-314-384-0（平裝）第二冊
ISBN 978-986-314-385-7（平裝）第三冊
ISBN 978-986-314-386-4（平裝）第四冊
ISBN 978-986-314-387-1（平裝）第五冊
ISBN 978-986-314-388-8（平裝）第六冊
1. 滿語 2. 中國畫 3. 鳥類 4. 畫冊

802.91　　106016328

滿語叢刊 25

《鳥譜》滿文圖說校注 第一冊

校注者：莊　吉　發
出版者：文　史　哲　出　版　社
http:// www.lapen.com.tw
e-mail:lapen@ms74.hinet.net
登記證字號：行政院新聞局版臺業字五三三七號
發行人：彭　正　雄
發行所：文　史　哲　出　版　社
印刷者：文　史　哲　出　版　社
臺北市羅斯福路一段七十二巷四號
郵政劃撥帳號：一六一八〇一七五
電話886-2-23511028・傳真886-2-23965656

實價新臺幣三五〇元

二〇一七（民 106）十二月初版

ISBN 978-986-314-383-3　　65125

《鳥譜》滿文圖說校注

(一)

目 次

《鳥譜》滿文圖說校注導讀

異曲同工——《鳥譜》的繪製經過

蔣廷錫，字揚孫，江南常熟人，以舉人供奉內廷。康熙四十二年（1703），賜進士，改庶吉士，累遷至內閣學士。蔣廷錫工詩善畫，康熙年間（1662-1722），供奉內廷二十餘年。《石渠寶笈》初編御書房著錄：「蔣廷錫畫鳥譜十二冊」,「素絹本，著色畫，每冊凡三十幅，左方別幅書譜文。每冊末幅款云：『臣蔣廷錫恭畫』，下有「臣廷錫、朝朝染翰」二印，共計三百六十幅。幅高一尺七分，廣一尺二寸九分。」

《清宮內務府造辦處各作成做活計清檔》記載乾隆十四年（1749）十月二十二日，太監胡世傑交《鳥譜》一冊，傳旨：「着余穉照《鳥譜》數目尺寸用絹畫《鳥譜》十二冊，欽此。」余省奉命將御書房所貯「蔣廷錫畫《鳥譜》十二冊」照數目尺寸用絹另行摹繪一份。《石渠寶笈》續編乾清宮著錄：「余省畫《鳥譜》十二冊」,「素絹本，着色畫，每冊三十幅，每冊末幅款云：『臣余省恭畫』，下有「臣余省恭畫」連印。每幅左方王圖炳楷書譜文，每冊末幅款云：『臣王圖炳奉勅敬書』。幅高一尺二寸五分，廣一尺三寸。」除余省畫本外，另有余省、張為邦合摹本。

《石渠寶笈》續編重華宮著錄：「余省、張為邦合摹蔣廷錫《鳥譜》十二冊」,「本幅，絹本，十二冊，每冊三十幅，末冊三十二幅。縱一尺二寸五分，橫一尺三寸，設色畫鳥屬三百六十一種。右圖左說，兼清漢書。」第一冊所載鳥類名稱，包括：鳳、鸞、孔雀、開屏孔雀、鶴、灰鶴、小灰鶴、藍、北喜鵲、喜鵲、山喜鵲、白喜鵲、山鷓、黑山鷓、靛花、石青、鸜鵒、沈香色八哥、秋香色八哥、白八哥、花八哥、燕八哥、山八哥、海八哥、番八哥、白哥、瑞紅鳥、灰色洋鴿、鸕鴿、毛腳鴿，共計三十幅。對照現藏《鳥譜》第一冊鳥類圖文名稱，彼此相合。

第二冊所載鳥類名稱，包括：西綠鸚哥、南綠鸚哥、黑觜綠鸚哥、洋綠鸚哥、紅頰綠鸚哥、柳綠鸚哥、山鸚哥、青頭紅鸚哥、綠翅紅鸚哥、翠尾紅鸚哥、黃鸚哥、灰色洋鸚哥、洋綠鸚哥、牙色裏毛大白鸚䳇、葵黃裏毛大白鸚䳇、葵黃頂花小白鸚䳇、牙色頂花小白鸚䳇、鳳皇鸚䳇、金頭鸚䳇、蓮青鸚䳇、黃丁香鳥、綠丁香鳥、了哥、倒挂鳥、黑觜倒挂、珊瑚鳥、黃山烏、綠山烏、松鴉、白松鴉，共計三十幅。對照現藏《鳥譜》第二冊鳥類圖文名稱，彼此頗有出入。其中第四幅「洋綠鸚哥」，現藏《鳥譜》作「洋綠鸚䳇」。各幅先後順序，亦頗有出入。第十三幅「洋綠鸚哥」，與第四幅「洋綠鸚哥」重複，而缺「洋綠鸚䳇」。第十八幅「鳳皇鸚䳇」，現藏《鳥譜》作「鳳凰鸚䳇」。

第三冊所載鳥類名稱，包括：金翅、柿黃、黃道眉、淡黃道眉、五道眉、白道眉、畫眉、石畫眉、山畫眉、燕雀、白花雀、山花雀、金雀、侶鳳逑、南相思鳥、粉眼、金眼、嗝叭觜、槐串、金鈴、白頭金鈴、太平雀（一名十二黃）、太平雀（一名十二紅）、珠頂紅、花紅燕、花黃燕、山火燕、南百舌、北百舌、雌北百舌，共計三十幅。對照現藏《鳥譜》第三冊鳥類圖文名稱，彼此相合。

第四冊所載鳥類名稱，包括：藍靛頦、黑靛頦、紅靛頦、白靛頦、靠山紅、金絲麻鷯、黃鸝、鶯雛、蛇頭鳥、白頭翁、白頭郎、雙喜、吉祥鳥、五更鳴、西寧白、偷倉、長春花鳥、嘉雀、白嘉雀、花嘉雀、黃雀、山雀、鶺鶉、白牛鶺、南牛鶺、白翎、阿濫、米色阿濫、鳳頭阿濫、鳳頭花阿濫，共計三十幅。對照現藏《鳥譜》第四冊鳥類圖文名稱，彼此略有出入。其中第七幅「黃麗」，現藏《鳥譜》作「黃鸝」；第二十四幅「白牛鶺」，現藏《鳥譜》作「北牛鶺」；第二十七幅「阿濫」、第二十八幅「米色阿濫」、第二十九幅「鳳頭阿濫」、第三十幅「鳳頭花阿濫」，現藏《鳥譜》分別作「阿蘭」、「米色阿蘭」、「鳳頭阿蘭」、「鳳頭花阿蘭」。

第五冊所載鳥類名稱，包括：錦雞、白鷴、吐綬雞、紅色吐綬雞、田洞雞、朱頂大啄木、山啄木、雌山啄木、紅頭花啄木、花啄木、黑頭啄木、白頭啄木、花翎山啄木、戴勝、黑鳩、刺毛鷹、火紋斑、綠斑、南綠斑、紫斑、布穀鳥、佛鳥、王岡哥、貼樹皮、弩克鴉克、雌弩克鴉克、石燕、越燕、紫燕、蛇燕，共計三十幅。對照現藏《鳥譜》第五冊鳥類圖文名稱，其中第十三幅「花翎山啄木」，現藏《鳥譜》作「花翅山啄木」，其餘諸幅，彼此相符。

第六冊所載鳥類名稱，包括：丹雄雞、黑雌雞、烏骨雞、翻毛雞、絲毛雞、雌絲毛雞、萊雞、越雞、太和雞、廣東雞、雌廣東雞、洋雞、雌洋雞、野雞、雉雞、半翅、雌半翅、麻雀、穿草雞、樹雞、口北樹雞、鶡雞、雌鶡雞、鷂雉、金錢雞、石雞、竹雞、火雞、松雞、山花雞，共計三十幅。對照現藏《鳥譜》第六冊鳥類圖文名稱，其中第九幅「太和雞」，現藏《鳥譜》作「泰和雞」，其餘各幅名稱，彼此相合。

第七冊所載鳥類名稱，包括：黑觜天鵞、金頭天鵞、紅觜天鵞、花鵝、白鵝、鳳頭鵝、黃杓雁、小黃杓雁、茶雁、賓鴻、歛雁、秦雁、小黑頭雁、白雁、綠頭鴨、雌鴨、黑鴨、黑觜白鴨、黃觜白鴨、黑觜花鴨、鳳頭烏骨鴨、洋鴨、雌洋鴨、冠鴨、小冠鴨、野鴨、雌野鴨、羅紋鴨、麻鴨、鳳頭羅紋鴨，共計三十幅。對照現藏《鳥譜》第七冊鳥類圖文名稱，彼此相合。

第八冊所載鳥類名稱，包括：尖尾羅紋鴨、沙背羅紋鴨、糠頭羅紋鴨、馬鴨、魚鴨、鳳頭魚鴨、鳳頭黑脚鴨、雌鳳頭黑脚鴨、黑脚鴨、蒲鴨、鴛鴦、鸂鶒、黃鴨、土鴛鴦、泥跁踏、雌泥跁踏、落河、皮壺盧、雌皮壺盧、油壺盧、水壺盧、翠雲鳥、鸛、黑鸛、鵜鶘、禿鶖、麥黃鶖、花鶖、江鷗、海鷗，共計三十幅。其中第十八幅「皮壺盧」、第十九幅「雌皮壺盧」、第二十幅「油壺盧」、第二十一幅「水壺盧」、第二十六幅「禿鶖」，現藏《鳥譜》第八冊分別作「皮葫蘆」、「雌皮葫蘆」、「油葫蘆」、「水葫蘆」、「鵚鶖」。

第九冊所載鳥類名稱，包括：建華鴨、白鷺、青鷺、青莊、黃莊、紅莊、白莊、小白莊、黑莊、鴇、羊鴇、青觜淘河、淘河、水花冠、五斑虫、水駱駝、水鶬鳥、鷃鳿、打穀鳥、三和尚、油罐子、沙溜兒、骨頂、水雞、水鵪、澤雞、小水雞、地烏、魚鷹、鸕鷀，共計三十幅。對照現藏《鳥譜》第九冊鳥類圖文名稱，彼此相合。

第十冊所載鳥類名稱，包括：翠鳥、南翠、北翠、暹羅翠、水喳子、蘆葦鳥、水喜鵲、鶺鴒、蘿蔔花、黃蘿蔔花、青蘿蔔花、慈烏、烏鴉、青鴉、白鴉、元烏、寒鴉、紅觜鴉、紫練、白練、鵉雞、錦背不刺、鶯不刺、火不刺、寒露、錦背、綠鳥、兆兆雀、大水札子、樹札子，共計三十幅。對照現藏《鳥譜》第十冊鳥類圖文名稱，其各幅先後順序，頗有出入。其中第二十一幅「鵉雞」、第二十二幅「錦背不刺」、第二十三幅「鶯不刺」、第二十四幅「火不剌」，現藏《鳥譜》第十冊第二十一幅為「火不剌」、第二十二幅為「鷹不剌」、第二十三幅為「錦背不剌」、第二十四幅為「鷙雞」。

第十一冊所載鳥類名稱，包括：老皂鵰、皂鵰、狗頭鵰、白鵰、虎斑鵰、接白鵰、又接白鵰、芝麻鵰、團鵰、花白鵰、倒插鵰、花鷂鷹、白海青、蘆花海青、籠黃鷹、新黃鷹、籠栢雄、籠鵞兒、風鷹、青鶮、雌青鶮、鷂子、籠鷂子、花豹、黃花豹、蝦蟆鷹、鶚鷹、花頭鷂鷹、鷂鷹、黃鷂鷹，共計三十幅。對照現藏《鳥譜》第十一冊鳥類圖文名稱，略有出入。第十八幅「籠鵞兒」，現藏《鳥譜》作「籠鵞兒」；第二十一幅「雌青鶮」，現藏《鳥譜》作「鷂子」；第二十二幅「鷂子」，現藏《鳥譜》作「雌青鶮」。

第十二冊所載鳥類名稱，包括：白超、黑超、鴞鳥、狠鶻、雲頭花豹、茅鴟、樹貓兒、夜貓兒、木兔、鵂鶹、子規、松花、蜀黍雀、麻葉雀、搖臀雀、梧桐、皂兒、灰兒、仔仔黑、黃交觜、紅交觜、花交觜、虎頭雀、竹葉鳥、花斑鳥、告天子、鐵腳、國公鳥、信鳥、提壺鳥、額摩鳥，共計三十一幅。對照現藏《鳥譜》第十二冊鳥類圖文名稱，彼此相合。

《鳥譜》第十二冊後幅詳載傅恒等題跋，原跋云：「右鳥譜十二冊，為圖三百有六十，內府舊藏故大學士蔣廷錫設色本，乾隆庚午春，敕畫院供奉余省、張為邦摹繪，並命臣等以國書譯圖說，系於各幀之左，迄辛巳冬竣事，裝潢上呈乙覽。凡名之訛者，音之舛者，悉於幾餘，披閱舉示。復詳勘釐正，并識其始末。臣等竊惟《爾雅．釋鳥》一篇，列敘綦詳，注疏家據引紛如，往往闕疑莫考。他若陸璣之廣《詩疏》、張華之注《禽經》，傅會滋繁，折衷鮮要，蓋泥於古，則無以證今，拘於方，則不能通俗。且肖形未備，斯格致無徵焉。茲譜所錄，凡雲飛水宿之屬，各以類聚。辨毛羽，誌鳴聲，考飲啄之宜，紀職方之產，雌雄雛鷇，稽述靡遺，洵足為對時育物之資，博考洽聞之助矣。矧夫亭育所周，遠逮絕域，若鷲鶩爾之羽，至自伊犁，大雀之卵，來於安息，竝獲紀自宸章，另圖誌實，故當以西鶼北隼，同載幅員盛事云爾。臣傅恒、臣劉統勳、臣兆惠、臣阿里衮、臣劉綸、臣舒赫德、臣阿桂、臣于敏中恭跋。」《鳥譜》後幅臣工題跋中，「乾隆庚午春」，相當於乾隆十五年（1750）春。是年春，畫院供奉余省、張為邦奉命將內府舊藏大學士蔣廷錫設色《鳥譜》十二冊合摹一份，並以滿文繙譯圖說。乾隆二十六年辛巳（1761）冬竣事，裝潢呈覽，前後歷時十一年。對照《內務府造辦處各作成做活計清檔》、《上諭檔》，可知乾隆十五年（1750）六月，畫院奉旨將黑花鳥四件、白鳥一件畫入《鳥譜》。

乾隆十九年（1754）十月十二日，奏事總管王常貴將《鳥譜》圖樣三十張交到畫院處，傳旨：「着余省畫得時聚在蔣廷錫畫《鳥譜》後，欽此。」乾隆二十五年（1760）四月，軍機大臣遵旨交辦《鳥譜》十二冊，查明已繙譯滿文至九冊，未繙者尚有三冊。乾隆二十六年（1761）六月十三日，軍機處交下絹畫《鳥譜》九十幅，絹字圖說九十幅傳旨：「着交如意館表冊頁，欽此。」同年七月初七日，軍機處交下如意館絹畫《鳥譜》六十張，絹字圖說六十張。奉旨絹畫《鳥譜》圖說字裱冊頁二冊。是月，軍機處將繕寫《鳥譜》人員開列清單呈覽，包括滿中書福興、費揚古，漢編修胡高望、漢中書唐璟。同年十月十四日，軍機處交下如意館絹畫《獸譜》一百八十張，絹字圖說一百八十張。絹畫《鳥譜》二百一十張，絹字圖說二百一十張。傳旨：「着將《獸譜》裱冊頁六冊，《鳥譜》裱冊頁七冊。」乾隆二十七年（1762）閏五月十八日，太監胡世傑傳旨，以《鳥譜》、《獸譜》等冊頁既多，「着用外僱匠人成做。」對照檔案，有助於了解《鳥譜》繪製過程。在繪製《鳥譜》的同時；余省、張為邦也奉旨繪製《獸譜》。

《鳥譜》十二冊，俱右圖左說，其圖說文字，滿漢兼書，對照滿文的繙譯內容，有助於了解《鳥譜》鳥類漢字名稱、鳥身部位、羽毛色彩等詞彙的詞義。余省，江蘇常熟人。其父余珣潛心於畫作，余省及其弟余穉自幼在余珣的教誨下，俱工於花鳥寫生，余省且曾受業於蔣廷錫。張為邦，江蘇廣陵人。其父張震，以畫藝稱旨供職於內廷。張為邦自幼受張震的薰陶，亦工於繪畫，尤擅畫人物、花卉。余省、張為邦俱供奉於內廷畫院，畫風工麗，其摹繪蔣廷錫《鳥譜》，確實頗能得其風貌。臺北國立故宮博物院出版《故宮鳥譜》前言中已指出，若將《鳥譜》相較於蔣廷錫其他之花鳥畫作，不論枝幹、花葉或鳥之用筆、造型，也實有異曲同工之妙。各幅在工整規矩之餘，其構景佈局，皆以鳥為主題，以花木景物為陪襯，多有雷同之處。就整體風格而言，筆法工整，設色濃郁，有光影變化之感，顯具郎世寧所帶來西洋技法之影響。北京故宮博物院出版《清宮鳥譜・前言》亦指出：「這套『洵足為對時育物之資，博考洽聞之助矣』的《鳥譜》是在乾隆皇帝的高度關注之下，由余省、張為邦精心繪製而成的中國古代開最作多的工筆重彩花鳥畫冊。它展現了清代宮廷繪畫的審美、技法與表現特色；傅恒等軍機大臣以對題形式所作的嚴格考證，則體現出清代樸素生物學的觀察、思維與表達特徵。因此，無論是從宮廷繪畫史還是古代科技史來判斷，余、張《鳥譜》的意義都不可低估。」《鳥譜》中的禽鳥是以寫實的手法表現其立體感，極具生態記錄的價值。《故宮鳥譜・前言》進一步指出，「如《鳥譜》類之作品，不但可供有興趣於研究中國鳥類生態者之用，也可作為花鳥畫家們在創作之先、收集素材時之參考資料，再經過取材、融會，形成一幅幅匠心獨具之作品。」

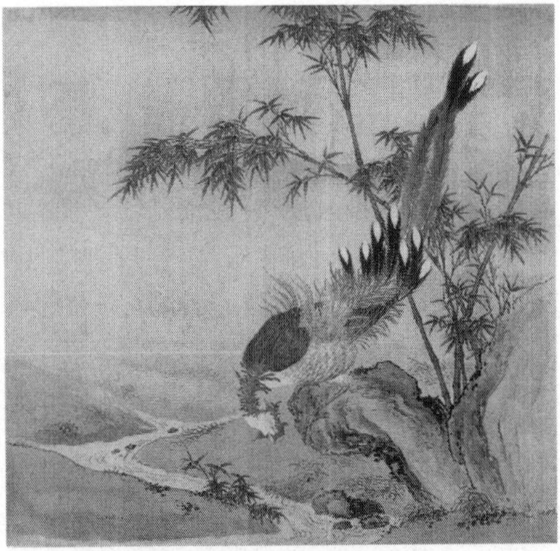

《鳥譜》第一冊　鸞

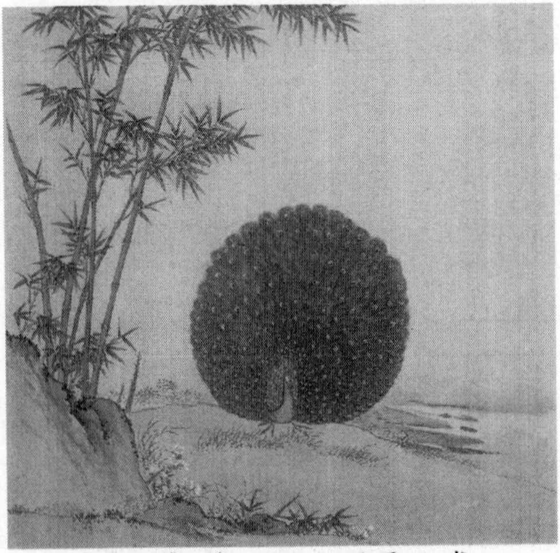

《鳥譜》第一冊　開屏孔雀

文獻足徵——鳥的故事

《鳥譜》中記載了頗多動人的故事，慈烏反哺的故事，老少都耳熟能詳。慈烏是一種孝鳥，雛鳥長大後，即反哺其母。《鳥譜》引《庶物釋義》云：「烏初生，母哺六十日，長則反哺六十日。」因烏慈孝，又名慈鴉。白居易著《長慶集·慈烏夜啼》云：「慈烏失其母，啞啞吐哀音。晝夜不飛去，經年守故林。夜夜夜半啼，聞者為沾襟。聲中如告訴，未盡反哺心。百鳥豈無母，爾獨哀怨深。應是母慈重，使爾悲不任。昔有吳起者，母歿喪不臨。嗟哉斯徒輩，其心不如禽。慈烏復慈烏，鳥中之曾參。」慈烏失母，啞啞哀音，聞者沾襟。人於父母，不能孝養，則不如慈烏。

白鵲，一名神女。傳說白鵲是赤帝之女成仙後所化。王岡哥也是一種神鳥。《鳥譜》記載，「昔有二人結伴行商於外，其一王姓者散失，一人尋其跡，日呼其字於山谷間，不勝饑寒而歿，其魂化為此鳥，啼聲云：『王岡哥』，唯於夜中聞聲，人以為神鳥也。」神鳥夜啼，哀怨亦深。

鳥類群棲，雌雄相愛，鶼鰈情深。鶼是一種比翼鳥，鰈是一種比目魚，鶼鰈比喻夫妻，一目一翼，相得乃飛。越燕因其春社來秋社去，故又名社燕，小而多聲，朝奇而暮偶。鶺鴒居有常匹，飛則相隨。瑞紅鳥是閩中鳥，《鳥譜》記載，此鳥雌雄相並，宛若伉儷，性不再匹，籠畜必雙。若去其一，則其一亦不能久存。即使以他籠瑞紅配之，終不相合。

鴛鴦更是伉儷情深，雄者為鴛，雌者為鴦。鴛鴦同類相愛，交頸而臥，其交不再，民間常以鴛鴦比喻夫婦。《鳥譜》引《通典》注云：「鴛鴦飛止須匹，鳴則相和，雄鳴曰鴛，雌鳴曰鴦。」

《古今注》云：「鴛鴦雌雄不相離，人獲其一，則一相思而不食，故謂之匹鳥。」《本草集義》云：「鴛鴦，鳧類也，終日並遊，有宛在水中央之意，故名。」匹鳥相思，寸步相隨。《鳥譜》記載，侶鳳逑，其性最巧，能於叢藪間築小巢，雌雄相愛，一名相思鳥。《閩小紀》記載，浦城得相思鳥，合雌雄於一籠，閉一縱一，即使遠去，久之必覓道歸，宛轉自求速入，居者於其初歸，亦鳴躍喜接。宿則以首互沒翼中，距立若伉儷之重焉。明葉顯祖〈相思鳥賦序〉亦稱，相思鳥雌雄並棲，捕必雙得，如縱其一，百里尋赴。鳥類的情感，真心誠摯，始終如一。

鳥類的習性，受到生態學者的重視。《鳥譜》引《彙雅》云：「鶴歲生數卵，四月，雌鶴伏卵，雄鶴往來為衛，見雌起，則啄之。見人窺卵，則破而棄之。」不窺視鶴卵，是愛鶴的表現。弩克鴉克鳥是暹羅國的一種珍禽。據暹羅國人相傳，「此鳥在大樹朽窟中作巢，產卵後，雄為之伏，雌者出外覓食，雛生後，雄居巢內，雌者銜泥封巢口，僅留一小穴，銜食以飼。候雛能飛，雌者始開封口，雄乃引雛而出。」雄者留在巢內撫養幼雛，更能保護幼雛的平安長大。

古人相信鳥類大多能夠預知風雨陰晴的變化。鸛，習稱鸛鶴。《鳥譜》引《禽經》云：「鸛仰鳴晴，俯鳴陰；雄鳴晴，雌鳴陰。」丹歌是一種水鶴，近似白鷺。粵人以其丹觜善鳴，故名丹歌。將有風雨，則鳴而上山，無風雨，則鳴而下於川澤。山鷓是一種山鵲，又名鷽。俗諺說：「朝鷽叫晴，暮鷽叫雨。」《說文解字》以鷽為知來事之鳥，故字從覺頭。《淮南子》注云：「人將有喜徵則鵲鳴」。靈鵲兆喜，喜鵲亦名靈鵲，歲多風，則鵲巢卑。《田家雜占》云：「鵲巢低主水，高主旱。」《博物志》亦云：「先儒以鵲巢居而知風，蓋歲多風，則去喬木，巢旁枝，故能高而不危也。」《述異記》記載，「巴東山中有吐綬鳥，毛色可愛，若天晴淑景，則吐綬長一尺，陰晦則不吐。」吐綬雞屬於雉類，頸有彩囊，紅碧相間，天晴則頸吐彩囊。《爾雅翼》云：「白雁似鴻而小，色白，秋深乃來，來則霜降，河北謂之霜信。」古人觀察鳥類的活動，可以預測天象的變化。

鳥類大多善鳴，《鳥譜》引《本草綱目》指出，鶯處處有之，雌雄雙飛，立春後即鳴，麥黃葚熟時，其聲更是圓滑如織機聲。《閩書》記載，畫眉好鬥善鳴，清圓可聽。《粵志》記載，畫眉巧作千聲如百舌。石畫眉，一名白眉，聲極清轉可聽。山畫眉生於塞外山中，其鳴聲亦圓轉可聽。五更鳴因中夜常鳴，故又稱五更囀。長春鳥鳴聲，終日不絕，婉轉可聽。槐串性喜槐樹濃蔭可以藏身，鳴聲清轉，音如銅鈴，有韻而清。粉眼，又名柳葉雀，鳴聲清短。天鷚，又名叫天子，形醜善鳴。其鳴如龠，聲高多韻。黎明之際，自草際飛鳴而起，且飛且鳴，直上雲端，其聲連綿。

花紅燕能效百鳥鳴聲，又名百舌鳥，春季二、三月始鳴，江南人稱花紅燕為喚春。黃鸚鴣能唱歌曲，其音宛轉，世不多見。《宋史．樂志》記載，宋太宗洞曉音律，他曾為黃鸚鴣親製〈金鸚鴣曲〉。鳳凰、鸞都是瑞鳥。鳳凰鸚鴣，一名時樂鳥，其鳴聲云：「太平」，天下有道則見時樂鳥。

巧解人言的鳥類，多成為人們的寵物鳥。松鴉生於塞外山中，因棲息松間而得名。其舌如鸚鴣，故能學人言。西綠鸚哥、南綠鸚哥亦巧解人言。《山堂肆考》記載，「鸜鵒性通人意，能學人語，故名慧鳥。」鸜鵒能學種種聲音，較鸚鴣、了哥更清晰，南唐李煜稱鸜鵒為八哥，意即能說話的鳥。西寧白因來自西寧而得名，是五更鳴的別種，人們多籠畜之，教以雜戲。山鵪、金翅性巧而馴順，俱可教以雜戲，取果銜旗，往來如意。

禽鳥除了賞玩以外，大多可以入藥治病。《鳥譜》引《本草綱目》稱，鵝喜啖蚯蚓，能制射工。所謂「射工」，是指傳說中的毒蟲名稱，習稱蜮，又稱為射影。相傳蜮居水中，聽到人聲，以氣為矢，或激盪水滴，或含沙以射人，被射中的人皮膚發瘡，中影者亦生病。《博物志》記載，射工蟲是一種甲蟲，長一、二寸，口中有弩形，以氣射人影，被射中的部位即發瘡，即所謂「含沙射影」。民間相信養鵝可避蟲虺之害，以鵝毛為褥，可以醫治小兒驚癇，其卵可補中益氣。白鵝膏臘月鍊收，氣味甘，微寒，無毒，主治耳朵猝聾，潤皮膚，可合面脂。《古今注》記載，黑觜天鵝的肉可食，其油可治疳，除小兒肚裡寄生蟲。據《鳥譜》記載，治水腫，利小便，宜用青頭雄鴨，取水木生發之象；治虛勞熱毒，宜用烏骨白鴨，取金水寒肅之象。《本草驗方》記載，黑觜白鴨，可治久虛發熱，古方稱為鳳膏。《本草發明》記載，烏骨鴨可治虛勞，白毛烏骨鴨尤佳。鵜鶘因好入水食魚，故又稱淘河。《粵志》記載，青觜淘河，其脂性走，能引諸藥透入筋骨。

家鷄和野鷄不同，《物類相感志》記載，「野鷄屬陰，先鳴而後鼓翼；家鷄屬陽，先鼓翼而後鳴。」《本草綱目》記載，「雞舌黑者，則骨肉俱烏，入藥更良。」《古方集覽》記載，「雞之通身皆可入藥，肉治肺；頭治蠱辟瘟；身血解驚安神；冠血主乳難，治目赤去毒；肪治耳聾；肝療目暗；膽治痔；腎治鼻䶊；嗉治氣噎；膍胵裏皮治小兒諸疾；腸治消渴；肋骨治羸瘦；距下骨哽翮翎治血閉。」《本草綱目》記載，「黑雌鷄肉，氣味甘酸溫平無毒。黃雌鷄肉，氣味甘酸鹹平無毒。」李時珍指出，「烏色屬水，雌者屬陰，故烏鷄所治皆血分之症；黃者土色，雌者坤象，味甘歸脾，氣溫益胃，故所治皆脾胃之症，各以類從。」民間相傳，鷄有五色者，黑身白首者，六指者，四距者，皆不可食，「物狀之異者，每能為毒。」可以入藥的鷄，只有丹、白二種。

《春秋繁露》記載，「鴟梟目不視日，而其羽可去昧。」句中「去昧」，滿文讀作“yasa sohiha be dasaci ombi”，意即「可治眼眯」。民間傳說，啄木鳥能以觜畫字，令蟲自出。福建、廣東、四川等地巫覡利用啄木鳥畫字木塊，以收驚癇。竹鷄多居竹林中，其性好啼。傳說竹鷄叫，可去壁虱及白蟻。

許多鳥類，頗有個性，《埤雅》記載，「孔雀，尾有金翠，五年而後成，尤自珍愛，遇芳時好景，聞弦歌，必舒張翅尾，盼睞而舞。性妬忌，自矜其尾，雖馴養已久，遇婦人、童子服錦綵者，必逐而啄之。」藍，又名赤頰。《鳥譜》引《越志》云：「藍狀與鶴同，灰身赤頰，長翅黑翮，頸無黑毛，群翔碧藻間，亦畜於園庭。性妬，見彩服則鳴舞，或逐而啄之。」鳥類的妒忌，出於天性。

古人對禽鳥的觀察，大多給與高度的肯定。「不為風雨變，鷄德一何貞。」古人認為鷄是一種德禽，牠具備文、武、勇、仁、信五德。以鷄戴冠為文，外觀文雅；鷄以足搏距為武，腳登利爪，敵前敢鬥為勇，鬥智高昂；見食相呼為仁，不肯獨食；守時不失信，至曉即啼，以時而鳴。鷄時至而鳴，一名司晨。《彙雅》亦云：「鷄曰知時鳥，亦曰德禽。」文獻古籍中以禽鳥為主題的故事，大多生動有趣。賞鳥、愛鳥，就是維護生態的具體表現。

羽族集成——鳥類滿文名稱的繙譯

《鳥譜》的內容，除了山林中的禽鳥外，也包含水邊溪岸的禽鳥。《鳥譜》後幅「臣工跋」中已指出，「茲譜所錄，凡雲飛水宿之屬，各以類聚。」《鳥譜》每冊三十幅，十二冊，設色畫鳥屬三百六十種。其所錄中國鳥種，雖未盡全備，惟已頗具規模。北京故宮博物院出版《清宮鳥譜•前言》指出，畫院供奉余省、張為邦奉命合摹蔣廷錫的《鳥譜》，實際上並非對蔣廷錫畫作的簡單臨摹，而是從表現對象到文字內容都作了增減修正。余省、張為邦在仿製蔣廷錫《鳥譜》的過程中，不斷遵奉旨意加進新的內容。有增必有減，由此推斷，余省、張為邦對蔣廷錫《鳥譜》的原作進行了刪減，從而保持了畫作「三百六十幅」總數的不變。

《清宮鳥譜•前言》中進一步指出，余省、張為邦合摹的《鳥譜》在內容安排上，有意將同類禽鳥繪於同一本圖冊中，以便於對某一類禽鳥的全面掌握。但是由於每本圖冊的開數是固定的，而每類禽鳥的數目不同，於是出現了將幾類禽鳥合併同一冊，或者是以某一類禽鳥為主，再附加其他禽鳥的組合。由於受每冊繪三十開的制約，有些禽鳥不得不跨冊。第十二冊是《鳥譜》的最後一冊，因此，所繪禽鳥的種類略雜，其實是對各冊遺漏禽鳥的補遺。〈前言〉的推斷符合事實。《鳥譜》每冊所繪三十圖文字說明中，包含頗多其他禽鳥名稱，可逐冊表列說明。

《鳥譜》第一冊畫冊

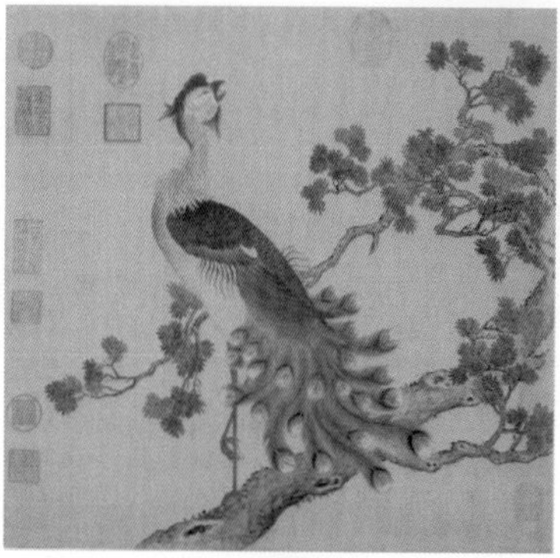

鳳

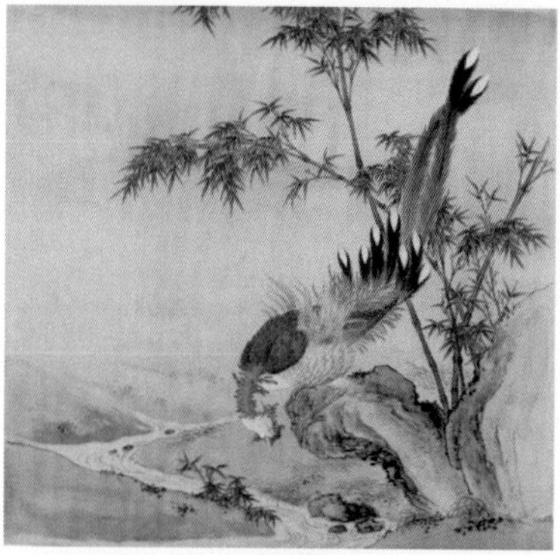

鸞

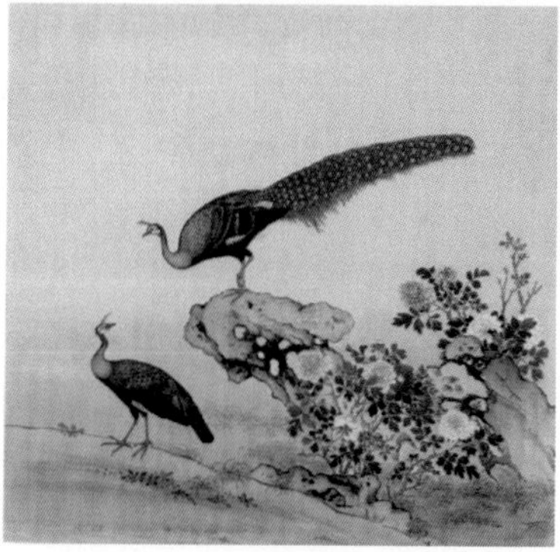

孔雀

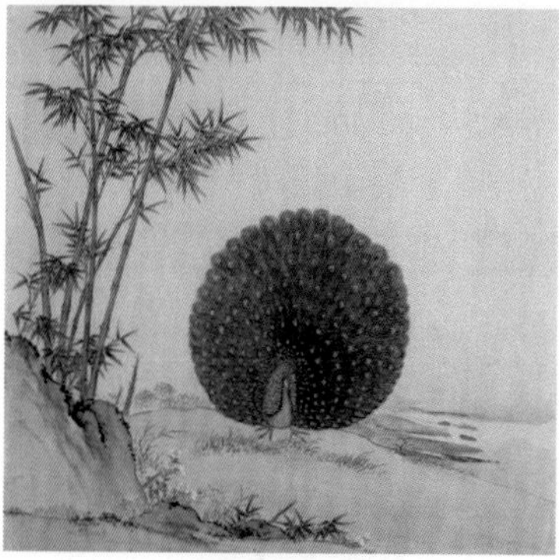

開屏孔雀

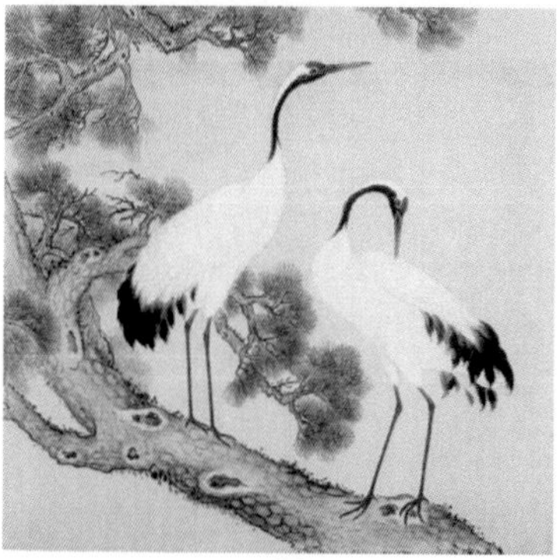

鶴

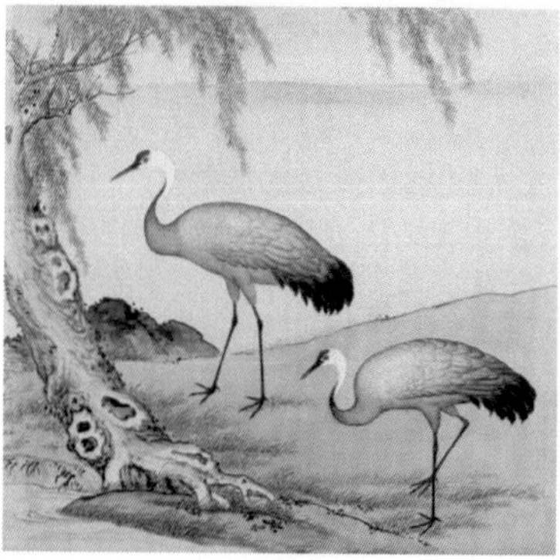

灰鶴

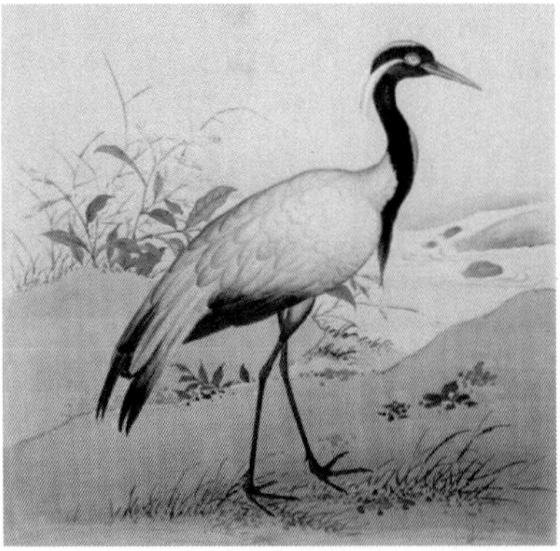

小灰鶴

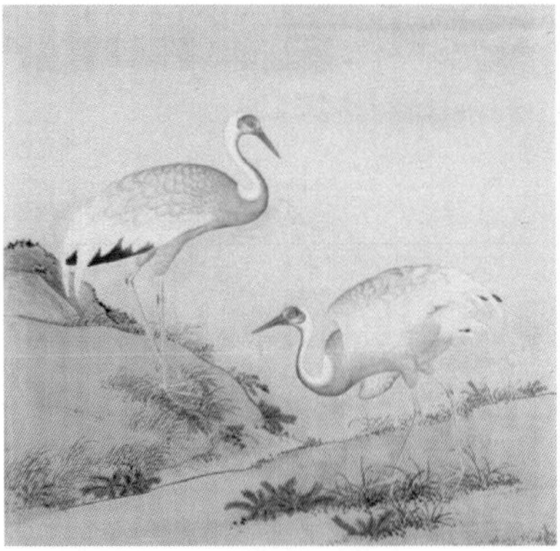

藍

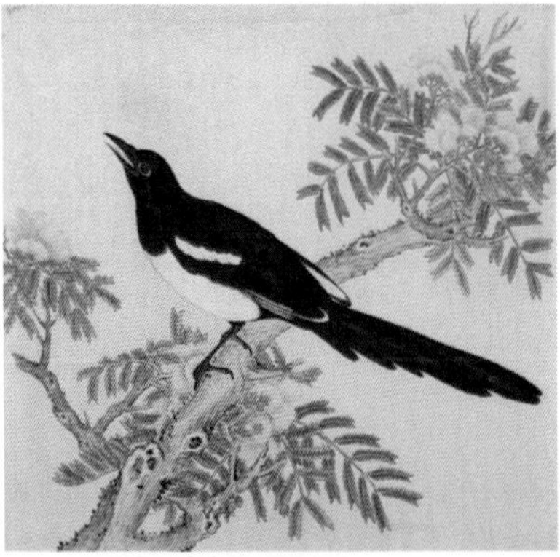

北喜鵲

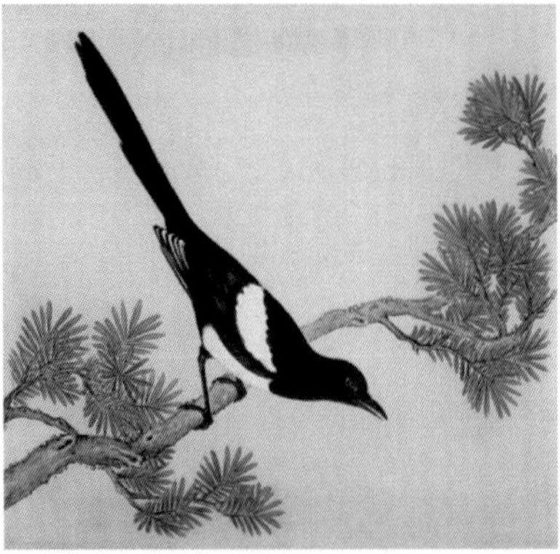

喜鵲

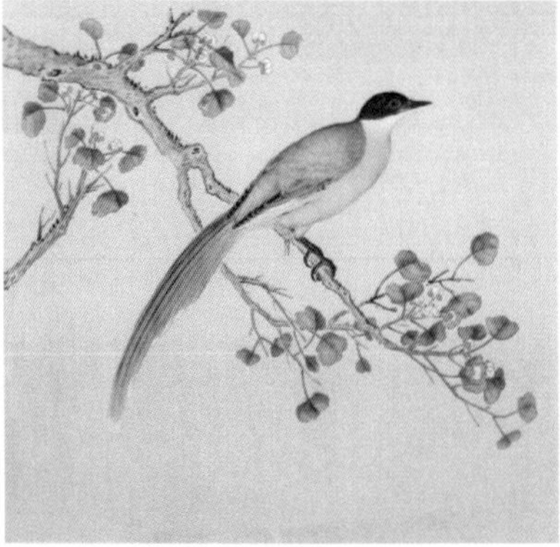

山喜鵲

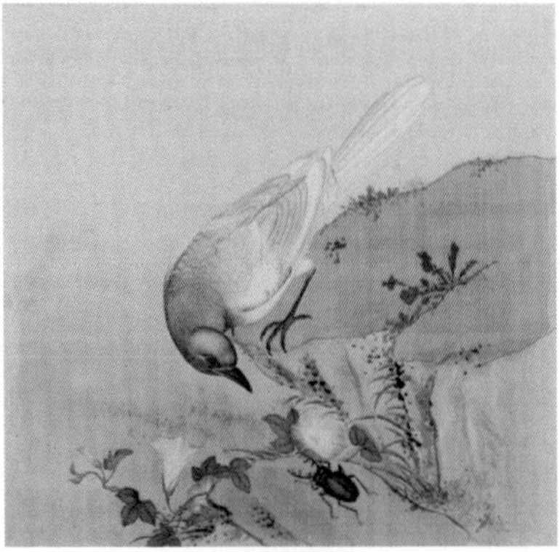

白喜鵲

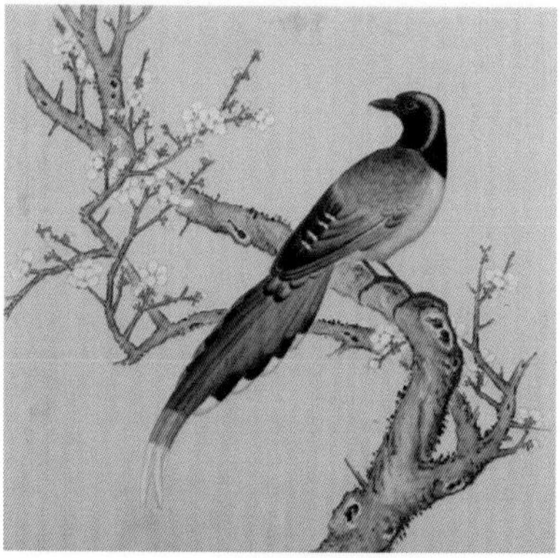
山鷓

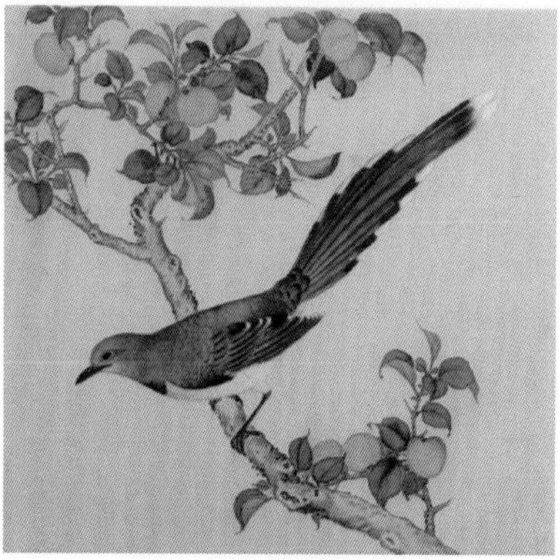
黑山鷓

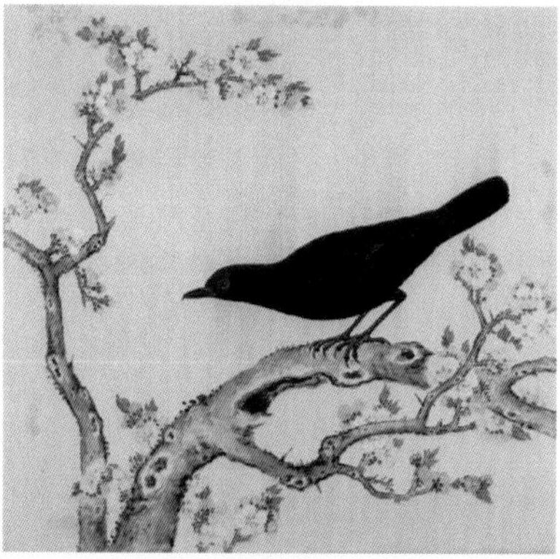
靛花

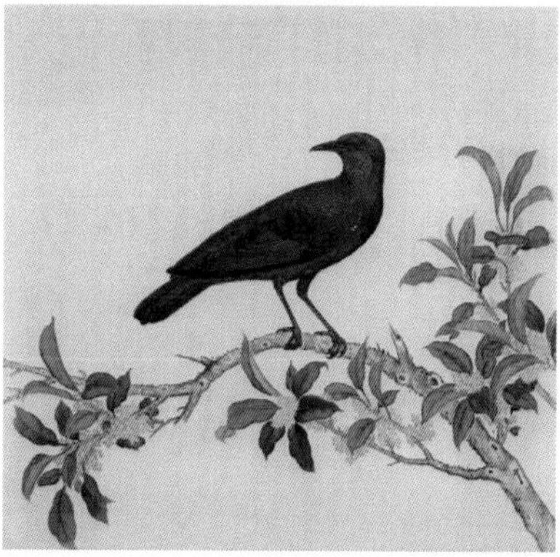
石青

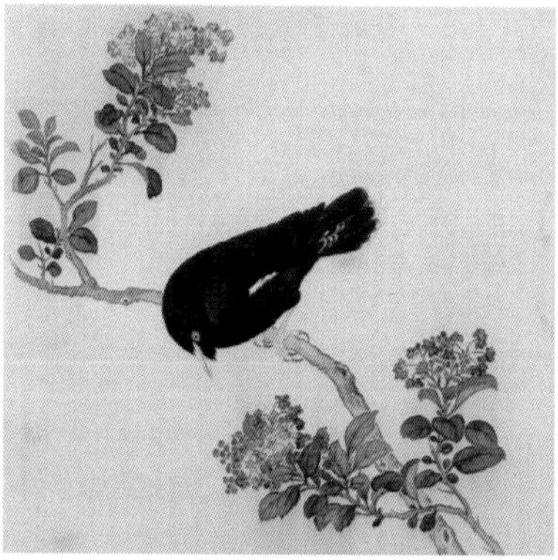
鸜鵒

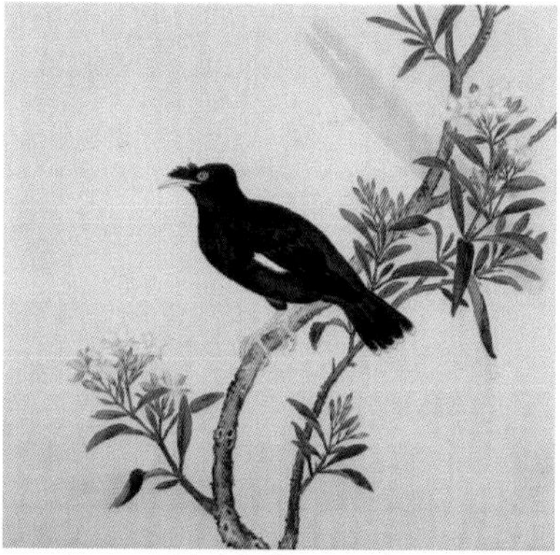
沈香色八哥

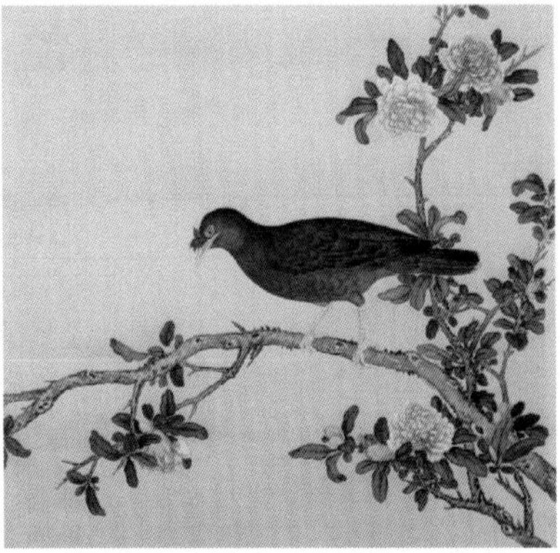

秋香色八哥

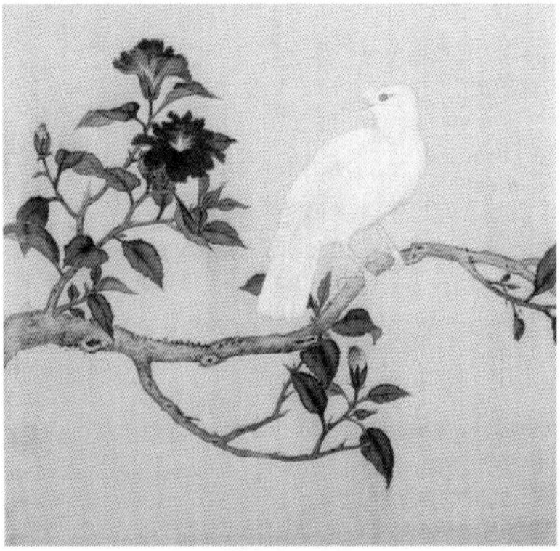

白八哥

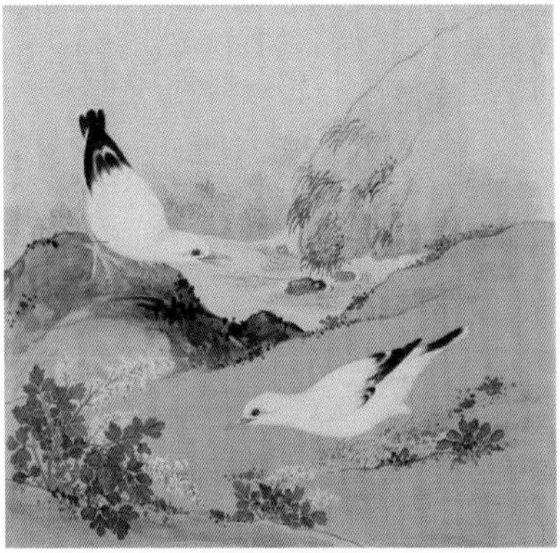

花八哥

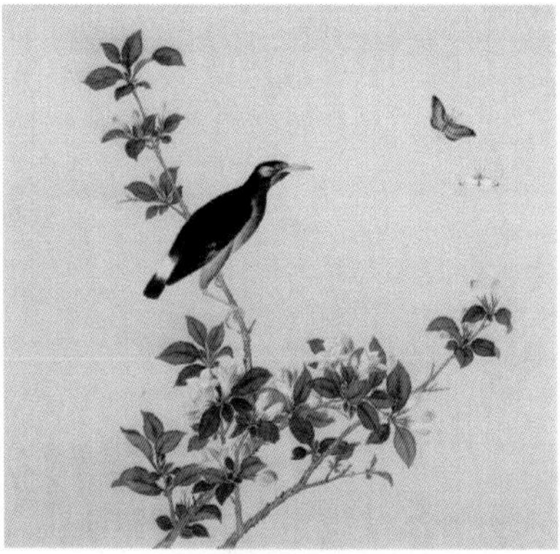

燕八哥

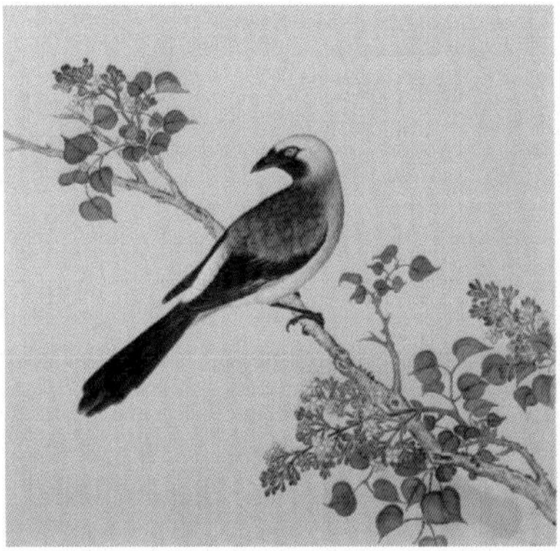

山八哥

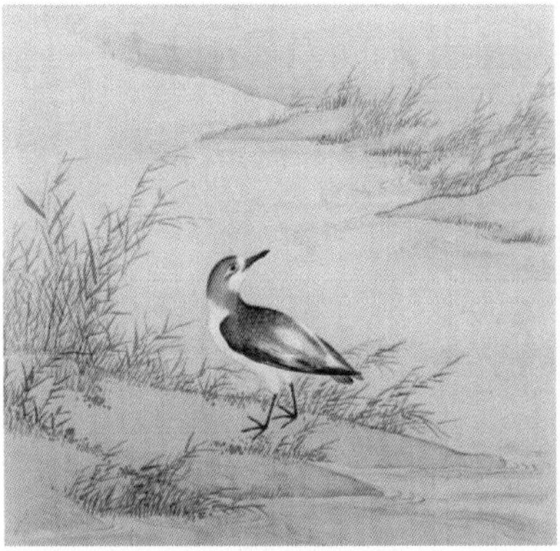

海八哥

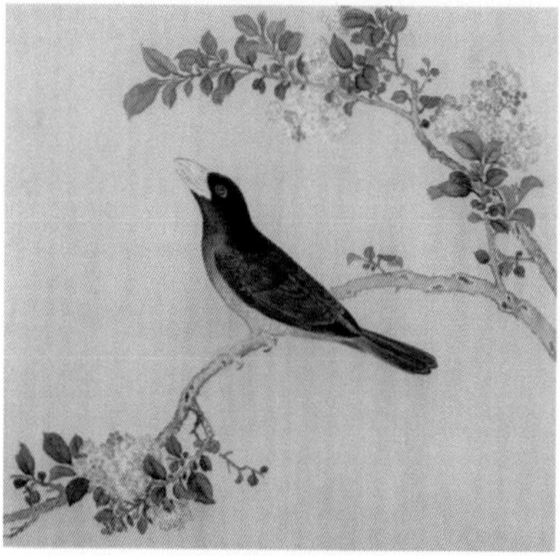

番八哥

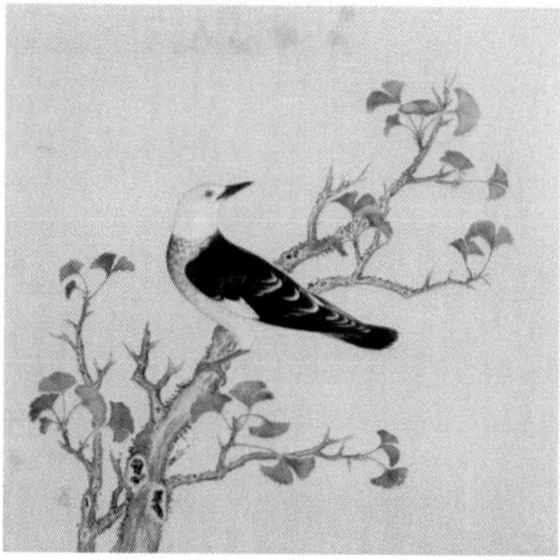

白哥

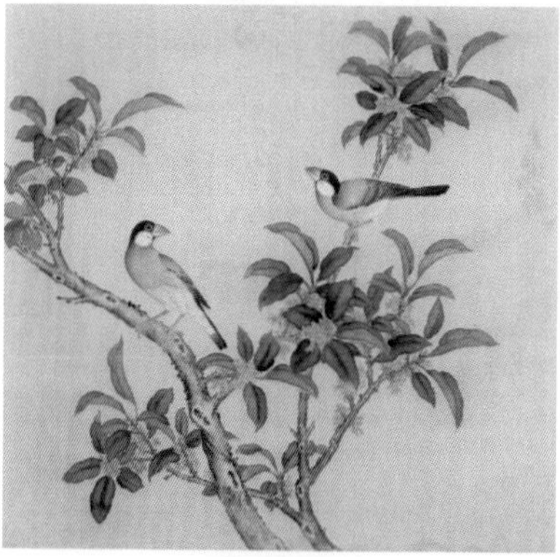

瑞紅鳥

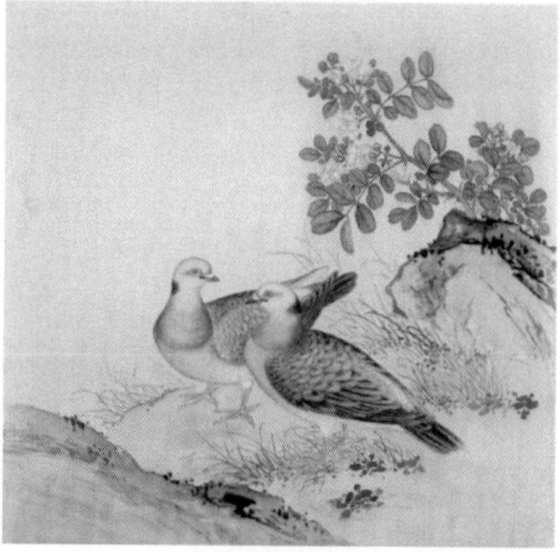

灰色洋鴿

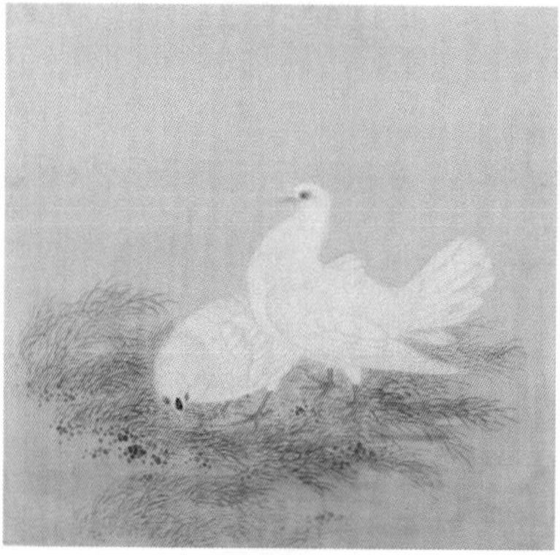

鸕鴿

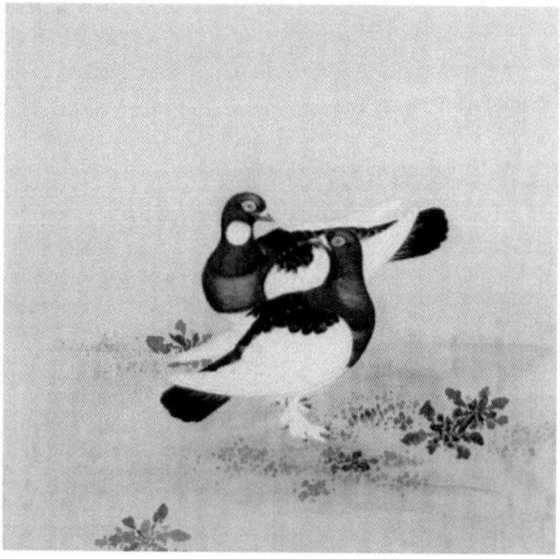

毛腳哥

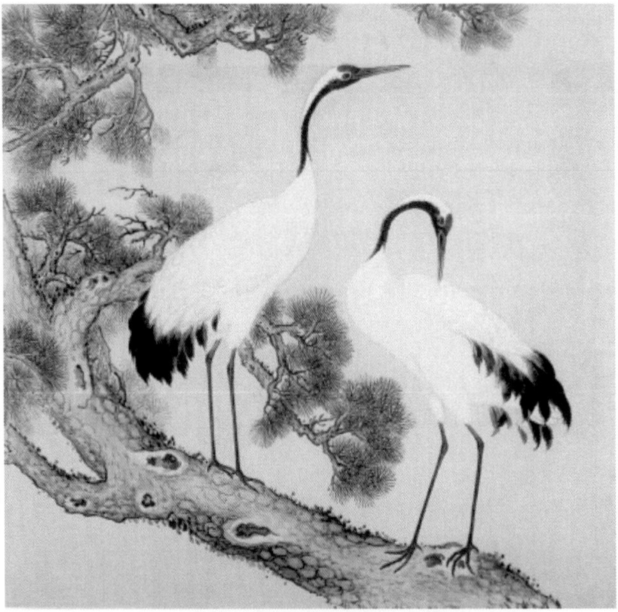

《鳥譜》第一冊　鶴

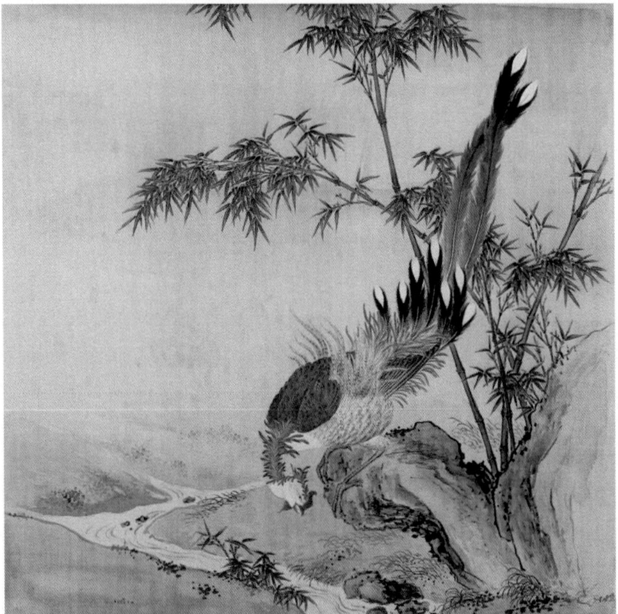

《鳥譜》第一冊　鸞

鳥類漢滿名稱對照表（一）

順次	漢文	滿文	羅馬字轉寫	備註
1	鳳	ᡤᠠᡵᡠᡩᠠᡳ	garudai	
2	皇	ᡤᡝᡵᡠᡩᡝᡳ	gerudei	
3	瑞鶠	ᠰᠠᠪᡳᠩᡤᠠ ᡤᠠᡵᡠᡩᠠᡳ	sabingga darudai	
4	鶤雞	ᠴᠣᡵᠣᡩᠠᡳ	corodai	
5	長離	ᡥᡠᡴᠱᡝᠨ ᡤᠠᡵᡠᡩᠠᡳ	hukšen garudai	
6	丹穴	ᡶᡠᠯᡤᡳᠶᠠᠨ ᡤᠠᡵᡠᡩᠠᡳ	fulgiyan garudai	
7	羽翔	ᠯᠠᠮᡠᠨ ᡤᠠᡵᡠᡩᠠᡳ	lamun garudai	
8	化翼	ᡧᠠᠨᠶᠠᠨ ᡤᠠᡵᡠᡩᠠᡳ	šanyan garudai	

順次	漢文	滿文	羅馬字轉寫	備註
9	陰翥	ᠶᠠᠴᡳᠨ ᡤᠠᡵᡠᡩᠠᡳ	yacin garudai	
10	土符	ᠰᡠᠸᠠᠶᠠᠨ ᡤᠠᡵᡠᡩᠠᡳ	suwayan garudai	
11	發明	ᡶᠠᡵᡠᡩᠠᡳ	farudai	
12	鷫鸘	ᠰᡠᡵᡠᡩᠠᡳ	surudai	
13	焦明	ᡤᡳᡵᡠᡩᠠᡳ	girudai	
14	幽昌	ᡳᡵᡠᡩᠠᡳ	irudai	
15	玉雀	ᠶᡠᡵᡠᡩᠠᡳ	yurudai	
16	鸞	ᡤᠠᡵᡠᠩᡤᡡ	garunggū	
17	雞趣	ᠵᡠᠩᡤᡳᠰᡠᠨ	junggisun	

順次	漢文	滿文	羅馬字轉寫	備註
18	青鳳	ᠯᠠᠮᡠᡩᠠᡳ	lamudai	
19	孔雀	ᡨᠣᠵᡳᠨ	tojin	
20	孔鳥	ᡨᠣᠵᡳᠨ ᡤᠠᠰᡥᠠ	tojin gasha	
21	南客	ᠵᡠᠵᡳᠨ	jujin	
22	孔都護	ᡴᡠᠨᡩᡠᠵᡳᠨ	kundujin	
23	文禽	ᡧᡠᠵᡳᠨ	šujin	
24	越鳥	ᠶᠣᠵᡳᠨ	yojin	
25	摩由羅	ᠮᠣᠯᠣᠵᡳᠨ	molojin	
26	開屏孔雀	ᡥᡠᠸᡝᠵᡝᠩᡤᡝ ᡨᠣᠵᡳᠨ	huwejengge tojin	
27	鶴	ᠪᡠᠯᡝᡥᡝᠨ	bulehen	
28	露禽	ᠰᡳᠯᡝᡥᡝᠨ	silehen	

順次	漢文	滿文	羅馬字轉寫	備註
29	仙子	ᡝᠨᡩᡠᡥᡝᠨ	enduhen	
30	胎仙	ᡨᡝᠵᡳᡥᡝᠨ	tejihen	
31	仙禽	ᡧᡝᠩᡤᡝᡥᡝᠨ	šenggehen	
32	胎禽	ᠰᡠᡴᡩᡠᡥᡝᠨ	sukduhen	
33	蓬萊羽士	ᡦᡝᠯᡝᡥᡝᠨ	pelehen	
34	灰鶴	ᡴᡡᡵᠴᠠᠨ	kūrcan	
35	小灰鶴	ᠠᠵᡳᡤᡝ ᡴᡡᡵᠴᠠᠨ	ajige kūrcan	
36	水鶴	ᠮᡠᡵᠴᠠᠨ	murcan	
37	丹歌	ᡶᡠᡵᠴᠠᠨ	furcan	
38	藍	ᠯᠠᠮᡠᡵᠴᠠᠨ	lamurcan	

順次	漢文	滿文	羅馬字轉寫	備註
39	赤頰	ᡶᡠᡧᠠᡵᠴᠠᠨ	fušarcan	
40	北喜鵲	ᠠᠮᠠᡵᡤᡳᠩᡤᡝ ᠰᠠᡴᠰᠠᡥᠠ	amargingge saksaha	
41	靈鵲	ᡧᡝᠩᡤᡝ ᠰᠠᡴᠰᠠᡥᠠ	šengge saksaha	
42	音干	ᠴᠠᡴᠰᠠᡥᠠ	caksaha	
43	篘尼	ᠵᠣᠨᡳ	joni	
44	飛駮	ᠴᠠᡴᡡᡥᠠ	cakūha	
45	南喜鵲	ᠵᡠᠯᡝᡵᡤᡳᠩᡤᡝ ᠰᠠᡴᠰᠠᡥᠠ	julergingge saksaha	

順次	漢文	滿文	羅馬字轉寫	備註
46	乾鵲	ᡴᠠᡴᠰᠠᡥᠠ	kaksaha	
47	烏鵲	ᡴᠠᡵᠠ ᠰᠠᡴᠰᠠᡥᠠ	kara saksaha	
48	山喜鵲	ᠠᠯᡳᠨ ᡳ ᠰᠠᡴᠰᠠᡥᠠ	alin i saksaha	
49	神女	ᡝᠨᡩᡠᡵᡳ ᡤᡝᡤᡝ	enduri gege	
50	白喜鵲	ᡧᠠᡥᡡᠨ ᠰᠠᡴᠰᠠᡥᠠ	šahūn saksaha	
51	山鷓	ᠠᠯᡳᠨ ᡳ ᠵᡠᡴᡳᡩᡠᠨ	alin i jukidun	

順次	漢文	滿文	羅馬字轉寫	備註
52	拖尾練	ᡤᠣᠯᠮᡳᠨ ᡠᠨᠴᡝᡥᡝᠩᡤᡝ ᠪᠠᡳᠪᡠᠯᠠ	golmin uncehengge baibula	
53	鷖	ᡠᠯᡴᡳᡩᡠᠨ	ulkidun	
54	黑山鵏	ᠰᠠᡥᠠᠯᡳᠶᠠᠨ ᠠᠯᡳᠨ ᡳ ᠵᡠᡴᡳᡩᡠᠨ	sahaliyan alin i jukidun	
55	靛花	ᡤᡳᠶᡝᠨ ᡤᠠᠰᡥᠠ	giyen gasha	
56	石青	ᡶᡠᠯᠠᠪᡠᡵᡠ ᡤᠠᠰᡥᠠ	fulaburu gasha	
57	鸜鵒	ᡴᡳᠣᠩᡤᡠᡥᡝ	kionggukhe	
58	鴝鵒	ᡴᡳᠩᡤᡠᡥᡝ	kingguhe	

順次	漢文	滿文	羅馬字轉寫	備註
59	鴶鵴	ᡤᡳᠶᠠᠩᡤᡠᡥᡝ	giyangguhe	
60	黝鳥	ᡴᠠᡵᠠ ᠴᡝᠴᡳᡴᡝ	kara cecike	
61	咧咧鳥	ᠪᠠᡵᠪᡝᡥᡝ	barbehe	
62	八哥	ᠪᠠᠩᡤᡠᡥᡝ	bangguhe	
63	鸚哥	ᠶᡝᠩᡤᡠᡥᡝ	yengguhe	
64	了哥	ᠴᡳᠨᠵᡳᡵᡳ	cinjiri	
65	寒皋	ᡧᠠᠩᡤᡠᡥᡝ	šangguhe	
66	慧鳥	ᠰᡠᠩᡤᡠᡥᡝ	sungguhe	
67	鸜鵒	ᠰᠠᠩᡤᡠᡥᡝ	sangguhe	
68	沉香色八哥	ᠰᠣᠪᠣᡵᠣ ᡴᡳᠣᠩᡤᡠᡥᡝ	soboro kiongguhe	
69	蒼鴝	ᡴᠠᡵᠠ ᡴᡳᠣᠩᡤᡠᡥᡝ	kara kiongguhe	

順次	漢文	滿文	羅馬字轉寫	備註
70	秋香色八哥	ᠰᠣᡥᠣᡴᠣᠨ ᡴᡳᠣᠩᡤᡠᡥᡝ	sohokon kiongguhe	
71	白八哥	ᡧᠠᠨᠶᠠᠨ ᡴᡳᠣᠩᡤᡠᡥᡝ	šanyan kiongguhe	
72	花八哥	ᠠᠯᡥᠠ ᡴᡳᠣᠩᡤᡠᡥᡝ	alha kiongguhe	
73	番鸜鵒	ᡨᡠᠪᡝᡨ ᡳ ᡴᡳᠣᠩᡤᡠᡥᡝ	tubet i kiongguhe	
74	多花子	ᠵᡠᠩᡤᡠᡥᡝ	junggguhe	
75	燕八哥	ᠴᡳᠪᡳᠩᡤᠠ ᡴᡳᠣᠩᡤᡠᡥᡝ	cibingga kiongguhe	
76	山鸜鵒	ᠠᠯᡳᠨ ᡳ ᡴᡳᠣᠩᡤᡠᡥᡝ	alin i kiongguhe	

順次	漢文	滿文	羅馬字轉寫	備註
77	山八哥	ᠠᠯᡳᠨ ᡳ ᡴᡳᠣᠩᡤᡠᡥᡝ	alin i kiongguhe	
78	海八哥	ᠮᡝᡩᡝᡵᡳ ᡴᡳᠣᠩᡤᡠᡥᡝ	mederi kiongguhe	
79	番八哥	ᡨᡠᠪᡝᡨ ᡴᡳᠣᠩᡤᡠᡥᡝ	tubet kiongguhe	
80	白哥	ᠴᠠᡴᡡᠯᡠ ᡴᡳᠣᠩᡤᡠᡥᡝ	cakūlu kiongguhe	
81	瑞紅鳥	ᠰᠠᠪᡳᠩᡤᠠ ᠴᡝᠴᡳᡴᡝ	sabingga cecike	
82	灰色洋鴿	ᡶᡠᠯᡝᠩᡤᡳᠩᡤᡝ ᠨᠠᠮᡠ ᡴᡠᠸᡝᠴᡳᡴᡝ	fulenggingge namu kuwecike	

順次	漢文	滿文	羅馬字轉寫	備註
83	鸖鴿	ᡧᠠᠩᠶᠠᠨ ᡴᡠᠸᡝᠴᡳᡴᡝ	šanyan kuwecike	
84	毛脚鴿	ᠨᡠᠩᡤᠠᡵᡳ ᡶᠠᡨᡥᠠᠩᡤᠠ ᡴᡠᠸᡝᠴᡳᡴᡝ	nunggari fathangga kuwecike	

資料來源：《故宮鳥譜》，臺北，國立故宮博物院，民國八十六年十月，第一冊。

余省、張為邦合摹蔣廷錫《鳥譜》十二冊，每冊凡三十幅。其中第一冊標列鳥類名稱，包括：鳳（garudai）、鸞（garunggū）、孔雀（tojin）、開屏孔雀（huwejengge tojin）、鶴（bulehen）、灰鶴（kūrcan）、小灰鶴（ajige kūrcan）、藍（lamurcan）、北喜鵲（amargingge saksaha）、喜鵲（saksaha）、山喜鵲（alin i saksaha）、白喜鵲（šahūn saksaha）、山鷓（alin i jukidun）、黑山鷓（sahaliyan alin i jukidun）、靛花（giyen gasha）、石青（fulaburu gasha）、鸜鵒（kiongguhe）、沈香色八哥（soboro kiongguhe）、秋香色八哥（sohokon kiongguhe）、白八哥（šanyan kiongguhe）、花八哥（alha kiongguhe）、燕八哥（cibingga kiongguhe）、山八哥（alin i kiongguhe）、海八哥（mederi kiongguhe）、番八哥（tubet kiongguhe）、白哥（cakūlu kiongguhe）、瑞紅鳥（sabingga cecike）、灰色洋鴿（fulenggingge namu kuwecike）、鸖鴿（šanyan kuwecike）、毛脚鴿（nunggari fathangga kuwecike）。其中白哥，

滿文讀作“cakūlu kiongguhe”，意即「白頭鸜鴿」，或「白頸鸜鴿」。鸖鴿，滿文讀作“šanyan kuwecike”，意即「白鴿」，因通身白色，故稱白鴿。

鳥類名稱，除三十幅標題名稱外，還有各種別名。表中所列鳥類名稱，共八十四種。羽蟲三百六十，而以鳳凰為之長。瑞鶠、鶤雞、長離、長麗，都是鳳的別稱。其中長離，滿文讀作“hukšen garudai”，意即「年久之鳳」，老的鳳，就叫做長離，亦作長麗。鳳有五種，或以色彩分，赤曰丹穴，青曰羽翔，白曰化翼，黑曰陰翥，黃曰土符。或以方位分，東方曰發明，西方曰鷫鸘，南方曰焦明，北方曰幽昌，中央曰玉雀。其中丹穴，滿文讀作“fulgiyan garudai”，意即「紅色鳳」；羽翔，滿文讀作“lamun garudai”，意即「青色鳳」；化翼，滿文讀作“šanyan garudai”，意即「白色鳳」；陰翥，滿文讀作“yacin garudai”，意即「黑色鳳」；土符，滿文讀作“suwayan garudai”，意即「黃色鳳」。

鸞，是一種瑞鳥，始生時類似鳳，一名雞趣，又名青鳳。孔雀尾有金翠，聞弦歌必舒張翅尾，孔鳥、越鳥、文禽、孔都護、南客、摩由羅，都是孔雀的別名。孔雀開屏時，圓如團扇，動搖有聲，孔雀能開屏者，稱為開屏孔雀。鶴，是一種水鳥，因露下則鳴，故又名露禽，一名仙子，一名胎仙，一名蓬萊羽士。灰鶴善夜鳴，小灰鶴，南方稱為水鶴，廣東人以水鶴紅觜善鳴，故稱丹歌。藍，滿文讀作“lamurcan”，意即「藍鶴」。因藍鶴紅頰，故又名赤頰，亦稱赤頰客。

靈鵲兆喜，人將有喜徵，則鵲鳴，故稱喜鵲，亦名靈鵲。鵲色駁雜，又名飛駁。藏經稱喜鵲為芻尼（joni）。喜鵲嘎吱，一名乾鵲（kaksaha）。喜鵲叫聲喳喳，又名音干。鵲身大而黑，亦名烏鵲。鵲觜大者為北喜鵲；鵲觜尖者為南喜鵲。「月明星稀烏鵲南飛」，句中的「烏鵲」，就是北喜鵲。山喜鵲似鵲而小，群集於山林間。練鵲就是一種山喜鵲。白喜鵲又作白鵲，滿文俱作“šahūn saksaha”，意即「淡白色的喜鵲」。相傳赤帝女成仙後，化為白鵲，故白鵲又名神女（enduri gege）。山鵲，俗名山鷓，一名鷽，亦名拖尾練，其黑觜足者稱為黑山鷓。靛花似鵲，因其色似藍靛，故名靛花。石青與靛花同類，靛花青黑色，石青青翠色，各以其色命名。

鴝鵒、鵲鴝、黝鳥、哵哵鳥、八哥、寒皋、慧鳥、鸜鵅等，都是鸜鵒的別名。鸜鵒因黑睛瞿瞿然而得名。因其聲哵哵，故又名哵哵鳥。天寒欲雪，則群飛如告，故一名寒皋。因鸜鵒通體純黑，故名黝鳥。因鸜鵒能學人語，故名慧鳥。因秦隴最多鸜鵒，故稱隴客。因鸜鵒善學人言，故名八哥，又名鸜鵅。八哥通身作沈香色者，稱為沈香色八哥；通體紅黑色者，稱為秋香色八哥。因沈香色八哥出自閩中，當地人稱沈香色八哥為蒼鵒。八哥通身如雪者，稱為白八哥，亦即白鸜鵒，多出嶺南。八哥有斑點者，稱為花八哥，亦名多花子。因其來自海外，故名番鸜鵒。八哥之身似燕者，稱為燕八哥，亦名山鸜鵒，又名山八哥。八哥出自福建連江縣山溪邊海者，稱為海八哥。八哥出自福建連江縣者，稱為番八哥。八哥出自福建羅源縣溪澤邊者，稱為白哥，滿文讀作“cakūlu kiongguhe”，意即「白頭鸜鵒」。哵，讀作「八」，是指鳥聲；哥，即古謌字，凡能言之鳥，皆可稱為「哥」，如鸚哥、了哥、八哥等等。

瑞紅鳥，滿文讀作“sabingga cecike”，意即「瑞鳥」，或因紅眶、水紅觜、藕紅腹，故又稱瑞紅鳥，是閩中鳥。《鳥譜》中的鴿，是按其色彩命名的，灰紅重暈、蒼灰色背、膊的洋鴿，稱為灰色洋鴿；通身俱白者，稱為鸖鴿，滿文讀作“šanyan kuwecike”，意即「白鴿」，圖文相合。毛腳鴿，滿文讀作“nunggari fathangga kuwecike”，意即「掌有絨毛的鴿」，毛腳鴿脛上皆生粗白毛，句中「脛」，滿文讀作“bethe”，意即「腳」，圖文相合。

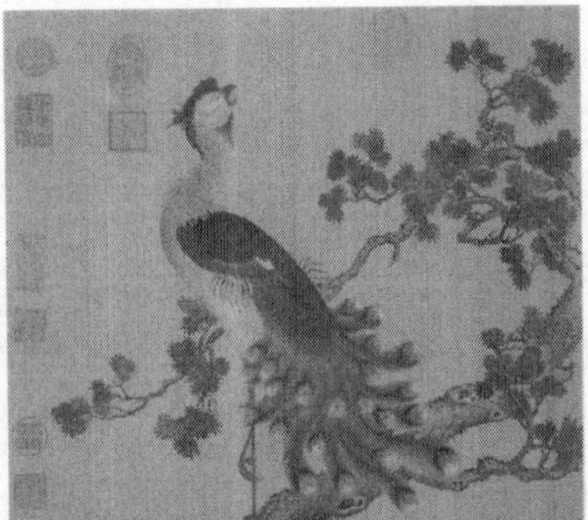

garudai, emu gebu sabingga darudai, emu gebu corodai, emu gebu hukšen garudai, inu hūkšen garudai sembi.

hacingga〔hancingga〕 šunggiya de darudai serengge, garudai inu, terei emile be gerudei sembi sehe be suhe bade, ferguwecuke acabungga gasha, sunja hacin i boco bi, den ici ninggun jušuru isime bi sehebi. haṉ ing ni araha irgebun nomun i tulergi ulabun de, garudai i arbun, julergi beye bigan i niongniyaha i adali, amargi beye sabintu i adali, meihe i meifen, nimaha i uncehen, muduri i bederi, eihume i huru, cibin i sencehe, coko i engge, fangkala jilgan oci, can forire gese, den jilgan oci, tungken tūre adali, meifen saniyame asha debsire de, sunja hacin i boco yooni tuyembumbi sehebi. alin mederi i nomun de, dan hiowei alin de gasha bi, sunja hacin i boco bime yangsangga, terebe garudai, gerudei seme gebulehebi, omire jetere de ler sembi, emhun guwendembi, emhun maksimbi, tucime ohode, abkai fejergi uthai taifin necin ombi sehebi. gasha i nomun de,

---

鳳，一名瑞鶠，一名鶤雞，一名長離[1]，亦作長麗

《爾雅》云：鶠，鳳，其雌皇。注云：瑞應鳥，五彩色，高六尺許。《韓詩外傳》云：鳳象，鴻前，麟後，蛇頸，魚尾，龍文，龜背，燕頷，雞喙，小音金，大音鼓[2]，延頸奮翼，五色備舉。《山海經》云：丹穴之山有鳥焉，五采而文，名曰鳳皇，飲食自然，自歌，自舞，見則天下安寧。《禽經》云：

---

1 長離，滿文讀作"hukšen garudai"，意即「年久之鳳」。

2 小音金，大音鼓，滿文讀作"fangkala jilgan oci, can forire gese, den jilgan oci, tungken tūre adali"，意即「低聲時似鳴金，高聲時如擊鼓」。

[illegible]

[illegible]

[illegible]

[illegible]

[illegible]

[illegible]

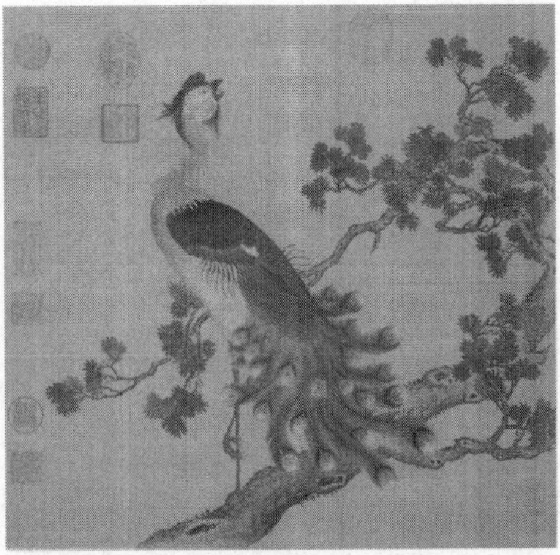

garudai, sunja hacin bi, fulgiyan ningge be, fulgiyan garudai sembi, lamun ningge be, lamun garudai sembi, šanyan ningge be, šanyan garudai sembi, yacin ningge be, yacin garudai sembi, suwayan ningge be, suwayan garudai sembi sehebi. cira tuwara nomun de, sunja hacin i garudai, ba be dahame ilgabuhabi, dergi ergingge be farudai sembi, wargi ergingge be surudai sembi, julergi ergingge be girudai sembi, amargi ergingge be irudai sembi, dulimbaingge be yurudai sembi sehebi. jaka hacin i ejetun de, garudai be emu gebu sabingga darudai sembi, geli emu gebu corodai sembi, aniya goidahangge be hukšen garudai sembi sehebi. dai šeng ni suhe dorolon i nomun de, ashangga gasha ilan tanggū ninju hacin i dorgi de, garudai gerudei dalahabi sehebi.

五鳳，赤曰丹穴，青曰羽翔，白曰化翼，黑曰陰翥，黃曰土符[3]。《人鏡經》：五鳳以方分，東方發明，西方鷫鸘，南方焦明，北方幽昌，中央玉雀。《物類志》：鳳，一名瑞鶠，別名鶤雞，其老者為長離。《大戴禮》云：羽蟲三百六十，而鳳皇為之長。

---

3 丹穴，滿文讀作"fulgiyan garudai"，意即「紅色鳳」；羽翔，滿文讀作"lamun garudai"，意即「藍色鳳」；化翼，滿文讀作"šanyan garudai"，意即「白色鳳」；陰翥，滿文讀作"yacin garudai"，意即「青色鳳」；土符，滿文讀作"suwayan garudai"，意即「黃色鳳」。

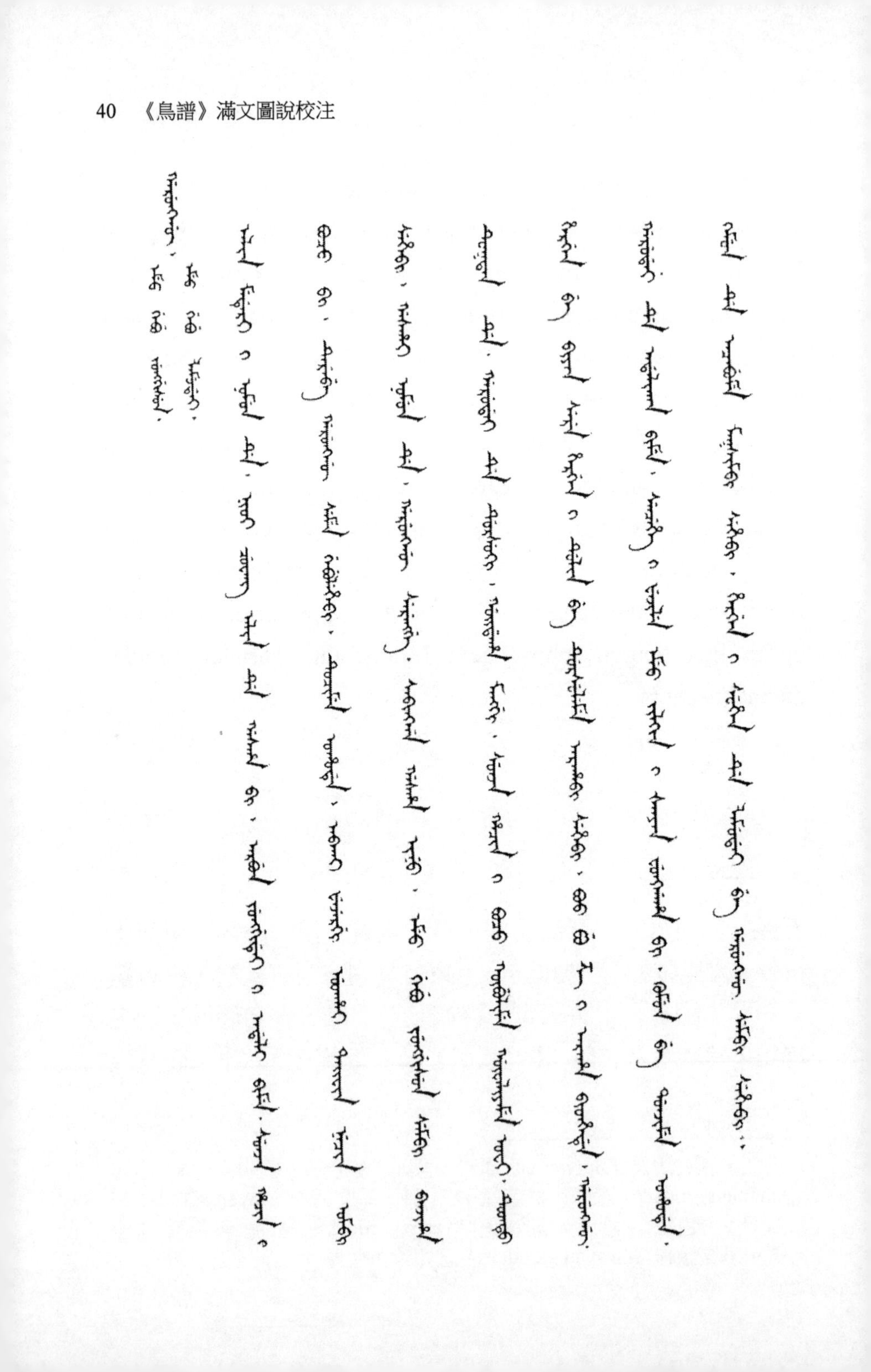

[illegible]

garunggū, emu gebu junggisun, emu gebu lamudai.

alin mederi i nomun de, nioi cuwang alin de gasha bi, arbun junggidei i adali bime, sunja hacin i boco bi, terebe garunggū seme gebulehebi, tucime ohode, abkai fejergi uthai taifin necin ombi sehebi. gashai nomun de, garunggū serengge, sabingga gasha inu, emu gebu junggisun sembi, banjiha tuktan de, garudai de dursuki, goidaha manggi, sunja hacin i boco kūbulime gūwaliyame ofi, tuttu hergen be biyan sere hergen i dulin be dursuleme arahabi sehebi. boo pu dz i araha bithede, garunggū, garudai de adalikan bime, sencehe i fejile emu jilkin i šanyan funggaha bi, kumun be donjime ohode, kemun de acabume maksimbi sehebi. hergen i suhen de lamudai be garunggū sembi sehebi.

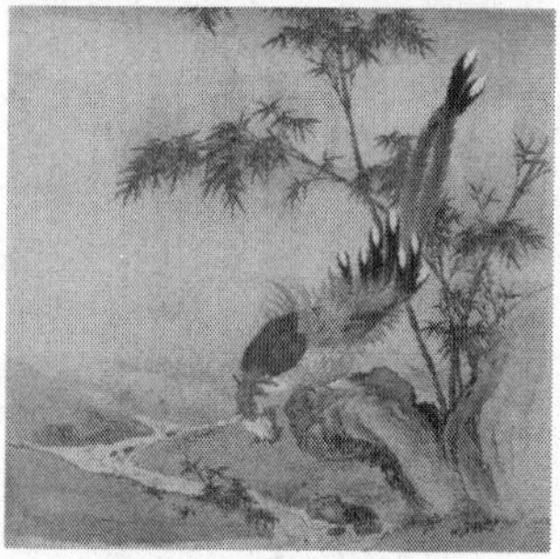

鸞，一名雞趣，一名青鳳

《山海經》云：女牀之山有鳥焉，其狀如翟而五采，名曰鸞鳥，見則天下安寧。《禽經》云：鸞，瑞鳥，一名雞趣，始生類鳳，久則五彩變易，故字從變省[4]。《抱朴子》云：鸞鳥似鳳而白纓[5]，聞樂則蹈節而舞。《說文》云：青鳳為鸞。

4 故字從變省，滿文讀作"tuttu hergen be biyan sere hergen i dulin be dursuleme arahabi "，意即「故字从變字之半形」。

5 白纓，滿文讀作"sencehe i fejile emu jilkin i šanyan funggaha bi"，意即「頷下有一綹白毛」。

[illegible]

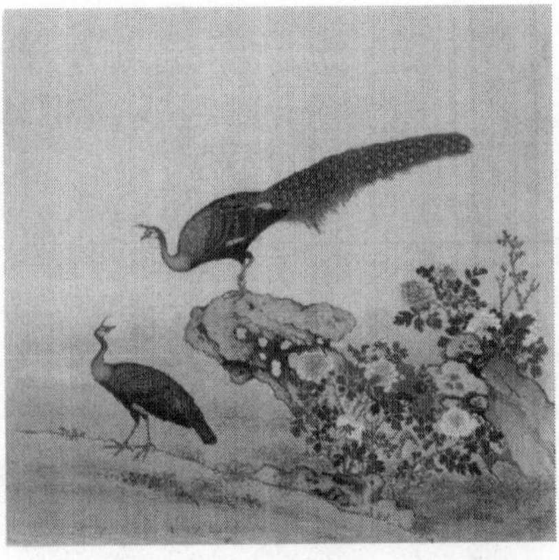

tojin, emu gebu tojin gasha, emu gebu yojin, emu gebu šujin, emu gebu kundujin, emu gebu molojin.

encu hacin i jakai ejetun de, tojin i beye amba, meifen narhūn, huru dukdurhun, huru ci uncehen de isitala, gemu muheliyen yasa banjihabi, sunja hacin i boco ishunde jerkišeme minggan jiha faidaha adali, uncehen i golmin ici juwe ilan jušuru bi, uju de gunggulu i gese ilan funggaha banjihabi, bethe de fakjin bi sehebi. nonggiha šunggiya de, tojin i uncehen de gincihiyan niowari boco bi, sunja aniya yongkiyaha manggi, ele ujeleme hairambi, sain erin saikan arbun de teisulefi, fithere uculere be donjiha de, urunakū asha uncehen debsime sarafi tuwame šame maksimbi, banitai silhingga, ini uncehen be tukiyecembi, udu goidatala ujiha seme, alha bulha etuku etuhe

---

孔雀，一名孔鳥，一名越鳥，一名文禽，一名孔都護，一名摩由羅

《異物志》云：孔雀形體既大，細頸隆背，自背及尾，皆作圓文[6]，五色相繞，如帶千錢[7]，尾長二、三尺，頭戴三毛以為冠[8]，足有距。《埤雅》云：孔雀尾有金翠，五年而後成，尤自珍愛。遇芳時好景，聞弦歌必舒張翅尾，盼睞而舞。性妬忌，自矜其尾，雖馴養已久，

---

6 皆作圓文，滿文讀作“gemu muheliyen yasa banjihabi”，意即「皆長圓眼」。

7 如帶千錢，滿文讀作“minggan jiha faidaha adali”，意即「如排列千錢」。

8 頭戴三毛以為冠，滿文讀作“uju de gunggulu i gese ilan funggala banjihabi”，意即「頭上長了似鳳頭的三毛」。

[illegible]

[illegible]

[illegible]

[illegible]

[illegible]

[illegible]

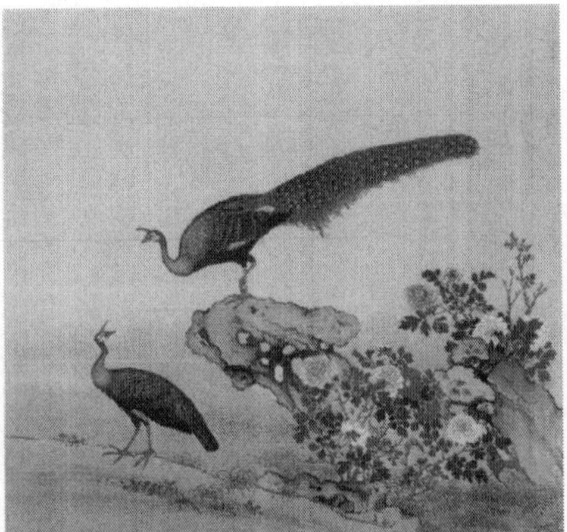

hehe juse be sabuha de, urunakū amcame congkimbi sehebi. kemneme bodoro ejetun de, tojin i amila ningge, uncehen i golmin ici ududu jušuru bi, suwayan niowanggiyan boco jerkišeme giltaršambi, ememu fonde ini uncehen be suksureme sarabuci, muheliyen i ici junggin i mulfiyen i adali, terebe huwejehen saraha sembi, uncehen i dubei ergi emu jurhun ba be nicuhe i elden seme gebulembi sehebi. alin mederi i nomun de julergi bade tojin gasha bi sehe be, g'o pu i suhe bade, tere tojin inu sembi sehebi. jaka hacin i ejetun de, lii fang, tojin be jujin seme gebulehebi, emu gebu kundujin sembi, emu gebu šujin sembi sehebi. oktoi sekiyen i bithede, tojin be emu gebu yojin sembi sehebi. lii ši jen̲ i gisun, kung sere hergen serengge amba be, fucihi i nomun de molojin sembi sehebi.

遇婦人童子服錦綵者，必逐而啄之。《虞衡志》云：孔雀雄者，尾長數尺，金碧晃耀，時自奮張其尾，團如錦輪[9]，謂之開屏。其尾端一寸名曰珠光。《山海經》：南方有孔鳥。郭璞曰[10]：孔雀也。《物類志》云：李昉名孔雀曰南客，一名孔都護，一名文禽。《本草綱目》：孔雀，一名越鳥。李時珍曰：孔，大也[11]。梵書謂之摩由羅[12]。

---

9 團如錦輪，滿文讀作“muheliyen i ici junggin i mulfiyen i adali”，意即「圓如錦輪」。

10 郭璞曰，滿文讀作“g'o pu i suhe bade”，意即「郭璞注云」。

11 孔，大也，滿文讀作“kung sere hergen serengge amba be ”，意即「孔字者，大也。」

12 摩由羅，滿文讀作“molojin”，梵文讀作“mayūra”。

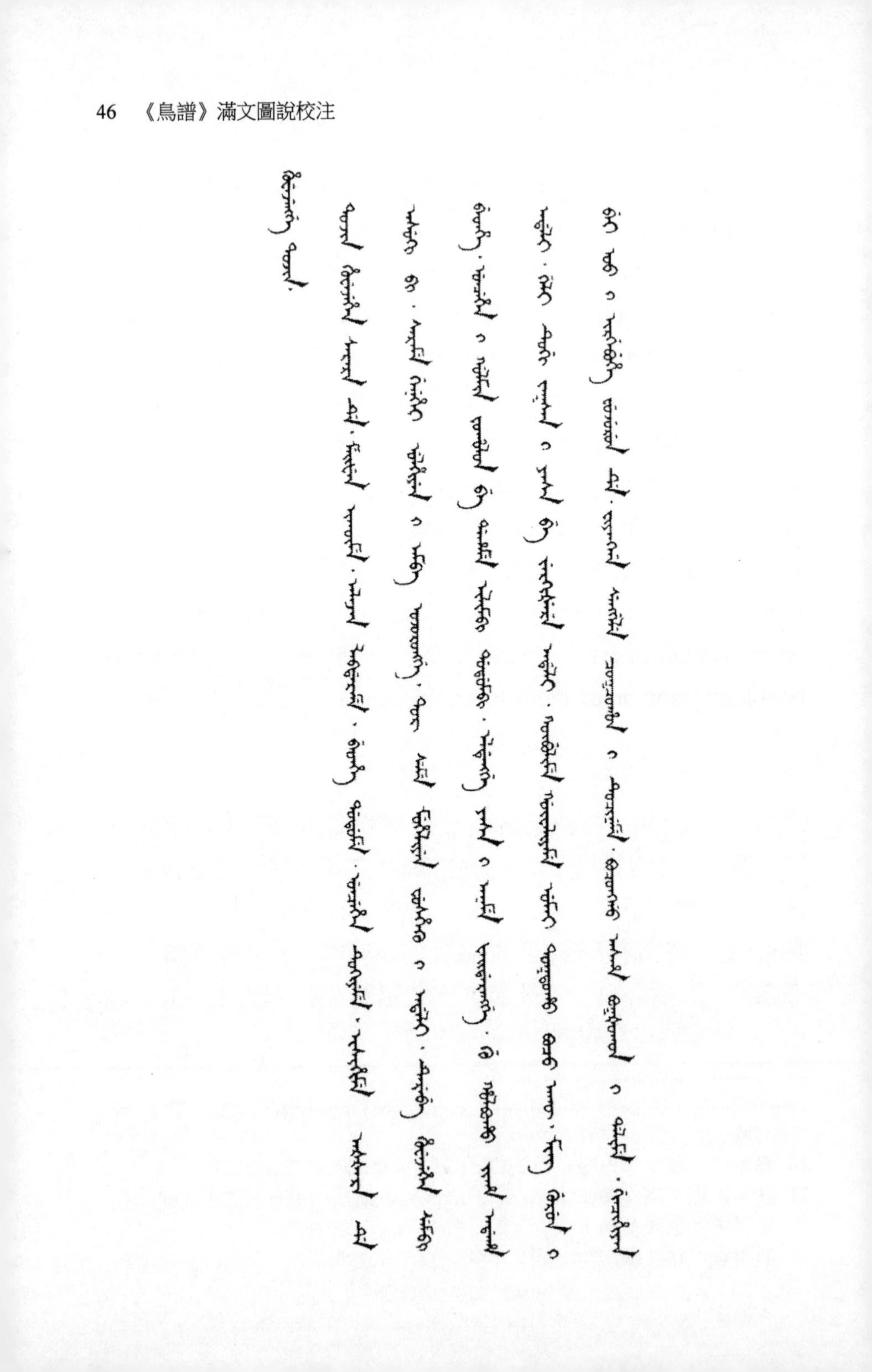

[illegible]

[illegible]

[illegible]

[illegible]

[illegible]

[illegible]

[illegible]

huwejengge tojin.

tojin huwejehen sarara de, meifen ikūme, alajan labdarame, bethe dodome, uncehen tukiyeme, isihime aššara de asuki bi, sarame genehei ulhiyen i amba ojorongge, tor seme muheliyen fusheku i adali, terebe huwejehen sembi, bethe, uncehen i golmin foholon be dahame ilimbi dodombi, eldengge yasa i aname faidarangge, gu holboho jiha adaha adali, geli tugi jaksan i yasa be jerkišere adali, kūbulime gūwaliyame umai toktoho boco akū. ming gurun i bei oo i irgebuhe fujurun de, fiyangga senggele cokcohon i tucineme, boconggo asha bokšokon i dalime, gincihiyan

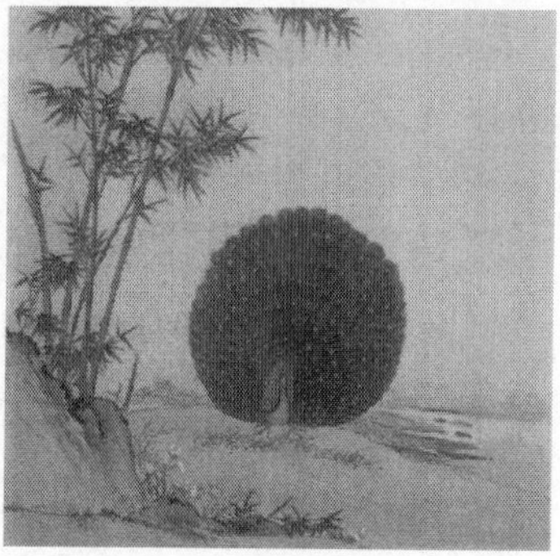

開屏孔雀[13]

孔雀開屏時，曲項，垂膺，趹足，翹尾，動搖有聲，漸轉漸大，以至圓如團扇[14]，是為屏。足以尾之長短為高下[15]，火眼排列如銜璧連錢，又如雲霞眩目，變化無定色。明〈貝翺賦〉云：翠髻高聳，彩翼旁障，

13 開屏孔雀，滿文讀作“huwejehengge tojin”，此作“huwejengge tojin”，異。

14 團扇，滿文讀作“muheliyen fusheku”，意即「圓扇」。

15 足以尾之長短為高下，滿文讀作“bethe uncehen i golmin foholon be dahame ilimbi dodombi”，意即「足以尾之長短而立蹲」。

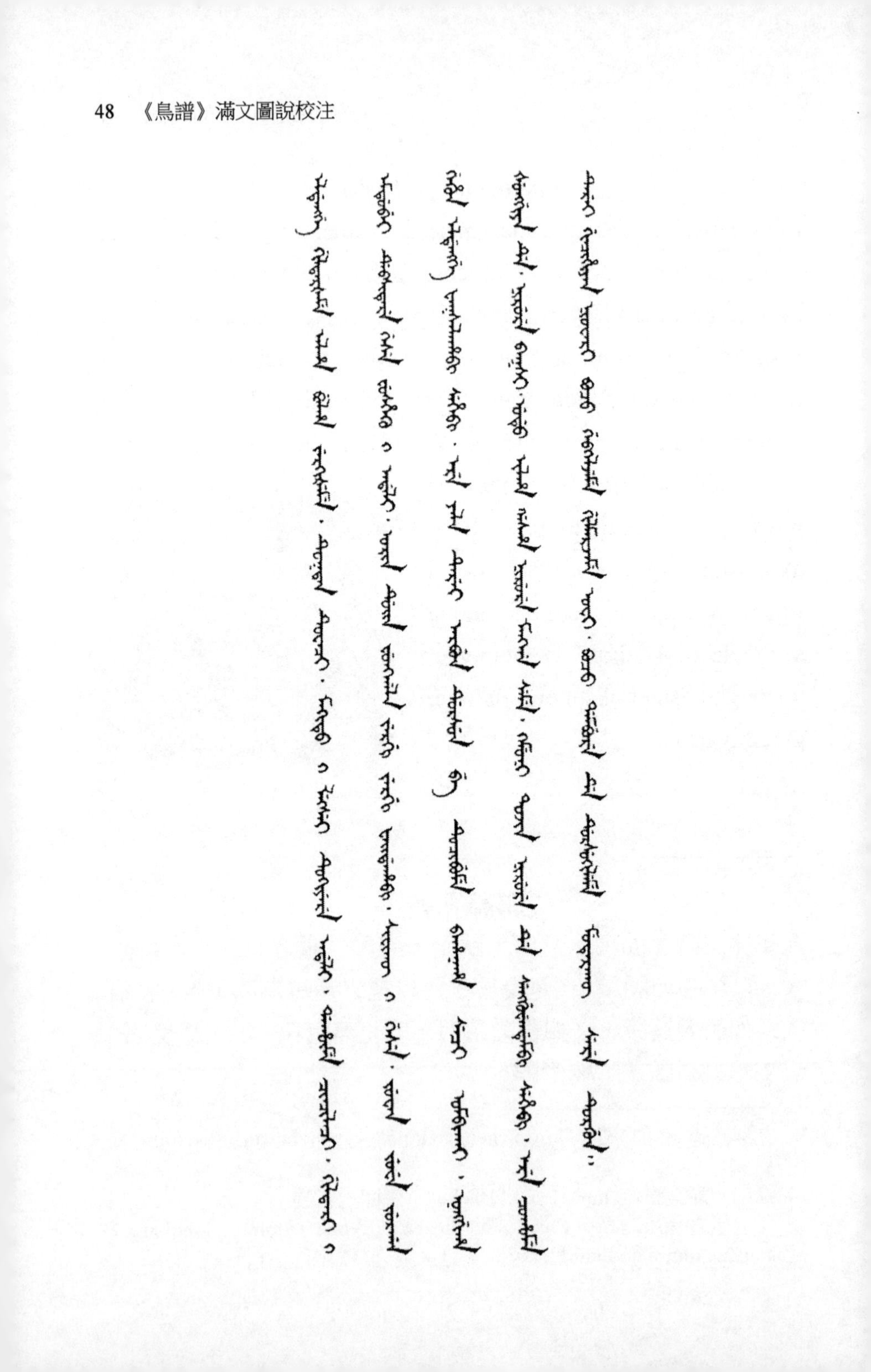

[illegible]

[illegible]

[illegible]

[illegible]

[illegible]

eldengge giltaršame alha bulha jerkišeme, tuktan tuwaci, makitu i leksei tukiyere adali, dahūme cincilaci, giltari i emdubei debsitere gese fusheku i adali, orin duin funggala jergi jergi faidahabi, sifikū i gese, juwan juwe jurgan gehun eldengge faksalahabi sehebi, ere yala terei arbun dursun be tucibume bahanaha seci ombikai. nonggiha šunggiya de, nirure baksi, udu ilha gasha nirure mangga seme, kemuni tojin nirure de sengguwendembi sehebi. ere cohome terei gincihiyan niowari boco gebkeljeme gilmarjame ofi, boco dambure de dursukileme muterakū sere turgun.

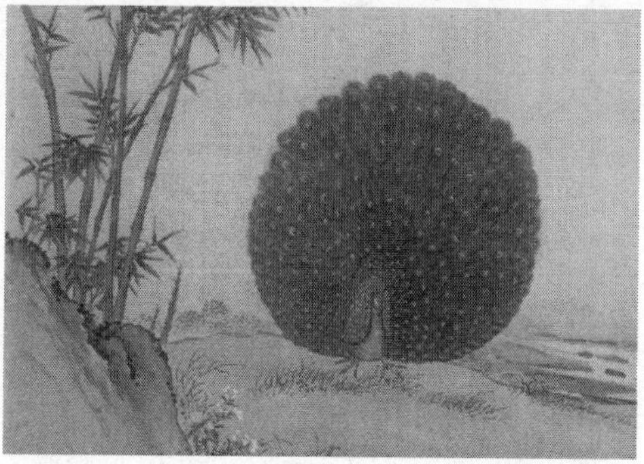

金碧熠燿，綺纈煒煌，乍若槊旄之齊舉，復似重麾之再揚，參差兮扇列二十有四，的皪兮釵駢十二其行。斯能道其形容矣。《埤雅》云：畫史雖妙善花鳥，猶憚為孔雀[16]。蓋其金翠生動，染色有不能似者也[17]。

16 畫史雖妙善花鳥，猶憚為孔雀，滿文讀作“nirure baksi, udu ilha gasha nirure mangga seme, kemuni tojin nirure de sengguwendembi”，意即「畫師雖然善於繪畫花鳥，猶憚繪畫孔雀。」

17 蓋其金翠生動染色有不能似者也，滿文讀作“ere cohome terei gincihiyan niowari boco gebkeljeme gilmarjame ofi, boco dambure de dursukileme muterakū sere turgun ”，意即「此特因其金翠色璀璨閃爍，添加顏色時不能模仿之故。」

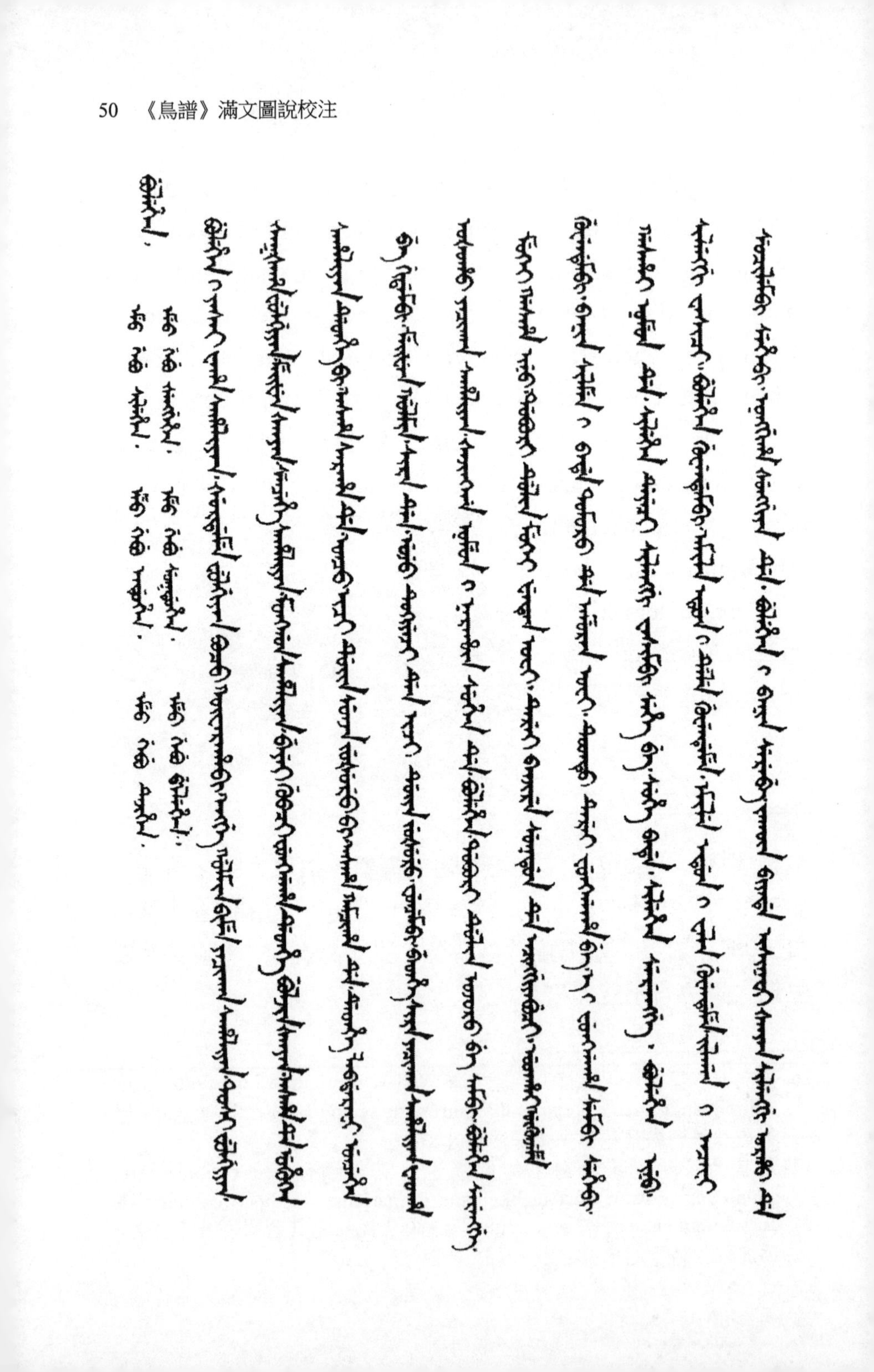

[illegible]

bulehen, emu gebu silehen, emu gebu enduhen, emu gebu tejihen, emu gebu šenggehen, emu gebu sukduhen, emu gebu pelehen.

bulehen i yasai faha sahaliyan, šurdeme fulgiyan boco kūwarahabi, engge golmin bime yacikan sahaliyan, tosi fulgiyan, šakšaha fulgiyan, meifen šanyan, sencehe sahaliyan, monggon sahaliyan, beyei gubci funggaha, dethe buljin šanyan, asha de uhuken sahaliyan dethe bi, asha saraha de, onco ici duin sunja jušuru bi. asha kamciha de dethe labdarafi uncehen be gidambi, meifen golmin, sira den, uju tukiyeci den ici duin jušuru funcembi, bethe sira yacikan sahaliyan, fatha ošoho yacikan sahaliyan. šajingga nomun i narhūn suhen de, bulehen dobori dulin ojoro be sambi, bulehen serengge, mukei gasha inu, dobori dulin mukei feten ofi, terei banjire sukdun de acinggiyabuci, uthai urgunjeme guwendembi, banin silmen i bade tomoro de amuran ofi, tuttu terei funggaha be, e i funggaha sembi sehebi. gashai nomun de, silehen deyeci silenggi wasimbi sehe be, suhe bade, silehen serengge, bulehen inu. silenggi wasici, bulehen guwendembi. amila edun i dele guwendeme, emile edun i wala guwendeme, jilgan i acafi sucilembi sehebi. nonggiha šunggiya de, bulehen i banin serebe jakūn biyade isinafi šanyan silenggi orho de

---

鶴，一名露禽，一名仙子，一名胎仙，一名仙禽，一名胎禽，一名蓬萊羽士[18]

鶴，黑睛，赤暈，青黑長觜，丹頂，朱頰，白項，黑頷，黑頸，通身毛羽純白，翅有軟黑翎，展翅廣四、五尺，歛翅則翎垂蓋尾，長項，長脛[19]，昂首高四尺餘，青黑足脛，青黑趾爪。《春秋繁露》云：鶴知夜半，鶴水鳥也，夜半水位感其生氣則喜而鳴，性好在陰，故謂其羽為陰羽。《禽經》：露翥則露[20]。注云：露禽，鶴也。露下則鶴鳴，雄鳴上風，雌承下風，以聲交而孕。《埤雅》云：鶴性警，至八月白露

---

18 蓬萊羽士，滿文讀作“pelehen”，意即「蓬萊羽客」。

19 長脛，滿文讀作“sira den”，意即「高脛」。

20 露翥則露，滿文讀作“silehen deyeci silenggi wasimbi”，意即「露禽飛時則露降」。

[illegible]

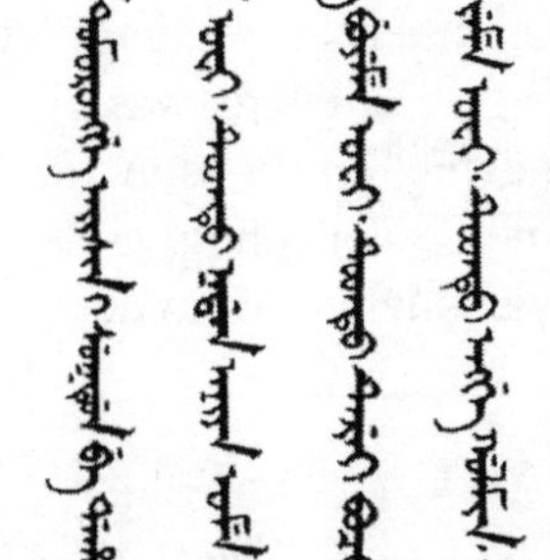

wasifi, sabdan sabdan i tuhere asuki be donjici, uthai den jilgan i guwendeme ishunde serebume tomoho baci jailafi gurirengge, nungneme jocibure ayoo sere turgun, bulehen i beye der seme šeyen, deyeci, wesihun sucunambi, guwendeci, goro donjinambi, banin geli umesi serebe yabuci urunakū jubki niyamašan de nikembi, tomoci bujan weji de dorakū, tuttu ofi, irgebun i nomun, jijungge nomun de erebe ambasa saisa i gisun yabun i arbun bi seme henduhebi. amila emile ishunde dahalame yaburengge, doose i fa deribume oksoro adali, songko be fehufi sucilembi sehebi. bulehen i singsin de, bulehen serengge, a i gasha bime silmen i bade tomorongge, aisin i sukdun be dahame, tuwa i simen be alifi beyebe ujirengge, aisin i ton uyun, tuwa i ton nadan ofi, tuttu nadan aniya ome murušeme kūbulimbi, juwan ninggun aniya ome ambarame kūbulimbi. beye bolgo be buyeme ofi, tuttu terei boco šanyan jilgan abka de donjiname ofi, tuttu tosi fulgiyan, muke de jeme ofi, tuttu engge golmin, julergi beye tukiyeshūn ofi, tuttu amargi ferge foholon, olhon bade tomome ofi, tuttu bethe den bime uncehen seri, tugi de deyeme ofi, tuttu funggaha luku bime yali jokson amba kūngka i feingge be tucibume, golmin monggon i icengge be gocime ofi, tuttu jalgan be bilaci ojorakū. yaya bulehen i arbun wesihun ningge,

---

降，流於草上，點滴滴有聲，因即高鳴相警，移徙所宿處，慮有變害也。蓋鶴體潔白，舉則高至[21]，鳴則遠聞，性又善警，行必依洲渚，止不集林木，故《詩》、《易》以為君子言行之象。雌雄相隨如道士禹步，履跡而孕[22]。《相鶴經》云：鶴者，陽鳥也，而遊於陰，因金氣乘火精以自養。金數九，火數七，故七年小變，十六年大變。體尚潔，故其色白，聲聞天，故頭赤，食於水，故其喙長，軒於前[23]，故後趾短，栖於陸，故足高，而尾凋，翔於雲，故毛豐而肉踈，大喉以吐，故修頸以納新，故壽不可量。凡鶴之上相，

---

21 舉則高至，滿文讀作“deyeci wesihun sucumbi”，意即「飛時則高昇」。

22 履跡而孕，滿文讀作“songko be fehufi sucilembi”，意即「踩跡交配而有孕」。

23 軒於前，滿文讀作“julergi beye tukiyeshūn”，意即「前身微仰」。

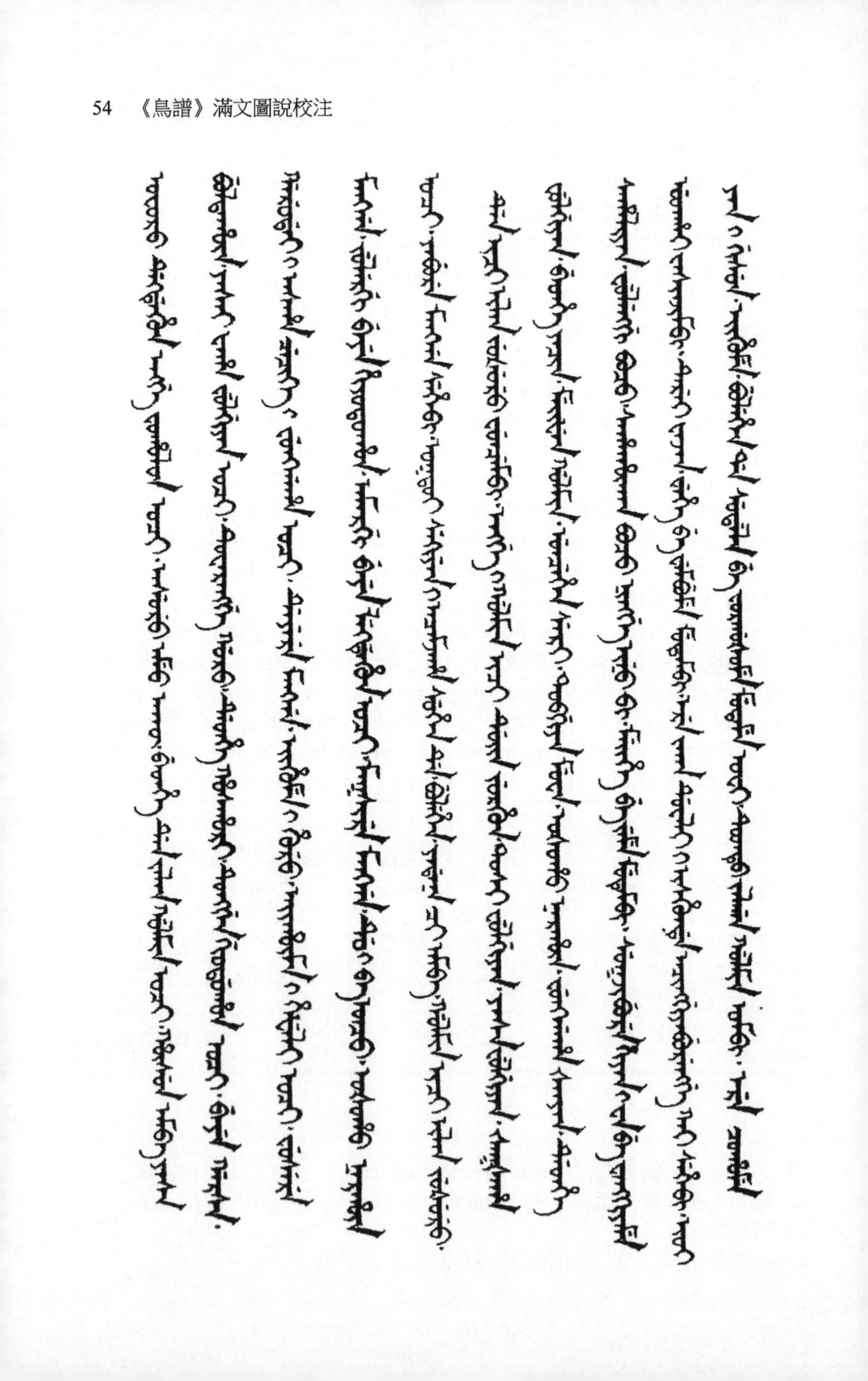

oforo dekdehun engge foholon oci, asuru amu akū, bethe den jalan golmin oci, hūsun amba yasa bultahūn, yasai faha fulgiyan oci, tuwarangge goro, dethe hoshori tunggen giodohon oci, beye garsa, garudai i asha cecike i funggaha oci, deyere mangga, eihume i huru, aihūma i hefeli oci, fusere mangga, julergi beye hiyotohon, amargi beye lekdehun oci, maksire mangga, du i ba onco, ošoho narhūn oci, yabure mangga sehebi. oktoi sekiyen i acamjaha suhen de, bulehen, yadana ci amba, golmin ici ilan jušuru, den ici ilan jušuru funcembi, engge i golmin ici duin jurhun, tosi fulgiyan, yasa fulgiyan, šakšaha fulgiyan, bethe yacin, meifen golmin, uncehen seri, tobgiya muwa, ošoho narhūn, funggaha šanyan, dethe sahaliyan, fulenggi boco, sahahūkan boco ningge inu bi, meihe be jeme mutembi, sukjibure hiyan i wa be wangkiyame uthai wasinjimbi, terei fajan, wehe be wembume mutembi, ere jaka duwali i ishunde acinggiyaburengge kai sehebi. ioi yan i gisun, eihume, bulehen da sudala be forgošome muteme ofi, tuttu jalgan golmin ombi, ere cohome

---

隆鼻短口，則少眠，高腳踈節[24]，則多力，露眼赤睛，則視遠，回翎亞膺[25]，則體輕，鳳翼雀毛，則善飛，龜背鼈腹，則能產，輕前重後，則善舞，洪髀纖趾[26]，則能行。《本草集解》云：鶴大於鵠，長三尺，高三尺餘，喙長四寸，丹頂，赤目，赤頰，青腳，修頸[27]，凋尾[28]，粗膝，纖指，白羽，黑翎，亦有灰色，蒼色者，能啖蛇虺，聞降真香烟則降，其糞能化石，物類相感也。俞琰云：龜鶴能運任脈，故多壽[29]，

---

24 踈節，滿文讀作“jalan golmin”，意即「長節」。

25 回翎亞膺，滿文讀作“dethe hoshori tunggen giodohon”，意即「卷翎緊胸」。

26 洪髀纖趾，滿文讀作“du i ba onco, ošoho narhūn ”，意即「寬胯細爪」。

27 修頸，滿文讀作“meifen golmin”，意即「長頸」。

28 尾凋，滿文讀作“uncehen seri”，意即「尾稀疏」。

29 多壽，滿文讀作“jalgan golmin”，意即「長壽」。

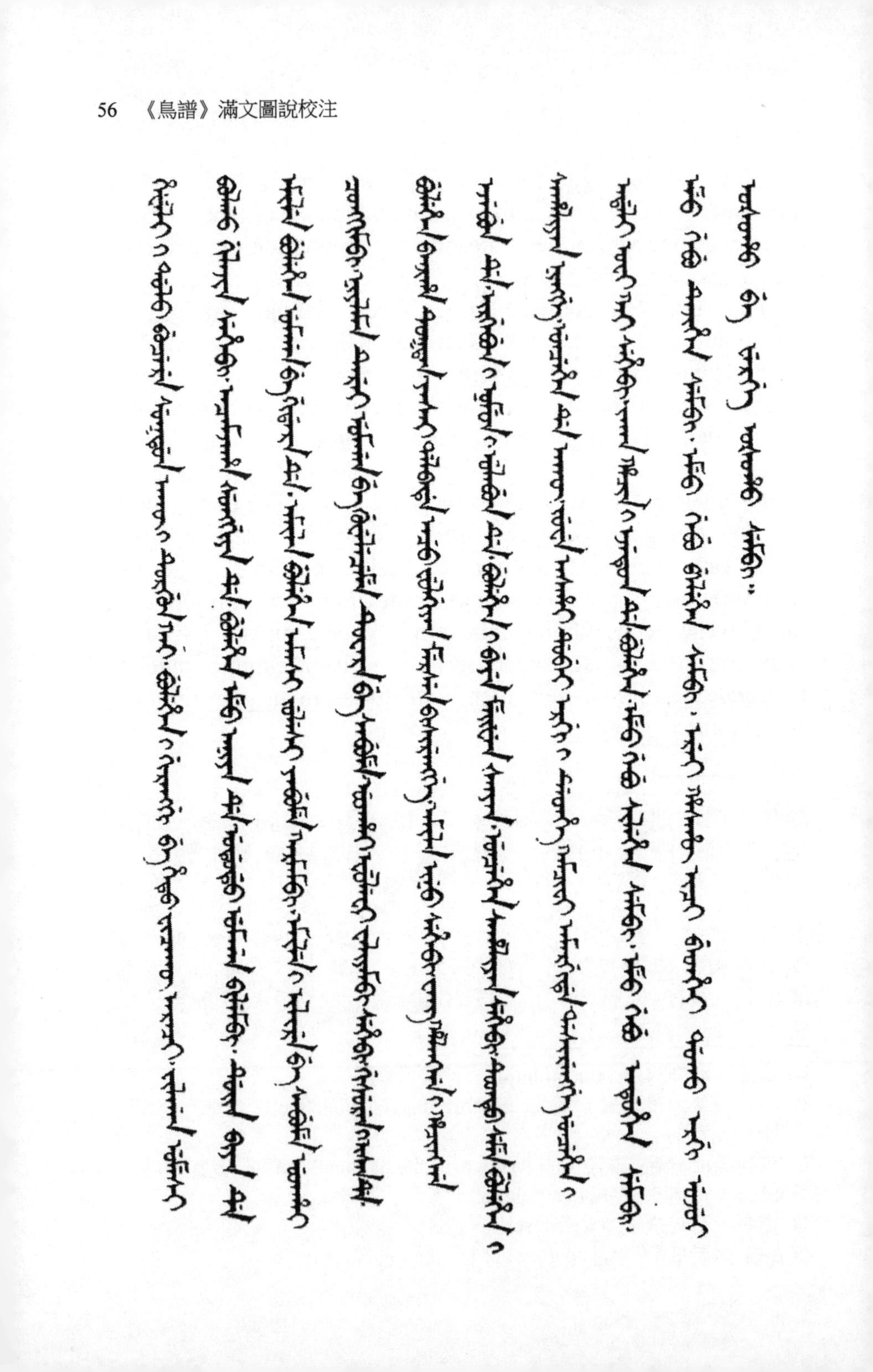

[illegible]

[illegible]

[illegible]

[illegible]

[illegible]

[illegible]

[illegible]

[illegible]

[illegible]

[illegible]

hefeli i dolo bucere sukdun akū i turgun kai, bulehen i giranggi be hetu ficakū araci, jilgan umesi bolgo gilajin sehebi. acamjaha šunggiya de, bulehen emu aniya de ududu umgan bilembi, duin biya de emile bulehen umgan be gidara de, amila bulehen amasi julesi yabume karmambi, emile i ilire be sabume uthai congkimbi, niyalma terei umgan be guweleceme tuwara be sabume, uthai efulefi waliyambi sehebi. gisuren i isan de, bulehen banjiha tuktan, yasai dalbade encu fulgiyan mersen bisirengge, amila inu sehebi. wang halangga i hacingga ejebun de, irgebun i nomun i ulabun de, bulehen i beye meifen šanyan, uncehen sahaliyan sehebi. tuttu seme, bulehen i sahaliyan ningge, uncehen de akū, juwe ashai dubei ergi i dethe kamcifi amargide dasirengge uncehen i adali ofi kai sehebi. jaka hacin i ejetun de, bulehen, emu gebu silehen sembi, emu gebu enduhen sembi, emu gebu tejihen sembi, emu gebu pelehen sembi, erei hashū ici bethei doko ergi ujui ošoho be ferge ošoho sembi.

無死氣於中也[30]。鶴骨為笛甚清越。《彙雅》云：鶴歲生數卵，四月雌鶴伏卵，雄鶴往來為衛，見雌起，則啄之，見人窺卵，則破而棄之。《談薈》云：鶴初生，眼旁別有紅點者是雄。《五雜組》[31]云：《詩》傳謂：鶴身白頸，黑尾。然鶴之黑者，非尾也，乃兩翅之下翅歛則附於後似尾耳。《物類志》云：鶴一名露禽，一名仙子，一名胎仙，一名蓬萊羽士，其左右腳裏第一指名兵爪[32]。

---

30 無死氣於中也，滿文讀作“hefeli i dolo bucere sukdun akū”，意即「腹中無死氣」。

31 五雜組，明謝肇淛撰，十六卷，此滿文讀作“wang halangga i hacingga ejetun”，意即「王氏雜志」，疑誤。

32 第一指名兵爪，滿文讀作“ujui ošoho be ferge ošoho sembi”，意即「第一趾名后爪」。

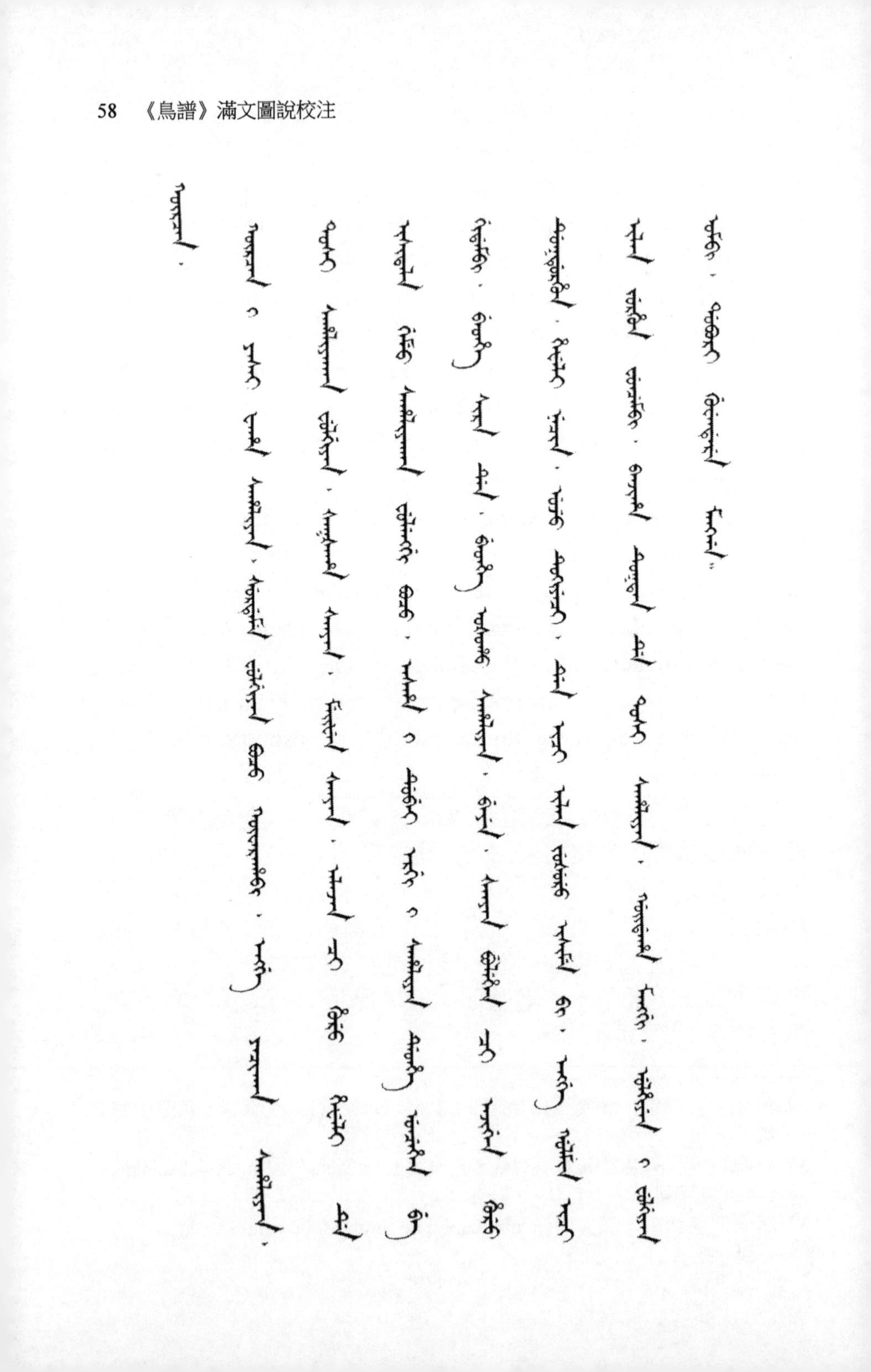

[illegible]

[illegible]

[illegible]

[illegible]

[illegible]

[illegible]

[illegible]

[illegible]

kūrcan.

kūrcan i yasai faha sahaliyan, šurdeme fulgiyan boco kūwarahabi, engge yacikan sahaliyan, tosi sahaliyakan fulgiyan, šakšaha šanyan, meifen šanyan, alajan ci huru, hefeli de isitala gemu sahaliyakan fulenggi boco, asha i dubei ergi i sahaliyan dethe uncehen be gidambi, bethe sira den, bethe ošoho sahaliyan. beye šanyan bulehen ci ajigen, huru dukdurhun, hefeli necin, uju tukiyeci, den ici ilan jušuru isime bi, engge golmin ici ilan jurhun funcembi, banjiha tuktan de tosi sahaliyan, goidaha manggi, ulhiyen i fulgiyan ombi, dobori guwendere mangga.

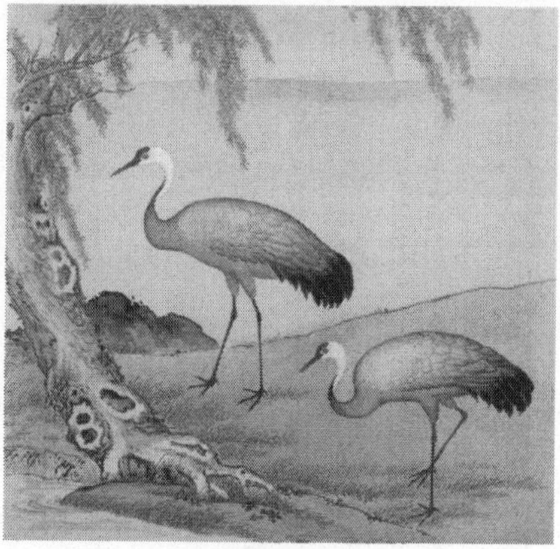

灰鶴

灰鶴，黑睛，赤暈[33]，青黑觜，黑紅頂，白頰，白項，臆至背、腹皆黑灰色，翅下黑翎，蓋尾，高足脛，黑足爪，身小於白鶴，隆背，平腹，昂首高三尺許，喙長三寸餘，初生頂黑，久則漸紅，善夜鳴。

33 赤暈，滿文讀作"šurdeme fulgiyan boco kūwarahabi"，意即「周圍圈了紅色」。

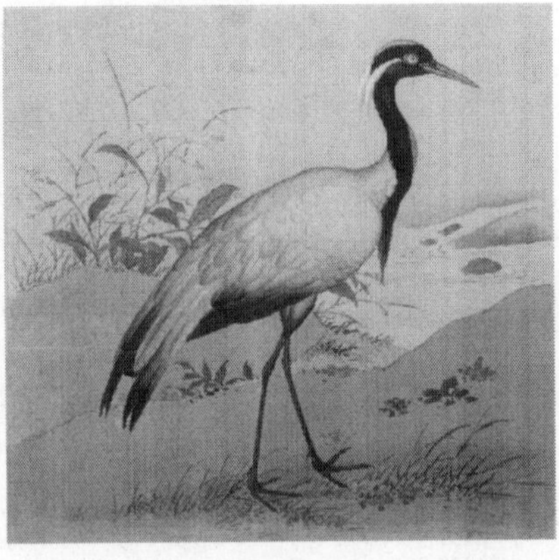

ajige kūrcan, emu gebu murcan, emu gebu furcan.

ajige kūrcan i yasai faha sahaliyan, šurdeme fulgiyan boco kūwarahabi, engge sahaliyakan niowanggiyan, engge i dube gelfiyen fulgiyan, tosi fulenggi boco, hashū ici ergi yasai hošo de, šanyakan fulenggi boco i funggaha emte banjifi, uju i amargici tucifi labdarame banjihabi. šakšaha sahaliyan, meifen sahaliyan, konggolo i bade, fulenggi bocoi funggaha majige tuyembumbi, alajan i bade sahaliyan funggaha kandarhan i adali labdarame banjihabi, hefeli tumin fulenggi boco, huru, asha i da, juwe ergi asha, gemu gelfiyen fulenggi boco, asha de golmin dethe banjifi, šuwe tucifi uncehen be gidambi, dethe i dubei ergi de sahaliyan boco bi, niongnio tumin sahaliyan, bethe sira sahaliyan, bethe de

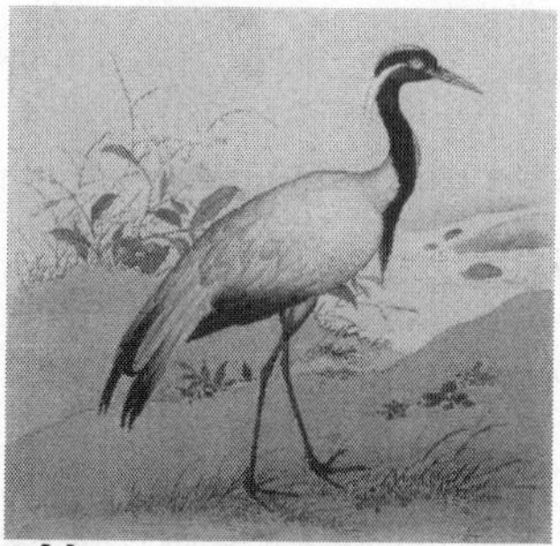

小灰鶴，一名水鶴，一名丹歌

小灰鶴，黑睛，紅暈，黑綠觜，淺紅喙，灰頂，左右眼角各有灰白羽一根，垂出腦後。黑頰，黑項，嗉前間露灰毛[34]，當胸黑毛下垂如纓，深灰腹，背、膊、兩翅俱慘灰色[35]，翅有長翎，直出蓋於尾上，翎末帶黑，深黑翮，黑足脛，

34 嗉前間露灰毛，滿文讀作“konggolo i bade, fulenggi bocoi funggaha majige tuyembumbi”，意即「食道嗉囊處稍露灰色羽毛」。

35 慘灰色，滿文讀作“gelfiyen fulenggi boco”，意即「淺灰色」。

[illegible]

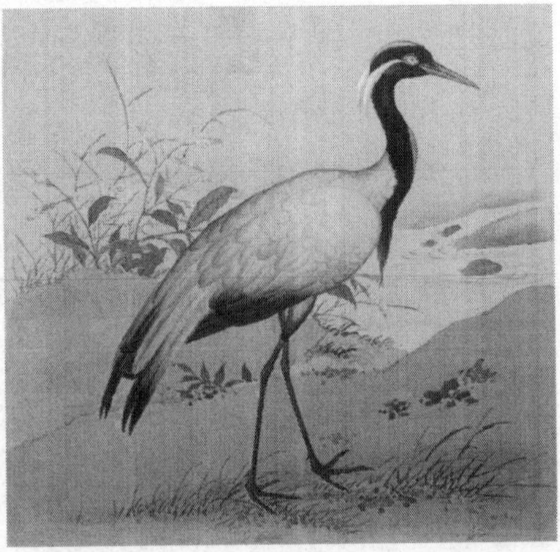

fakjin bi, ferge akū, julergi ilan ošoho i da i ergi de holboho sukū bi, beye i den ici emu jušuru sunja ninggun jurhun, engge i golmin ici juwe jurhun isime bi, guwendere maksire mangga, ere bulehen i dorgi emu hacin. guwangdung goloi ejetun de, julergi bade emu hacin i mukei bulehen bi, inu kūrcan sembi, arbun šanyan gūwasihiya de adalikan, monggon i fejile labdaraha kandarhan i gese funggaha bi, maksire mangga, terei banin edun aga be sambi, edun aga bici, guwendeme alin de wesimbi, edun aga akū oci, guwendeme bira omo de wasimbi. guwangdung bai niyalma, terebe engge fulgiyan, guwendere mangga seme, tuttu furcan sembi sehebi.

其足有懸爪[36]，無後趾，前三跂根有連皮，身高尺五、六寸，喙長二寸許。善鳴舞，鶴之一種也。《粵志》云：南方有一種水鶴，亦名灰鶴，狀類白鷺，頸有垂纓[37]，善舞，其性通風雨[38]，有風雨則鳴而上山，否則鳴而下於川澤[39]。廣人以其丹觜善鳴，故曰丹歌。

---

36 懸爪，滿文讀作"fakjin"，意即「爪後面突出像腳趾的距」。

37 頸有垂纓，滿文讀作"monggon i fejile labdaraha kandarhan i gese funggaha bi"，意即「頸下有似垂纓的毛」。又滿文"kandarhan"，意即「馬胸前掛的紅纓或纓穗」。

38 其性通風雨，滿文讀作"terei banin edun aga be sambi"，意即「其性知風雨」。

39 否則鳴而下於川澤，滿文讀作"edun aga akū oci, guwendeme bira omo de wasimbi"，意即「若無風雨，則鳴而下於川澤」。

[illegible]

[illegible]

[illegible]

[illegible]

[illegible]

[illegible]

[illegible]

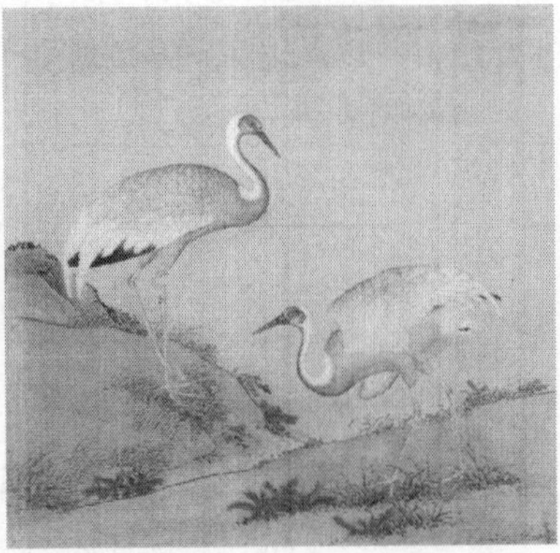

lamurcan, emu gebu fušarcan.

lamurcan i yasai faha sahaliyan, šurdeme suwayan boco kūwarahabi, engge niowanggiyan, engge i da ergi de foholon sahaliyan funggaha bi, uju fulgiyan, šakšaha fulgiyan, uju šakšaha i fulgiyan boco ishunde siranduhabi, meifen šanyan, sencehe fulenggi boco, sencehe ci alajan de isitala, gemu yacikan fulenggi boco, sencehe i hashū ici ergici wesihun juwe ergi šakšaha de isitala, gemu emte farsi fulenggi bocoi funggaha bi, huru, hefeli yacikan fulenggi boco, asha šanyakan fulenggi boco, asha de golmin dethe bifi niongnio be dalihabi. sahaliyan niongnio uncehen be gidahabi, bethe gelfiyen fulahūn, sira den ošoho šanyakan, suhun boco, beyei den ici juwe jušuru funcembi, uju tukiyeci

---

藍[40]，一名赤頰

藍，黑睛，黃暈，綠觜，觜根有黑短毛，紅頂[41]，紅頰，頂與頰紅色相連，白項，灰頷，頷至胸、臆，俱青灰色，頷旁左右各有灰毛一片，上透兩頰，青灰背腹，白灰翅，翅有長翎垂於翮上[42]，黑翮蓋尾，粉紅足，高脛，米白爪，身高二尺餘，昂首

---

40 藍，滿文讀作“lamurcan”，意即「藍鶴」。

41 紅頂，滿文讀作“uju fulgiyan”，意即「紅頭」。

42 翅有長翎垂於翮上，滿文讀作“asha de golmin dethe bifi niongnio be dalihabi”，意即「翅有長翎遮翮」。

[illegible]

[illegible]

[illegible]

[illegible]

[illegible]

[illegible]

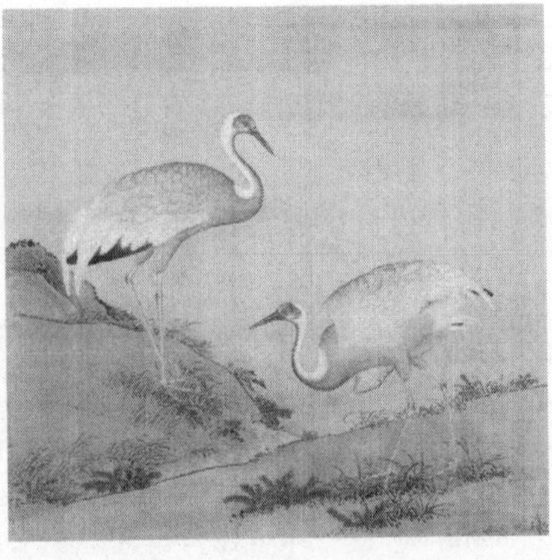

den ici ilan jušuru funcembi, engge golmin ici ilan jurhun isime bi, šanyan bulehen ci ajigen, kūrcan ci amba, fugiyan guwangdung ni bade labdu. lu gi i araha irgebun i nomun i suhen de, bulehen i dorgide geli sahahūkan boco ningge bi, te i niyalma fušarcan sembi sehebi. jegiyang ni ejetun de, lamurcan i arbun bulehen de adalikan, beye fulenggi boco, šakšaha fulgiyan, asha golmin, niongnio sahaliyan, meifen de sahaliyan funggaha akū, sokji noho bade feniyelefi deyembi, inu boo yafan de ujici ombi, banitai silhingga boconggo etuku etuhengge be sabuci, uthai guwendeme maksimbi, embici amcame congkimbi sehebi.

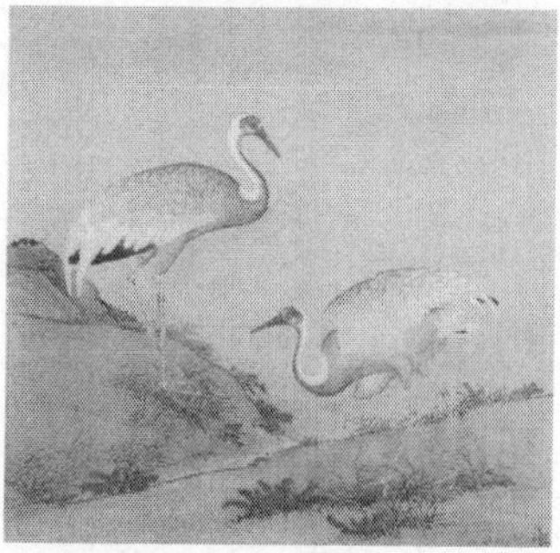

高三尺餘，喙長三寸許，小於白鶴，而大於灰鶴，閩粵多有之。陸璣《詩疏》云：鶴或有蒼色者，今人謂之赤頰客[43]。《越志》云[44]：藍狀與鶴同，灰身，赤頰，長翅，黑翮，頸無黑毛，群翔碧藻[45]，間亦畜於園庭，性妬，見彩服則鳴舞[46]，或逐而啄之。

43 赤頰客，滿文讀作“fušarcan”，意即「赤頰」。

44 越志，滿文讀作“jegiyang ni ejetun”，意即「浙江志」。

45 群翔碧藻，滿文讀作“sokji noho bade feniyelefi deyembi”，意即「成群結隊飛翔於光是水藻之處」。

46 彩服，滿文讀作“boconggo etuku etuhengge”，意即「穿著彩衣者」。

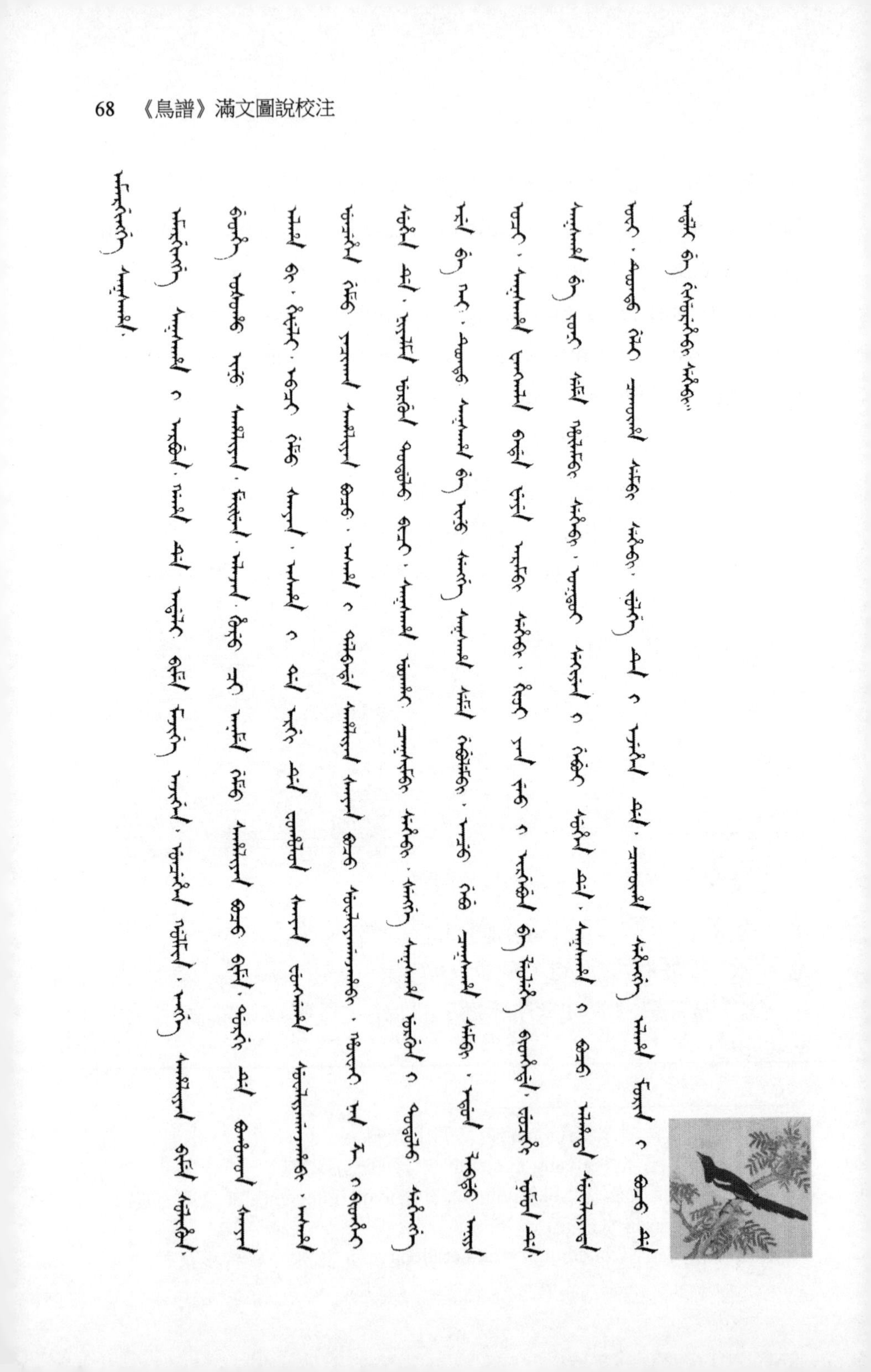

amargingge saksaha.

amargingge saksaha i arbun, gaha de adali bime majige ajigen, uncehen golmin, engge sahaliyan bime šulihun, bethe ošoho inu sahaliyan, meifen, alajan, huru ci aname gemu sahaliyan boco bime, dorgi de bohokon šanyan alha bi, hefeli, ebci gemu šanyan, asha i da ergi de foholon šanyan funggaha suwaliyaganjahabi, asha uncehen gemu yacikan sahaliyan boco, asha i dalbade sahaliyan šanyan boco suwaliyaganjahabi. hūwai nan dz i bithei suhen de, niyalma urgun todolo bici, saksaha uthai caksimbi sehebi. šengge saksaha urgun i todolo sehengge ere be kai, tuttu saksaha be inu šengge saksaha seme gebulembi, encu gebu caksaha sembi, edun labdu aniya oci, saksaha fangkala bade feye arambi sehebi. hioi yan jeo i irgebun be leolehe bithede, fucihi nomun de, saksaha be joni seme hūlambi sehebi. oktoi sekiyen i gebui suhen de, saksaha i boco alhata suwaliyata ofi, tuttu geli cakūha sembi sehebi. julge te i ejehen de, cakūha sehengge alha morin i boco de adali be gisurehebi sehebi.

北喜鵲

喜鵲，狀如鴉而差小[47]，尾長，黑尖觜，足爪亦黑，頸、臆與背黑色，內有暗白花紋，腹脅皆白，膊上間短白毛[48]，翅尾俱青黑色，翅旁黑白相間。《淮南子》注：人將有喜徵則鵲鳴。所謂靈鵲兆喜也，故呼喜鵲，亦名靈鵲，別名曰音干，歲多風則鵲巢卑。許彥周《詩話》云：藏經呼喜鵲為芻尼[49]。《本草釋名》：鵲色駁雜，故又謂之飛駁。《古今注》云：飛駁，言如馬駁色也。

---

47 喜鵲狀如鴉而差小，句中「喜鵲」，滿文讀作“amargingge saksaha”，意即「北喜鵲」。

48 膊上間短白毛，滿文讀作“asha i da ergi de foholon šanyan funggaha suwaliyaganjahabi”，意即「翅根上短白毛相間」。

49 歲多風則鵲巢卑，滿文讀作“edun labdu aniya oci, saksaha fangkala bade feye arambi”，意即「多風之歲，則鵲於低處築巢」。又「芻尼」，滿文讀作“joni”，《五體清文鑑》、《清文總彙》漢文作「芻毛」，疑誤。

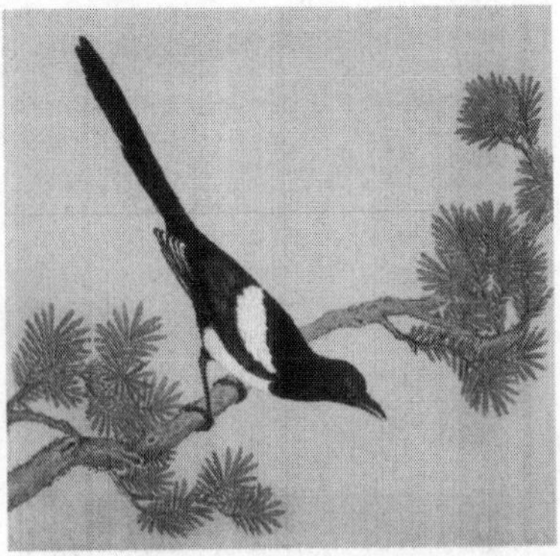

[illegible]

saksaha, emu gebu kaksaha, emu gebu caksaha, emu gebu šengge saksaha, emu gebu kara saksaha, emu gebu joni, emu gebu cakūha.

saksaha, encu emu hacin, engge šulihun, beye ajigen, uncehen golmin bime isheliyen, huru de šanyan funggaha labdu, jalan i urse erebe julergingge saksaha sembi, amargingge saksaha be kara saksaha sembi. tuwaci, saksaha i dorgide juwe hacin bi, emu hacin i engge amba, beye muwa, uncehen onco, huru de šanyan funggaha komso ningge be, jalan i urse, amargingge saksaha seme hūlambi. emu hacin i engge šulihun, beye weihuken, uncehen golmin bime isheliyen, huru de šanyan funggaha labdu ningge be, jalan i urse, julergingge saksaha seme hūlambi, geli beye ajige ningge be saksaha sembi, beye amba ningge be kara saksaha sembi. gasha i nomun de, saksaha i guwenderengge caksimbi caksimbi, erei guwendere jilgan be dahame gebu obuhabi sehebi. hergen i suhen de,

---

喜鵲，一名乾鵲，一名音干，一名靈鵲，一名烏鵲，一名芻尼，一名飛駮鳥

喜鵲，別一種，觜尖，身小，尾長而狹，背多白毛，俗以此為南喜鵲[50]，而以北喜鵲為烏鵲。案喜鵲有二種：一種大觜，粗身，闊尾，背上白毛少者，俗呼為北喜鵲；一種尖觜，輕身，尾長而狹，背上多白毛者，俗呼為南喜鵲，又以身小者為喜鵲，身大者為烏鵲。《禽經》云：鵲鳴唶唶[51]，因鳴聲以為名也。《字說》曰[52]：

---

50 俗以此為南喜鵲，句中「俗」，滿文讀作“jalan i urse”，意即「世人」。

51 唶唶，滿文讀作“caksimbi caksimbi”，意即「喜鵲喳喳叫」。

52 《字說》，滿文讀作“hergen i suhen”，意即《說文》，係《說文解字》簡稱。

[illegible]

[illegible]

[illegible]

[illegible]

[illegible]

[illegible]

[illegible]

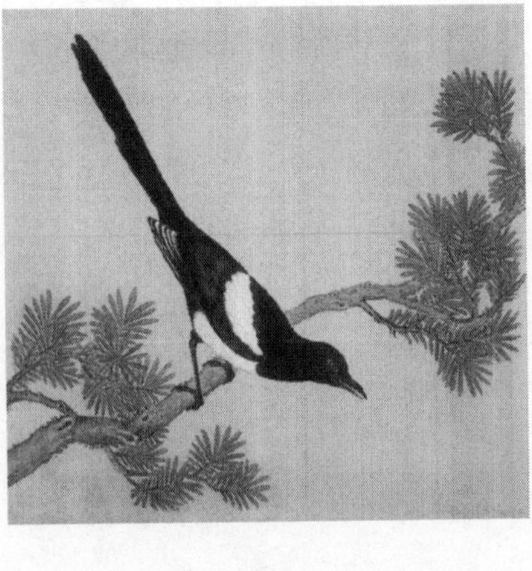

saksaha sahaliyan šanyan boco suwaliyaganjahabi sehebi. juwang dz bithei suhen de, kara saksaha uncehen i acafi sucilembi sehebi. usisi i hacingga foyodoro bithede, saksaha fangkala bade feye araci bisan ombi, den bade feye araci hiya ombi sehebi. hacingga jakai ejetun de, nenehe saisa, saksaha feye de tomombime edun be sambi sehengge, ainci edun labdu aniya oci, den moo ci aljafi, hetu gargan de feye arame ofi, tuttu den bade bimbime tuksicuke akū i turgun. wei gurun i u di han i irgebuhe irgebun de, biya genggiyen usiha seri, kara saksaha julergi baru deyembi sehebi, erebe tuwaci, tere uthai amargingge saksaha inu, jalan i urse beye amba ningge be kara saksaha sehengge be, inu ede saci ombi.

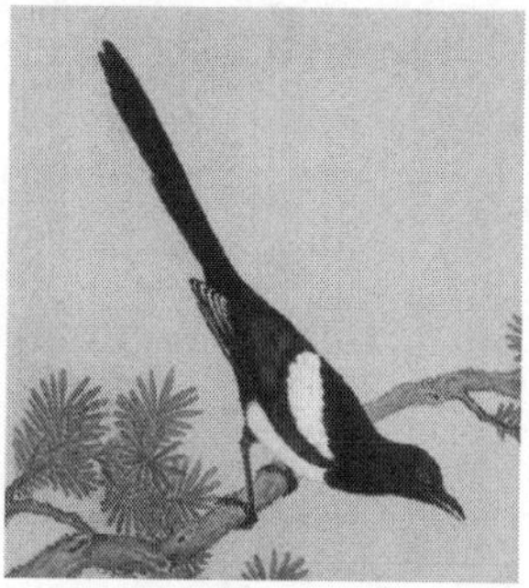

鵲黑白錯。《莊子》注：烏鵲交尾而化。《田家雜占》云：鵲巢低主水，高主旱[53]。《博物志》云：先儒以為鵲巢居而知風，蓋歲多風則去喬木，巢旁枝，故能高而不危也。魏武詩云：月明星稀，烏鵲南飛。則自是北喜鵲，俗以身大者為烏鵲，於此亦可驗。

53 鵲巢低主水，高主旱，滿文讀作"saksaha fangkala bade feye araci bisan ombi, den bade feye araci hiya ombi"，意即「喜鵲在低處築巢主水澇，在高處築巢主乾旱」。

[illegible]

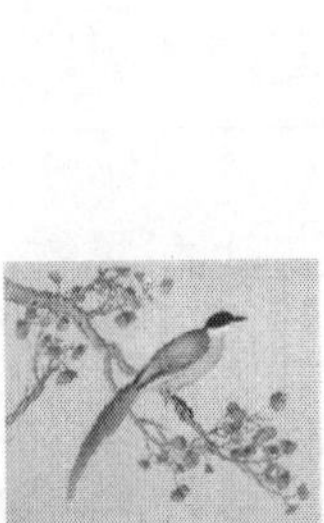

alin i saksaha.

alin i saksaha i arbun, saksaha de adali bime, uncehen golmin, engge, bethe sahaliyan, uju sahaliyan, ujude šanyan mersen bi, monggon i fejile gelfiyen šanyan, alajan, hefeli fulenggi boco, huru, asha i da gemu narhūn nunggari, gelfiyen niowari boco, asha tumin lamun boco, asha dethe šanyan sahaliyan boco ishunde suwaliyaganjahabi, uncehen i funggala asuru labdu akū, terei juwe golmin funggala fusihūn dadarahangge, inu baibula i adali, gemu lamun boco, dubei ergi šanyan. jaka hacin i ejetun de, alin i saksaha, saksaha de adali bicibe ajigen, uju yacin, huru, asha i da fulgiyakan fulenggi boco, engge bethe sahaliyan, uncehen golmin, feniyeleme deyembi, feniyeleme dombi, inu feye arame bahanambi, alin bujan de labdu, hoton i dolo umesi komso, kara saksaha i kumungge simengge be buyere banin ci encu sehebi.

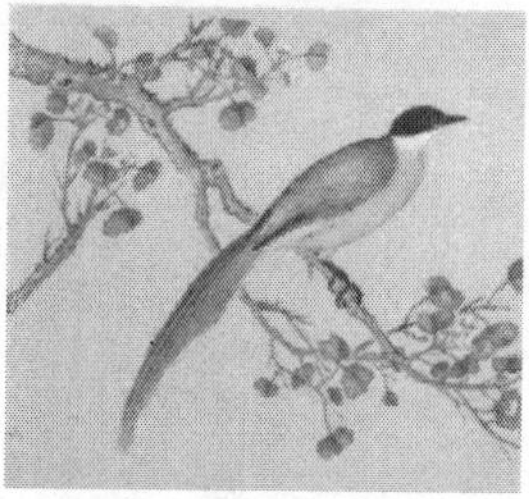

山喜鵲

山喜鵲，形似鵲而長尾，黑觜腳，黑頂，頂有白點，項下淺白，臆、腹灰色，背、膊皆細毳[54]，淺碧色，翅深藍色，翅翎白黑相間，尾毛不甚多，其兩長毛下垂[55]，亦如練鵲，俱藍色白尖。《物類志》云：山喜鵲似鵲而小，青頭，紅灰色背、膊，黑觜足，長尾，群飛群集，亦能為巢，山林間多有之，城市絕少，與烏鵲之喜稠鬧異性矣[56]。

54 細毳，滿文讀作“narhūn nunggari”，意即「細絨毛」。
55 兩長毛下垂，滿文讀作“juwe golmin funggala fusihūn dadarahangge”，意即「兩長翎毛朝下張開者」。
56 稠鬧，滿文讀作“kumungge simengge”，意即「熱鬧」。

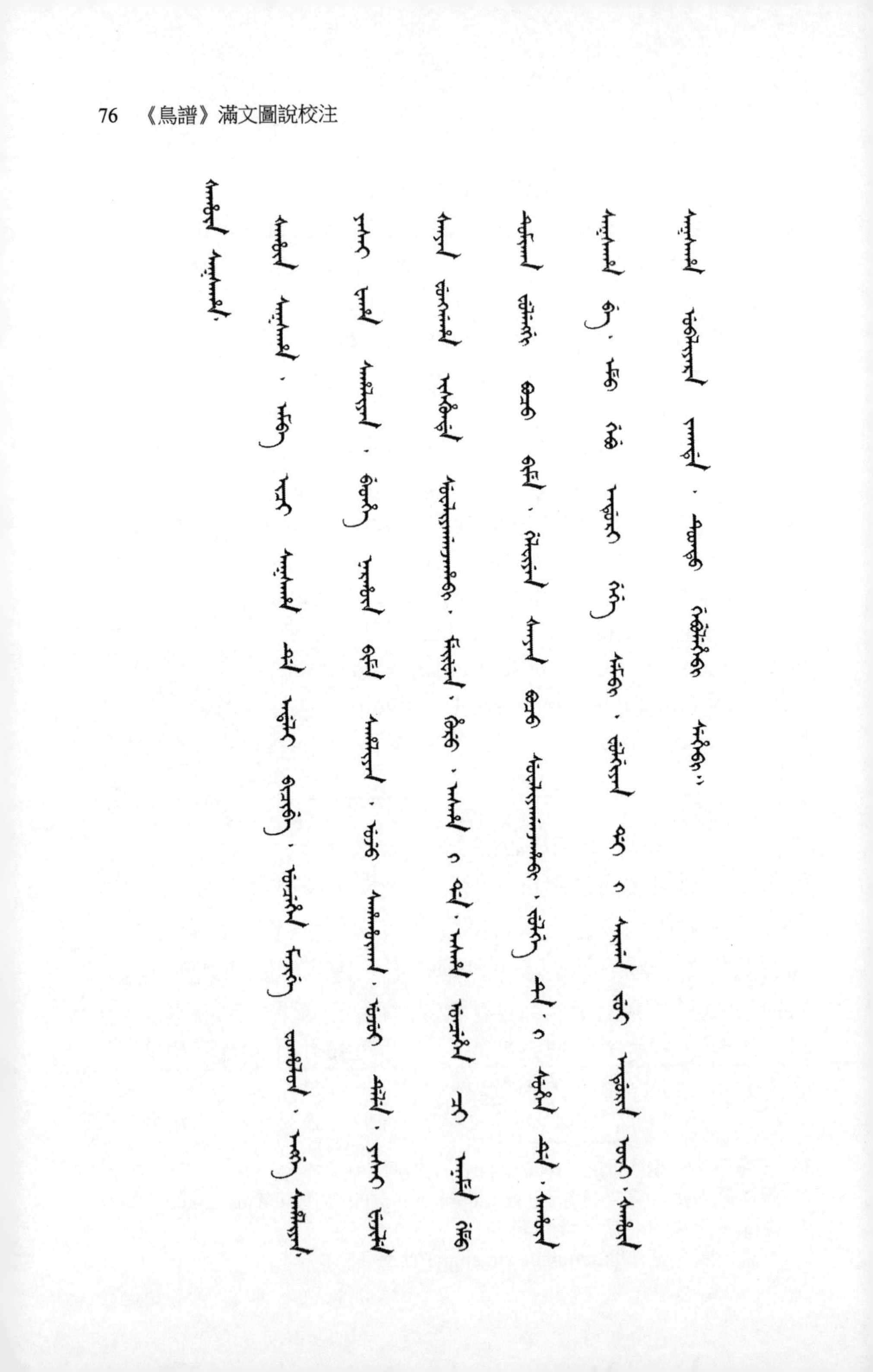

[illegible]

[illegible]

[illegible]

[illegible]

[illegible]

[illegible]

[illegible]

šahūn saksaha.

šahūn saksaha, amba ici saksaha de adali bicibe, uncehen majige foholon, engge sahaliyan, yasai faha sahaliyan, bethe narhūn bime sahaliyan, uju sahahūkan, ujui dele. yasai fejile šanyan funggaha ishunde suwaliyaganjahabi, meifen, huru, asha i da, asha uncehen ci aname gemu tumikan fulenggi boco bime, gelfiyen šanyan boco suwaliyaganjahabi, julge te i suhen de, šahūn saksaha be, emu gebu enduri gege sembi, fulgiyan di i sargan jui endurin ofi, šahūn saksaha ubaliyara jakade, tuttu gebulehebi sehebi.

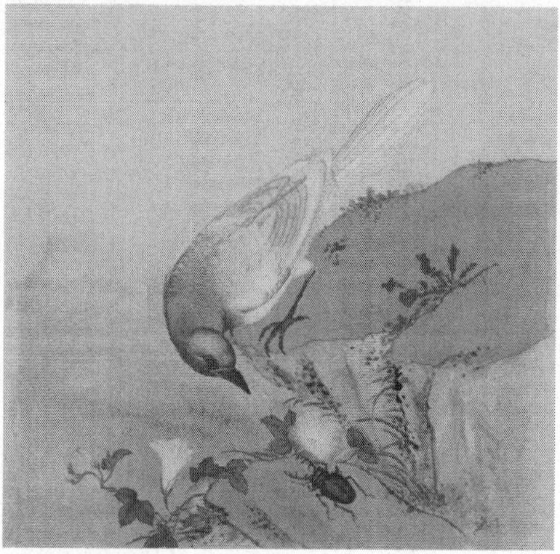

白喜鵲

白喜鵲，大如喜鵲，而尾差短，黑觜，黑睛，足細而黑，蒼首，頂上眼下白毛相間[57]，項、背、膊、翅尾皆瓦灰色[58]，間以淺白。《古今注》云：白鵲，一名神女，以赤帝女成仙，化為白鵲，故名。

57 頂上，滿文讀作“ujui dele”，意即「頭上」。
58 瓦灰色，滿文讀作“tumikan fulenggi”，意即「深灰色」。

[illegible]

[illegible]

[illegible]

[illegible]

[illegible]

[illegible]

[illegible]

[illegible]

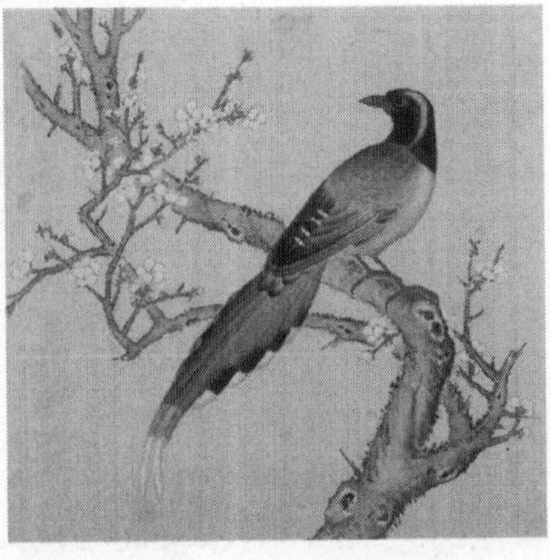

alin i jukidun, emu gebu ulkidun, emu gebu sakidun.
alin i jukidun i engge fulgiyan, uju sahaliyan, meifen sahaliyan, uju monggon de gemu šanyan mersen bi, ashai da, huru fulgiyakan gelfiyen fahala boco, alajan, hefeli, huru i boco ci majige gelfiyen, asha i dethe sahaliyakan niowari, huru de hanci bisire foholon dethe de šanyan solmin bi, uncehen golmin bime onco, niowanggiyakan niowari boco , funggala i dubede dergi ergi sahaliyan, fejergi ergi šanyan, dulimbai juwe funggala umesi golmin, niowari funggala i dubei ergide fulgiyakan gelfiyen fahala šanyakan fulenggi boco sirahabi, bethe fulgiyan, ošoho sahaliyan, ere uthai hacingga〔hancingga〕šunggiya bithede, alin i saksaha sehengge inu. engge bethe sahaliyan ningge be, sahaliyan alin i jukidun sembi. ere gasha i banin, umsei dahasu hebengge, niyalma ujifi hacinggai efin be tacibumbi, tubihe ganabure, kiru ašubure de yaya ici gemu niyalmai gūnin de acabumbi, jalan i urse, erebe golmin uncehengge baibula sembi. tuwaci, golmin uncehengge baibula, uthai

---

山鷓，一名鷺，一名山鵲
山鷓，紅觜，黑頭，黑頸，頂、項俱有白點，肩、背紅藕色[59]，臆、腹比背色差淡，翅毛黑翠，近背短翅有白尖，尾長而闊，翠碧色毛末，上黑下白，中兩翎甚長，翠毛之末接以藕紅灰白，紅足，黑爪。即《爾雅》所云山鵲也。其黑觜足者為黑山鷓，此鳥性最馴擾，人畜之，教以雜戲，取果銜旗往來，悉如人意，俗呼為拖尾練[60]。按拖尾練

---

59 肩背，滿文讀作"ashai da, huru"，意即「膊背」，滿漢文義不合。肩背，滿文當讀作"meiren, huru"。
60 拖尾練，滿文讀作"golmin uncehengge baibula"，意即「長尾練」。

[illegible]

[illegible]

[illegible]

[illegible]

[illegible]

[illegible]

[illegible]

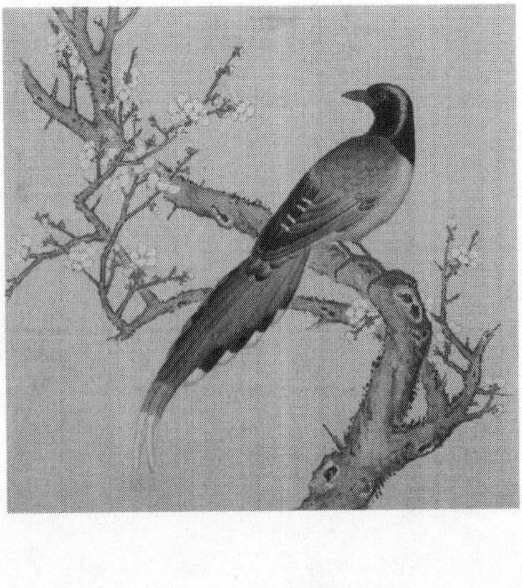

baibula inu, beye umesi ajigen, šušu, šanyan juwe hacin i boco ningge bi, encu emu hacin, erei adali akū, jalan i ursei gebulehengge tašarahabi. hacingga〔hancingga〕šunggiya bithede, ulkidun serengge, alin i saksaha inu sehe be suhe bade, saksaha de adali bime alha bulha bi, uncehen golmin, engge bethe fulgiyan sehebi. okto i sekiyen i bithede, alin i saksaha be jalan i urse alin i jukidun seme gebulehengge, terei ujude šanyan mersen bifi, jukidun i bederi de adali turgun kai. arbun saksaha de adali bime alha bulha bi, engge fulgiyan, bethe fulgiyan, uncehen golmin goro deyeme muterakū sehebi. dekdeni henduhengge, ulkidun erde guwendeci galambi, yamji guwendeci agambi sehebi. hergen i suhen de, ere jidere baita be sara gasha ofi, tuttu hergen be giyo sere hergen i uju be dursuleme arahabi sehebi.

是練鵲，其身甚小，有紫、白二色，別是一種，與此不同，俗名訛也。《爾雅》鷽山鵲注云：似鵲而有文彩，長尾，觜腳赤。《本草綱目》云：山鵲，俗名山鷓，以其頂上有白點如鷓鴣斑也；狀如鵲而有文彩，赤觜，赤足，尾長，不能遠飛。諺云：朝鷽叫晴，暮鷽叫雨。《說文》：以此為知來事之鳥，故字從覺頭[61]。

---

61 字從覺頭，滿文讀作"hergen be giyo sere hergen i uju be dursuleme arahabi."，意即「字從覺字之首形」，或作「字仿覺字之首形書寫」。

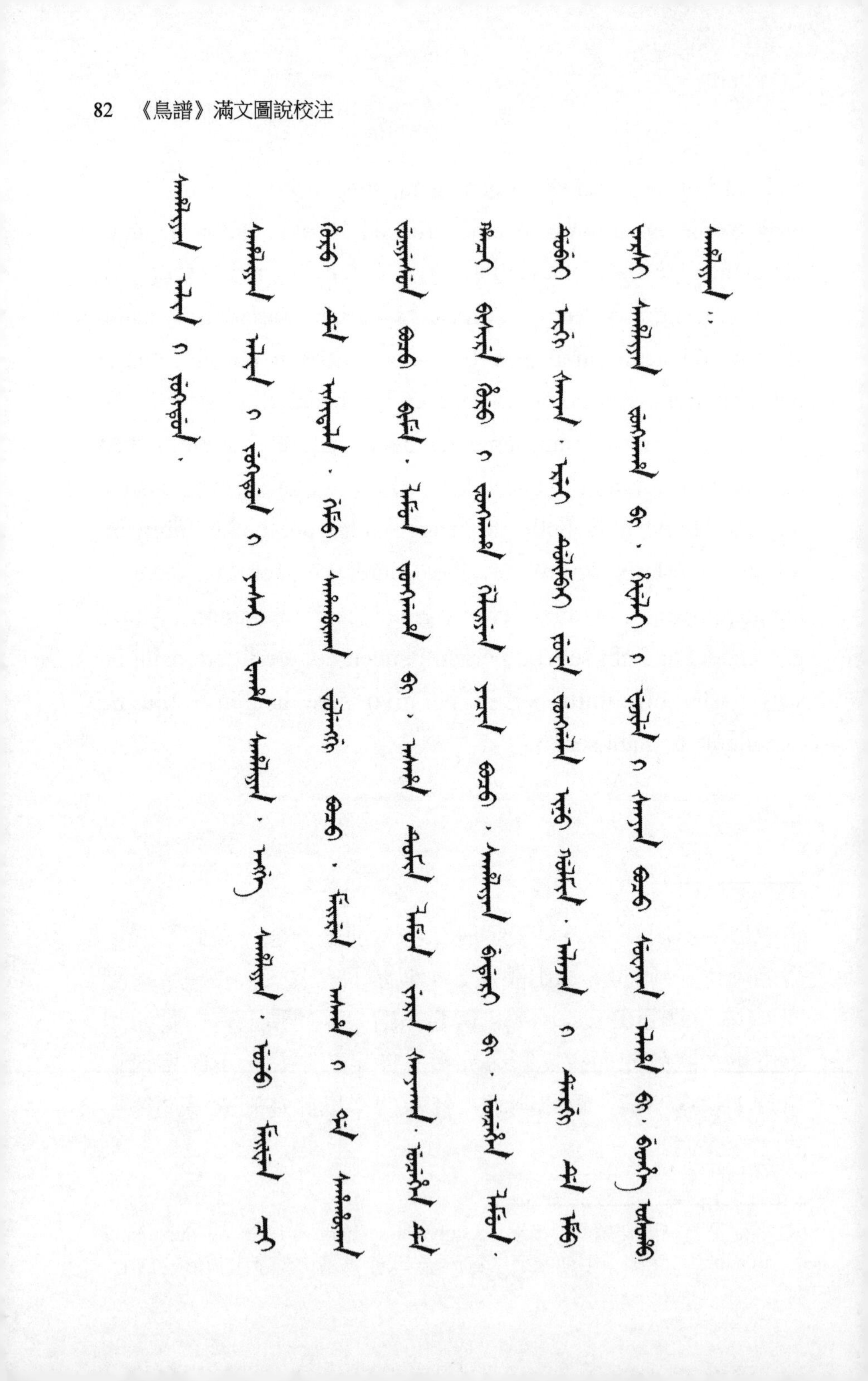

[illegible]

[illegible]

[illegible]

[illegible]

[illegible]

[illegible]

[illegible]

[illegible]

sahaliyan alin i jukidun.

sahaliyan alin i jukidun i yasai faha sahaliyan, engge sahaliyan, uju, meifen ci huru de isitala, gemu sahahūkan fulenggi boco, meiren, asha i da sahahūkan funiyesun boco bime, lamun funggaha bi. asha tumin lamun jerin šanyakan, uncehen de hanci bisire huru i funggaha gelfiyen yacin boco, sahaliyan bederi bi, uncehen lamun dubei ergi šanyan, erei dulimbai juwe funggala inu golmin, alajan i dergi de emu farsi sahaliyan funggaha bi, hefeli i fejile i šanyan boco suwayan alha bi, bethe ošoho sahaliyan.

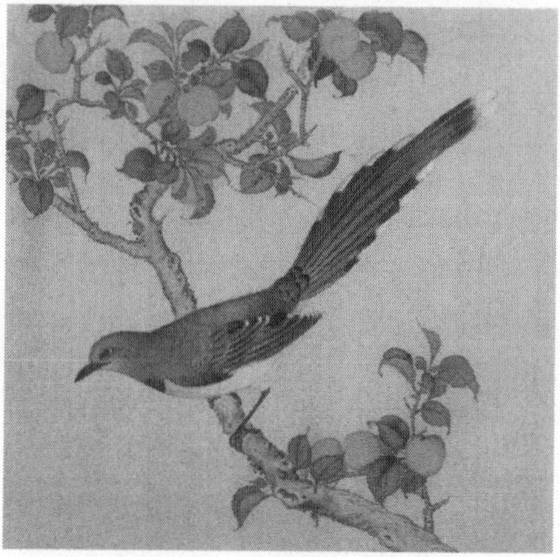

黑山鷯

黑山鷯，黑睛，黑觜，頭、頸至背，俱蒼灰色，肩、膊蒼褐有藍毛。深藍翅緗白邊[62]，近尾背毛縹青色[63]，黑斑，藍尾白尖，其中二翎亦長，臆前黑毛一片[64]，腹下白質黃紋，黑足爪。

62 緗白，滿文讀作“šanyakan”，意即「淺白」。
63 縹青，滿文讀作“gelfiyen yacin”，意即「淺青」。
64 臆前，滿文讀作“alajan i dergi”，意即「胸脯的上面」。

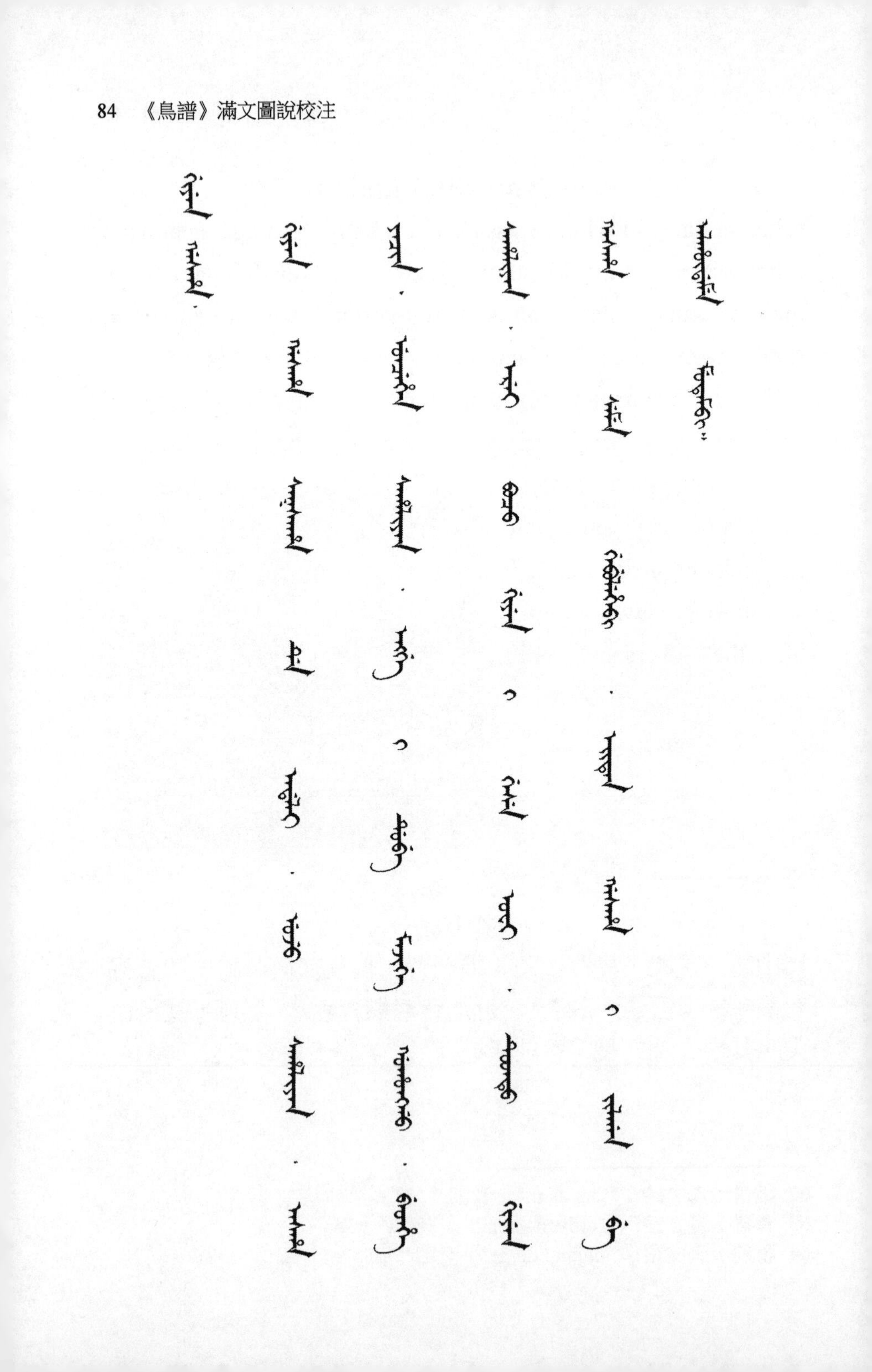

[illegible]

giyen gasha.

giyen gasha saksaha de adali, uju sahaliyan, asha yacin, uncehen sahaliyan, engge i dube majige gohonggo, bethe sahaliyan, erei boco giyen i gese ofi, tuttu giyen gasha seme gebulehebi, eiten gasha i jilgan be alhūdame mutembi.

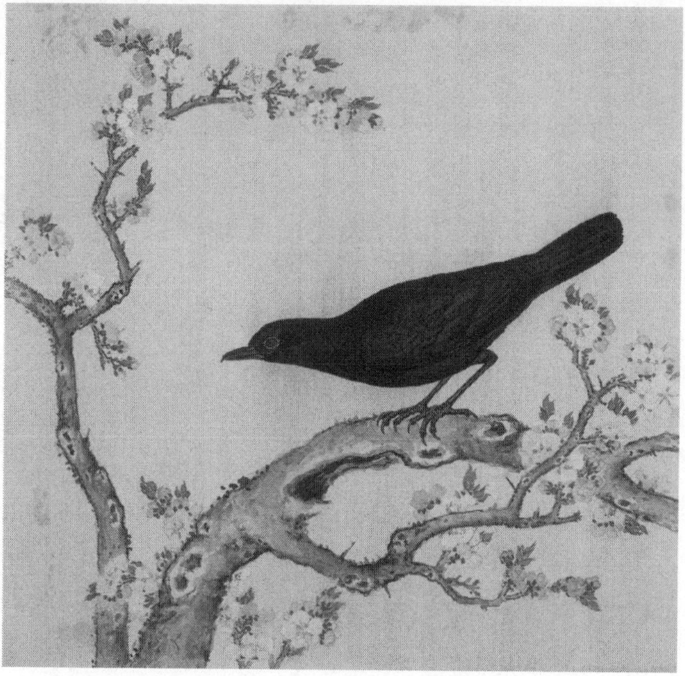

靛花

靛花，似鵲[65]，黑頭，青翅，尾黑，觜喙微勾，黑足，以其色似藍靛[66]，故名靛花。能學百鳥聲。

65 靛花似鵲，滿文讀作"giyen gasha saksaha de adali"，意即「靛花青鳥似喜鵲」。

66 藍靛，滿文讀作"giyen"，意即「靛花青」。

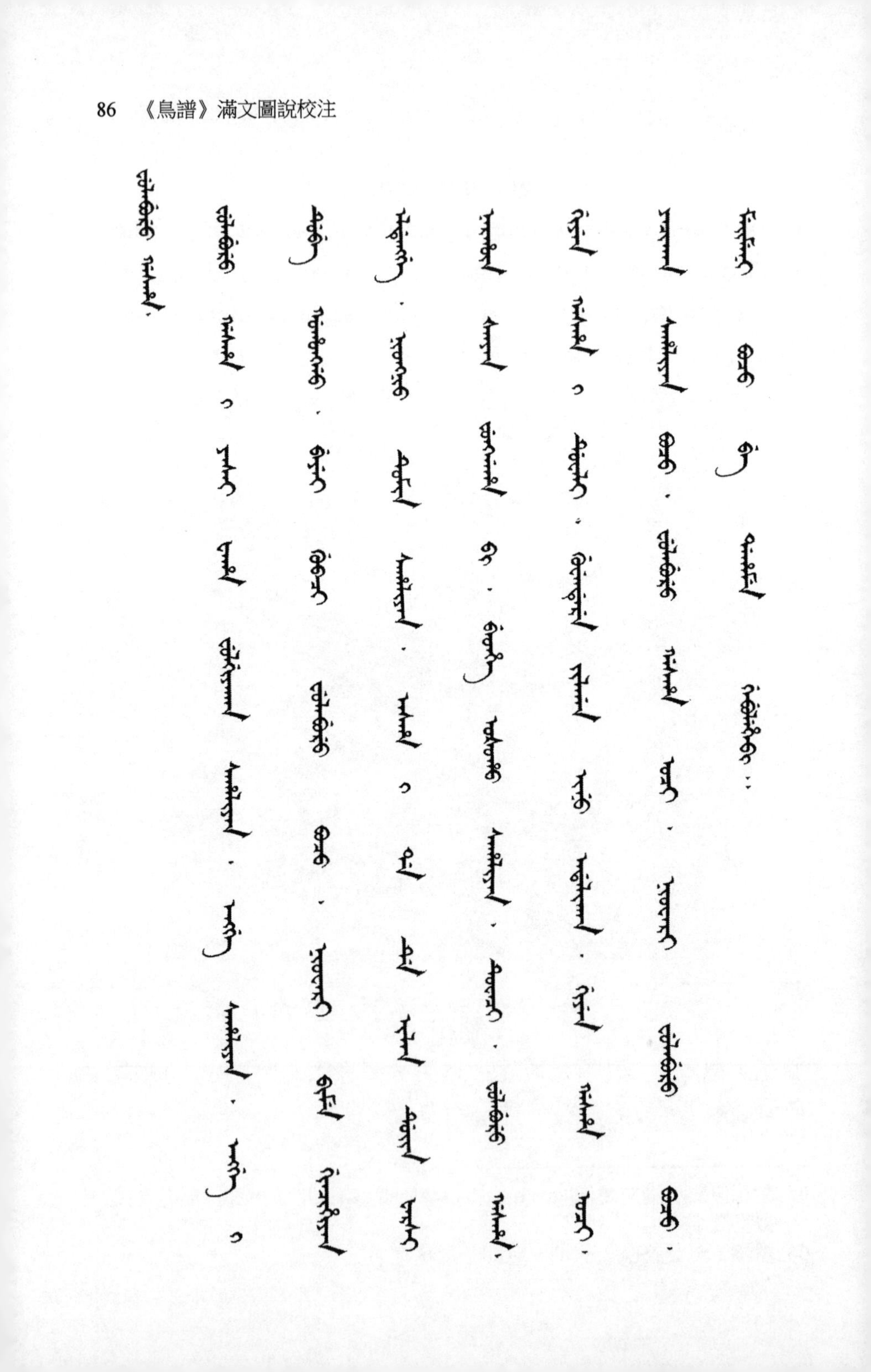

fulaburu gasha.

fulaburu gasha i yasai faha fulgiyakan sahaliyan, engge sahaliyan, engge i dube gohonggo, beyei gubci fulaburu boco, niowari bime gincihiyan eldengge, niongnio tumin sahaliyan, asha i da de ilan duin farsi narhūn šanyan funggaha bi, bethe ošoho sahaliyan. tuwaci, fulaburu gasha, giyen gasha i duwali, guwendere jilgan inu adalikan, giyen gasha oci yacikan sahaliyan boco, fulaburu gasha oci niowari fulaburu boco, meimeni boco be dahame gebulehebi.

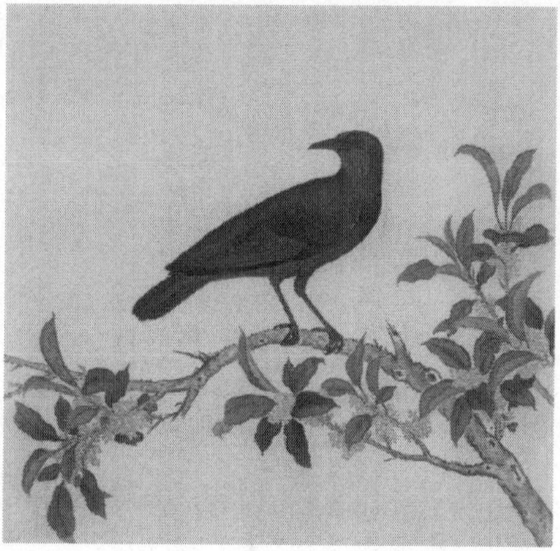

石青[67]

石青，赤黑睛，黑觜，勾喙，通身青色[68]，翠有光彩，翮毛深黑，膊上間有細白毛三、四點[69]，黑足爪。案石青與靛花同類，鳴聲亦相似，靛花青黑色，石青則青翠色，各以其色名耳。

67 石青，滿文讀作“fulaburu gasha”，意即「紅青色鳥」。

68 青色，滿文讀作“fulaburu boco”，意即「紅青色」。

69 膊上間有細白毛三、四點，滿文讀作“asha i da de ilan duin farsi narhūn šanyan funggaha bi”，意即「膊上有細白毛三、四片」。

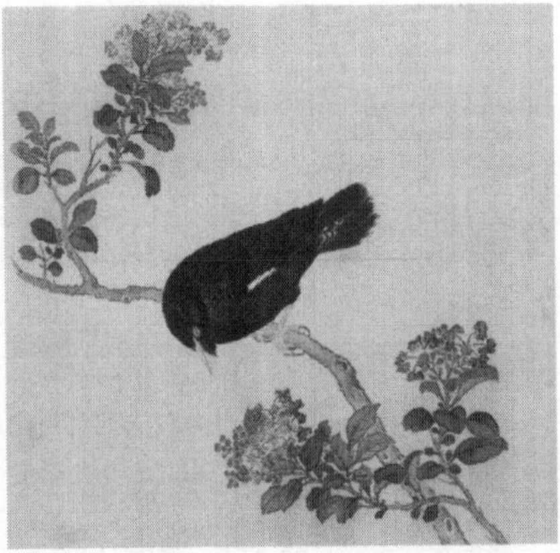

kiongguhe, emu gebu kingguhe, emu gebu giyangguhe, emu gebu kara cecike, emu gebu barbehe, emu gebu bangguhe, emu gebu šangguhe, emu gebu sungguhe, emu gebu sangguhe.

kiongguhe i yasai faha sahaliyan, šurdeme suwayan boco kūwarahabi, engge gelfiyen niowanggiyan, gunggulu bi, beyei gubci gemu sahaliyan, asha de emu farsi šanyan funggaha bi, uncehen de šanyan mersen bi, bethe suwayan, ošoho sahaliyan. jaka hacin i ejetun de, kiongguhe deberen i fonde, engge i hošo de fiyelen bi, mutuha manggi fiyelen i boco ulhiyen i mayambi, ujude gunggulu bi, gunggulu akūngge inu bi. oktoi sekiyen i bithede, ere gasha muke de ebišere de amuran, erei yasa faha kūlin calin ofi, tuttu gebulehebi. wang halangga i gisun, terei fehure de uncehen i holbome ošoho i šoforome ofi, tuttu nikan gebu i kioi ioi sere hergen be, geo sere hergen, ioi sere hergen i dulin be dursuleme arahabi, ba ba serengge, terei jilgan inu. abka beikuwen nimarara hamici, uthai feniyelefi deyeme alara gese ofi, tuttu šangguhe sembi. g'ao hergen serengge, alara be sehe sehebi. beyei gubci buljin sahaliyan ofi, tuttu kara cecike seme gebulehebi. alin tanggin i eiten kimcin de, kiongguhe i banin, niyalmai gūnin be same niyalmai

---

鸜鵒，一名鴝鵒，一名鵲鴝，一名黝鳥，一名哵哵鳥，一名八哥，一名寒皋，一名慧鳥，一名鸜鵅。

鸜鵒，黑睛，黃暈，粉綠觜，有幘，通身俱黑，翅有白毛一片，尾有白點，黃足，黑爪。《物類志》云：鸜鵒嫩則口黃[70]，老則口色漸退，頭上有幘，亦有無幘者。《本草綱目》云：此鳥好浴水，其睛瞿瞿然，故名。《王氏說》以為其行欲也尾而足勾，故鴝鵒字從勾從欲省，哵哵者[71]，其聲也。天寒欲雪[72]，則群飛如告，故曰寒皋。皋者，告也。通體純黑，故名黝鳥。《山堂肆考》云：鸜鵒，性通人意，

---

70 嫩則口黃，滿文讀作“deberen i fonde, engge i hošo de fiyelen bi”，意即「雛鳥時觜角黃」。

71 哵哵，滿文讀作“ba ba”，相當於注音符號「ㄅㄚ ㄅㄚ」。

72 天寒欲雪，滿文讀作“abka beikuwen nimara hamici”，意即「天寒將近下雪時」。

[illegible]

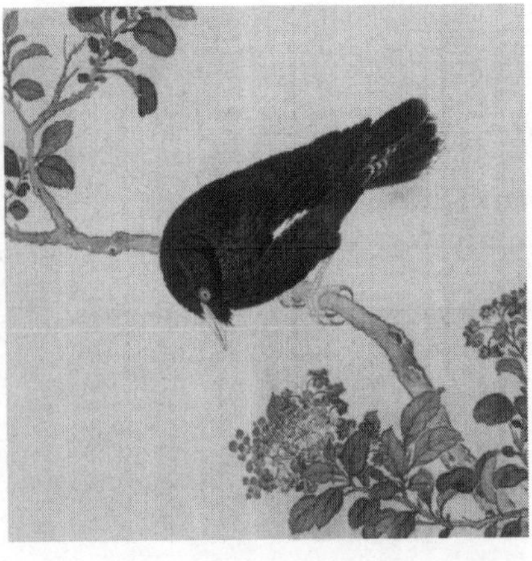

gisun be alhūdame muteme ofi, tuttu sungguhe seme gebulehebi, babade gemu bi. cin lung ni bade umesi labdu, tuttu ofi lii fang, lung bai antaha sembi sehebi. min gurun i bithe de, bi wan i araha šu bithe de, šangguhe i ilenggu be faitaci gisun gisurebume mutembi sehe sehebi. ainci kiongguhe i ilenggu de juru dube bi, urunakū hasalame faitafi, niyalmai ilenggu adali obuha manggi, teni niyalmai gisun be tacibuci ombi. te i niyalma, kemuni sunjangga inenggi cuse moo i huwesi i terei ilenggu be faitafi, dabsun fuseri i ijufi, dasame dube banjiburakū obumbi. sure ulhisu ningge hacinggai jilgan be alhūdame mutembi, yengguhe cinjiri i guwenderengge ci ele bolgo getuken. julergi tang gurun i lii ioi, erebe bangguhe sembi. aniya hacin i fujurungga ejebun de, sunjangga inenggi kiongguhe i deberen i funggaha dethe i ice yongkiyahangge be butafi ujici, gemu gisureme bahanambi, urunakū neneme ilenggu i dube be hasalame faitambi sehebi. tuwaci, kiongguhe i da gebu barbehe cecike sembihe. gu i fiyelen de, barbehe serengge gasha inu sehebi. yaya gisureme mutere gasha be, gemu ge seme gebuleci ombi, yengguhe, cinjiri i jergingge inu.

能學人語，故名慧鳥，隨處皆有，秦隴最多，故李昉謂之隴客。《閩書》云：畢萬術曰：寒皋斷舌，可使言語。蓋鸜鵒舌有雙尖，必剪去之，使如人舌，乃可教以人言。今人每於端午日，以竹刀剔其舌，塗以鹽椒，令不復生尖。其聰慧者，能學種種聲音，比鸚䳇、了哥更清楚。南唐李煜謂之八哥。《歲華紀麗》云：午日取鸜鵒兒毛羽新成者養之，皆善語，必先剪去舌尖。案鸜鵒本名哵哵鳥，《玉篇》云：哵，鳥也。《廣韻》哵：布拔切，讀八，是八即哵；其云哥者，哥即古謌字[73]。凡能言之鳥，皆可名哥，如鸚哥、了哥是也。

---

73 《廣韻》哵：布拔切，讀八，是八即哵；其云哥者，哥即古謌字等句，滿文闕譯。

[illegible] ᠰᠣᡥᠣᠨ, [illegible] [illegible] [illegible] ᠰᠣᡥᠣᠨ.

[illegible] ᠰᠣᡥᠣᠨ, [illegible] [illegible] [illegible] [illegible] [illegible] [illegible], [illegible] [illegible] [illegible]

[illegible], [illegible] [illegible] [illegible], [illegible] ᠪᡝ, [illegible] ᡳ [illegible] [illegible]

[illegible] [illegible] ᡳ [illegible] [illegible] ᡳ [illegible] [illegible], [illegible] [illegible] [illegible] [illegible] ᠪᡝ

[illegible] [illegible] [illegible], [illegible] [illegible] [illegible], [illegible] ᡳ [illegible] [illegible] [illegible] ᠪᡝ

[illegible], [illegible] [illegible] ᠰᠣᡥᠣᠨ [illegible] [illegible]::

soboro kiongguhe, emu gebu kara kiongguhe.

soboro kiongguhe, encu emu hacin, yasai faha sahaliyan, šurdeme suwayan boco kūwarahabi, engge gelfiyen niowanggiyan, gunggulu bi, ilha i adali juruleme fiyentehejehebi, beyei gubci i funggaha buljin i soboro boco, uncehen de šanyan dube bi, bethe gelfiyen niowanggiyan, ošoho suhun boco, fugiyan i bade tucimbi, tesu bai niyalma, inu kara kiongguhe seme gebulehebi.

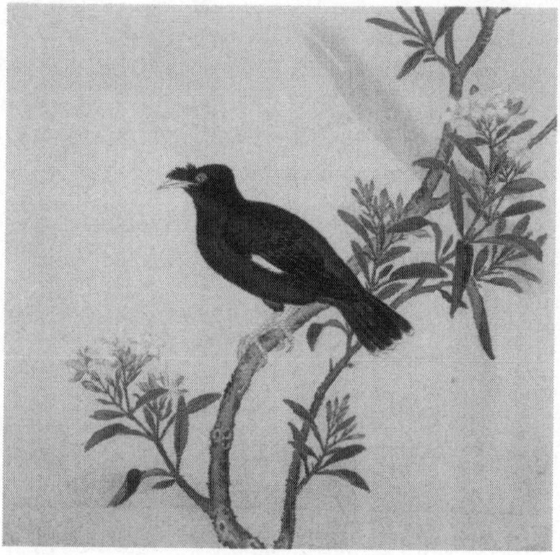

沉香色八哥[74]，一名蒼鴝

沉香色八哥一種，黑睛，黃暈，粉綠觜[75]，有幘[76]，雙開如花，通身毛純作沉香色，尾有白尖，粉綠足，米色爪。出閩中，土人亦名蒼鴝。

74 沉香色八哥，滿文讀作“soboro kiongguhe”，意即「秋香色鸜鵒」。

75 粉綠觜，滿文讀作“gelfiyen niowanggiyan”，意即「淺綠」。

76 有幘，滿文讀作“gunggulu bi”，意即「有鳳頭」。

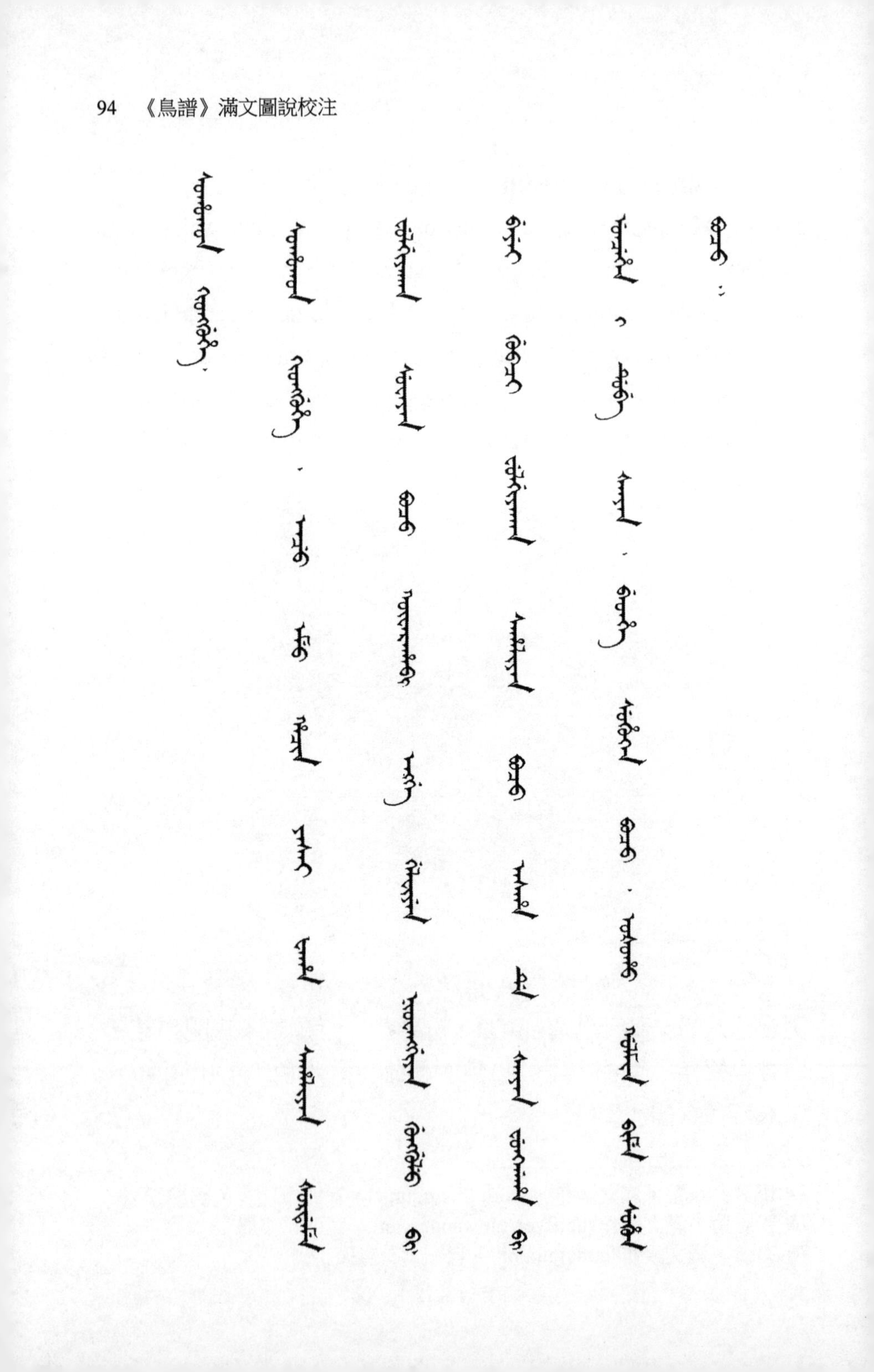

sohokon kiongguhe.

sohokon kiongguhe, encu emu hacin, yasai faha sahaliyan, šurdeme fulgiyakan suwayan boco kūwarahabi, engge gelfiyen niowanggiyan gunggulu bi, beyei gubci fulgiyakan sahaliyan boco, asha de šanyan funggaha bi, uncehen i dube šanyan, bethe suhuken boco, ošoho golmin bime suhun boco.

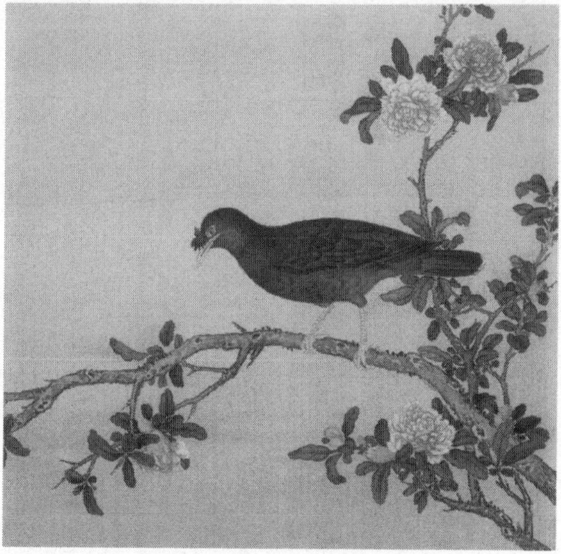

秋香色八哥[77]

秋香色八哥一種，黑睛，赤黃暈[78]，粉綠觜[79]，有幘[80]，通體紅黑色，翅有白毛，白尾尖，牙色足，米色長爪。

77 秋香色八哥，滿文讀作“sohokon kiongguhe”，意即「黃香色鸜鵒」。
78 赤黃暈，滿文讀作“šurdeme fulgiyakan suwayan boco kūwarahabi”，意即「周圍圈了赤黃色」。
79 粉綠觜，滿文讀作“engge gelfiyen niowanggiyan”，意即「淺綠觜」。
80 有幘，滿文讀作“gunggulu bi”，意即「有鳳頭」。

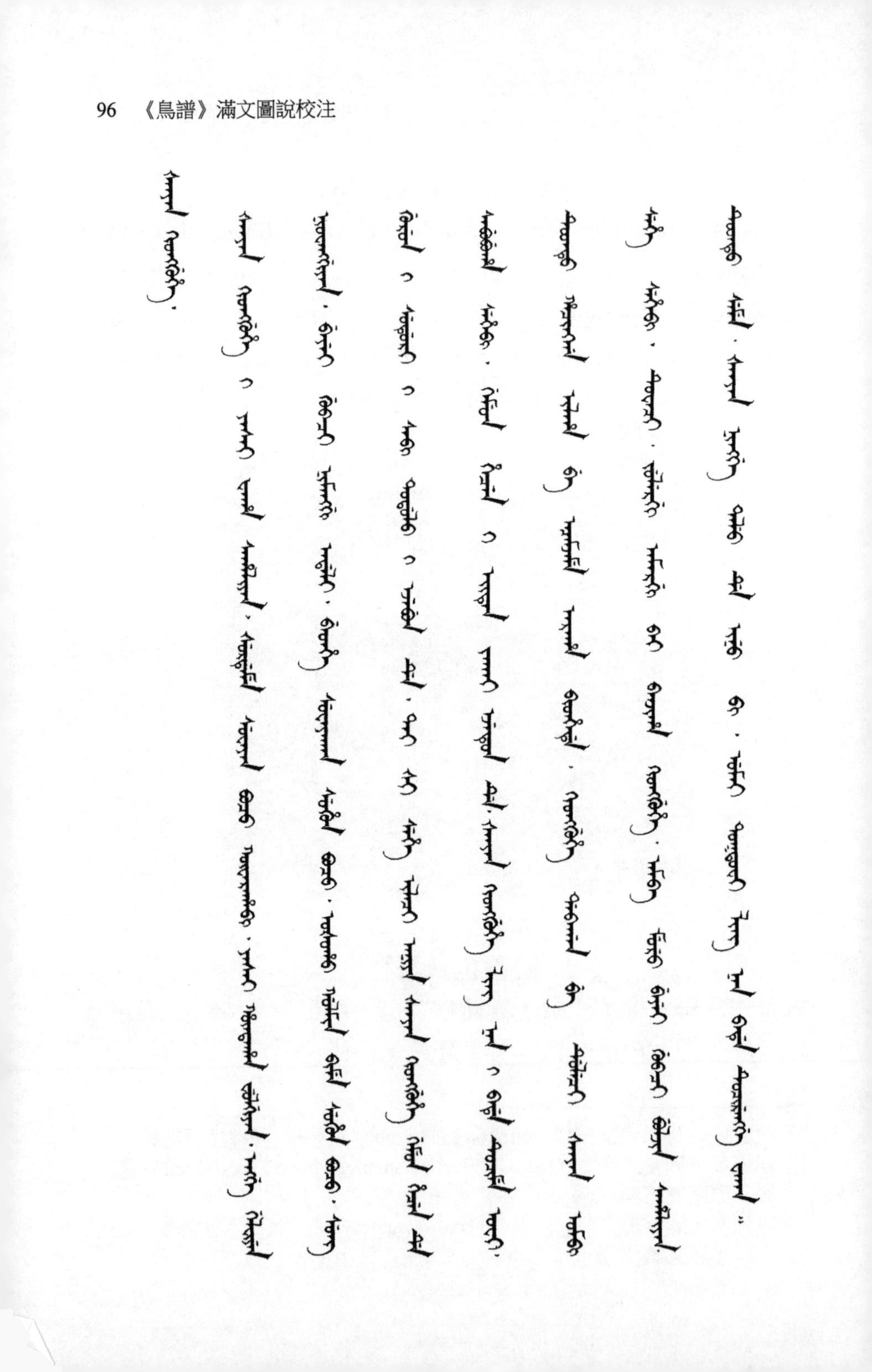

[illegible]

[illegible]

[illegible]

[illegible]

[illegible]

[illegible]

[illegible]

[illegible]

šanyan kiongguhe.

šanyan kiongguhe i yasai faha sahaliyan, šurdeme suwayan boco kūwarahabi, yasai hūntahan fulgiyan, engge gelfiyen niowanggiyan, beyei gubci nimanggi adali, bethe suwayakan suhun boco, ošoho golmin bime suhun boco. sung gurun i suduri i sabi todolo i ejebun de, tai ši sehe ilaci aniya šanyan kiongguhe gemun hecen de sabubuha sehebi. gemun hecen i eiten jakai ejetun de, šanyan kiongguhe ling nan i bade tucime ofi, tuttu hacingga ilha be acamjame araha bithede, kiongguhe dabagan be duleci šanyan ombi sehe sehebi. tuwaci, julergi amargi bai banjiha kiongguhe, amba muru beyei gubci buljin sahaliyan, tuttu seme šanyan ningge talu de inu bi, umai toktofi ling nan bade tucirengge waka.

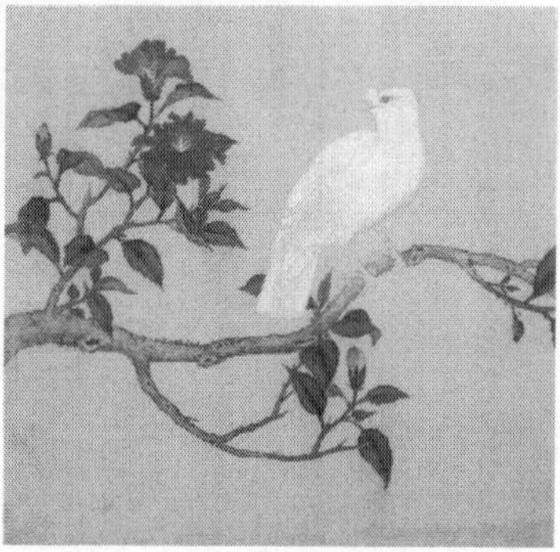

白八哥

白八哥，黑睛，黃暈，赤眶，粉綠觜，通身如雪，米黃足，米色長爪[81]。《宋書・符瑞志》云：太始三年[82]，白鴝鵒見京兆。《庶物志》[83]曰：白鸜鵒出嶺南，故《錦繡萬花谷》曰：鴝鵒踰嶺而白。按南北所產鸜鵒，大都通身純黑，然亦間有白者，非定出嶺南也。

81 米色長爪，滿文讀作“ošoho golmin bime suhun boco”，意即「爪長而米色」。

82 太始三年，《宋書・符瑞下》作「明帝泰始三年」。

83 《庶物志》，滿文讀作“gemun hecen i eiten jakai ejetun”，意即「京師《庶物志》」。

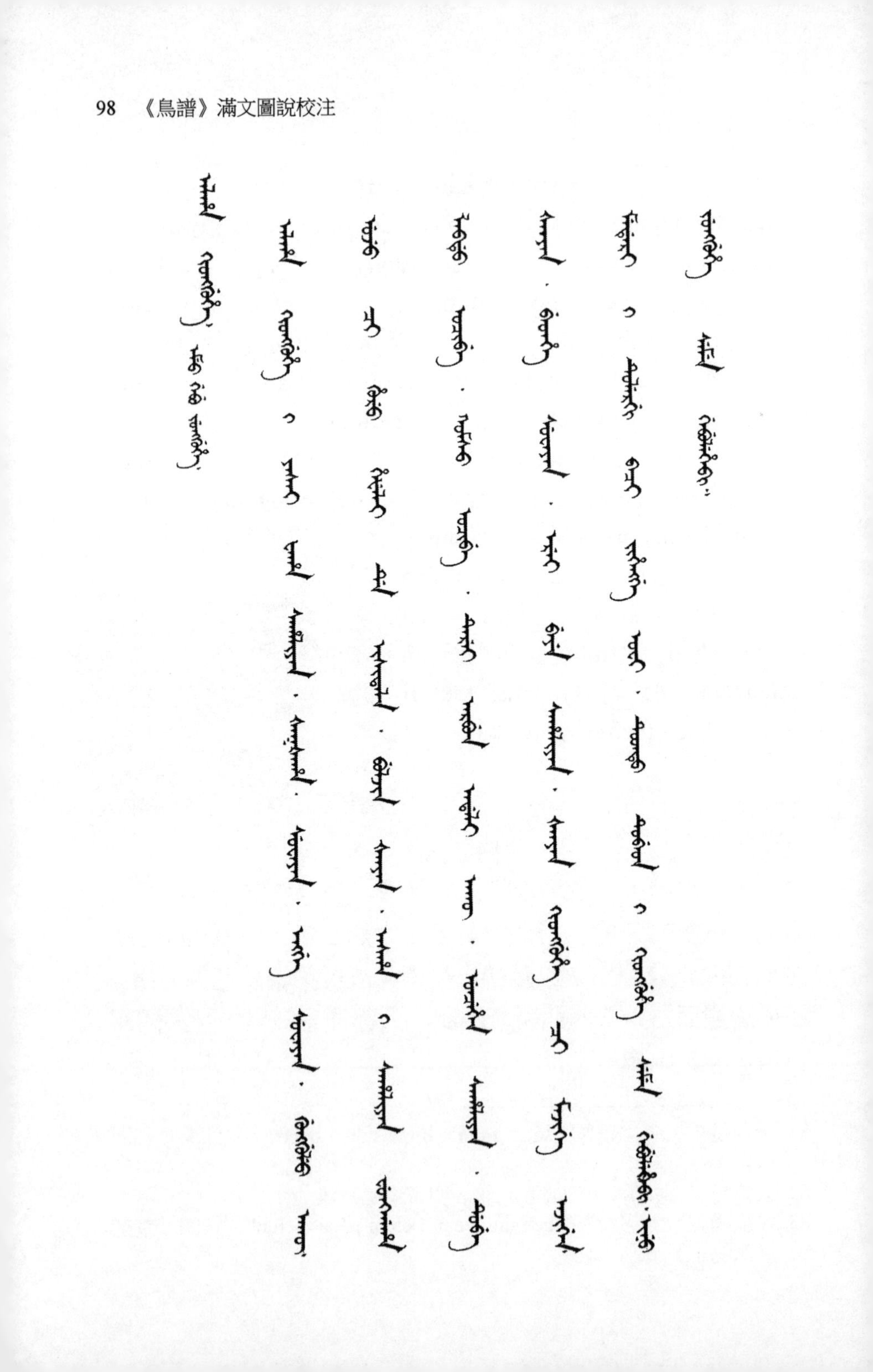

alha kiongguhe, emu gebu jungguhe.

alha kiongguhe i yasai faha sahaliyan, šakšaha suwayan, engge suwayan, gunggulu akū, uju ci huru, hefeli de isitala, buljin šanyan, asha i sahaliyan funggaha labdu ocibe, komso ocibe, terei arbun adali akū, uncehen sahaliyan, dube šanyan, bethe suwayan, erei beye sahaliyan, šanyan kiongguhe ci majige ajigen, mederi i tulergi baci jihengge ofi, tuttu tubet i kiongguhe seme gebulehebi, inu jungguhe seme gebulehebi.

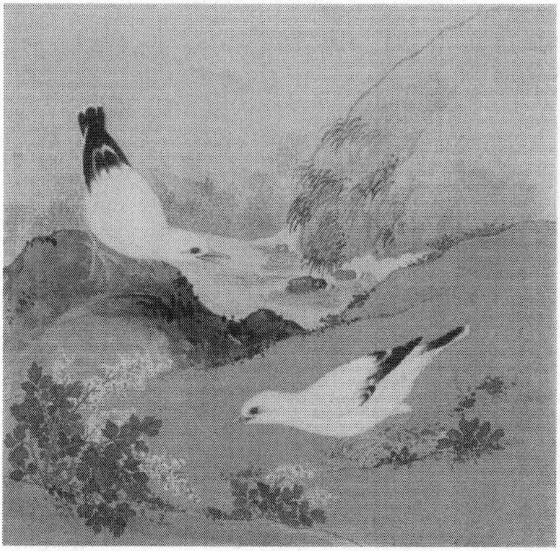

花八哥，一名多花子

花八哥，黑睛，黃頰，黃觜，無幘[84]，自頂至背、腹純白，翅上黑毛，或多或少，不一其狀，黑尾白尖，黃足，身較黑，白鸜鵒差小，云自海外來，故名番鸜鵒[85]，亦名多花子。

84 無幘，滿文讀作"gunggulu akū"，意即「無鳳頭」，亦作「無冠」。
85 番鸜鵒，滿文讀作"tubet i kiongguhe"，意即「圖伯特鸜鵒」，亦作「西番鸜鵒」。

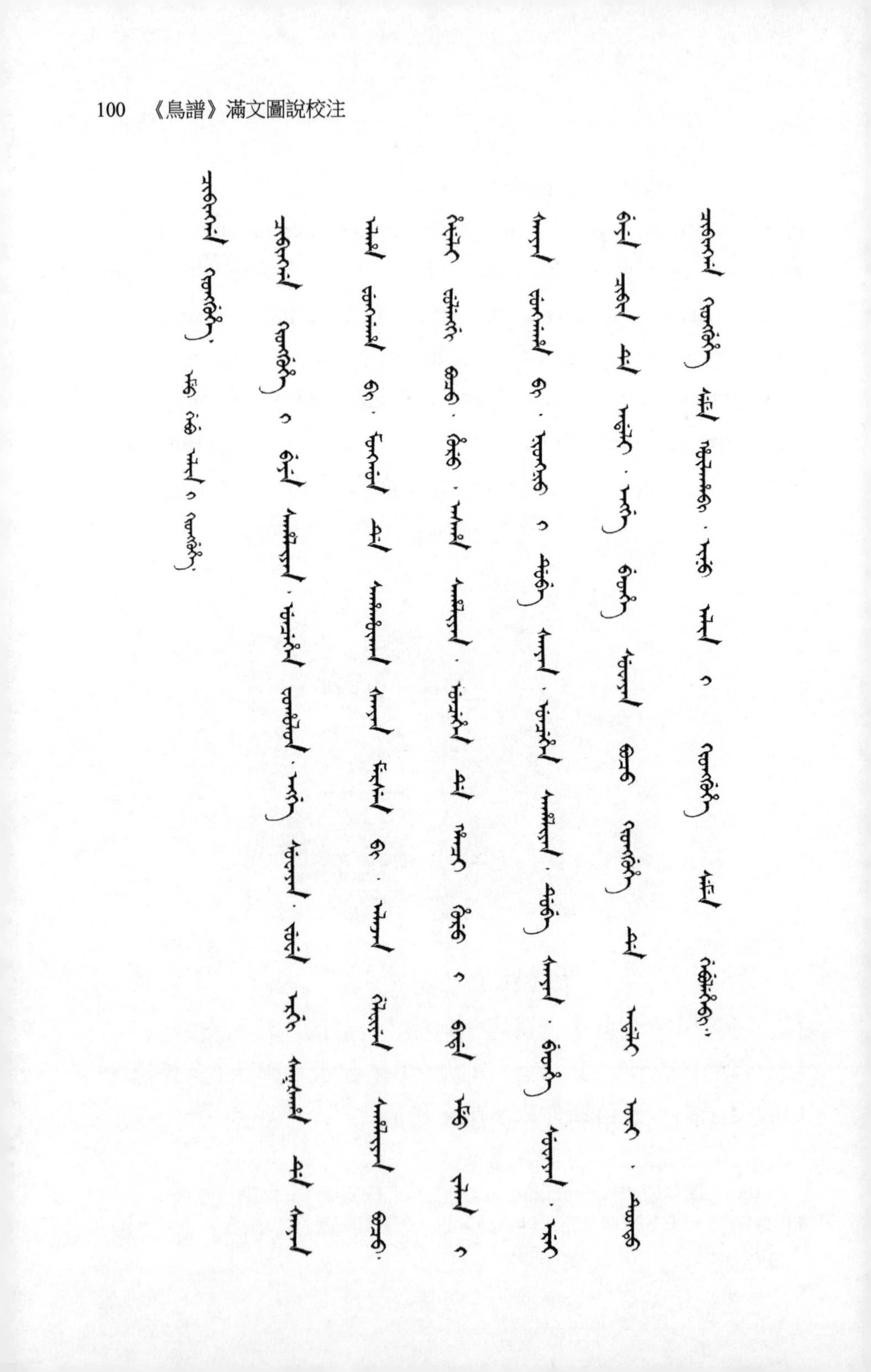

[illegible]

[illegible]

[illegible]

[illegible]

[illegible]

[illegible]

[illegible]

[illegible]

cibingga kiongguhe, emu gebu alin i kiongguhe.

cibingga kiongguhe i beye sahaliyan, uncehen foholon, engge suwayan, juwe ergi šakšaha de šanyan alha funggaha bi. monggon de sahahūkan šanyan mersen bi, alajan gelfiyen sahaliyan boco, hefeli fulenggi boco, huru, asha sahaliyan, uncehen de hanci huru i bade emu jalan i šanyan funggaha bi, niongnio i dube šanyan, uncehen sahaliyan, dube šanyan, bethe suwayan. erei beye cibin de adali, engge bethe suwayan boco kiongguhe de adali ofi, tuttu cibingga kiongguhe seme hūlahabi, inu alin i kiongguhe seme gebulehebi.

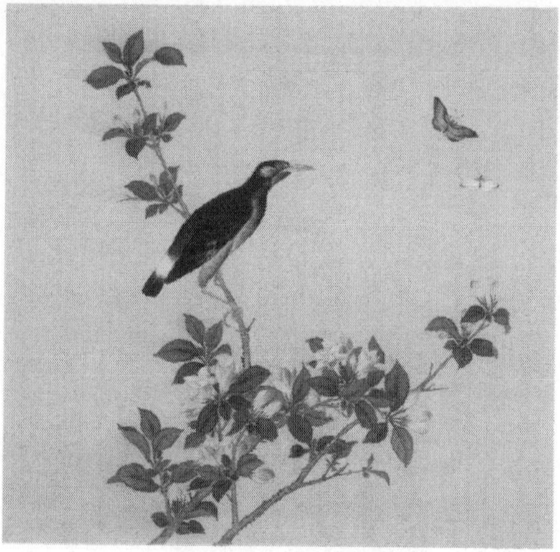

燕八哥，一名山鸜鵒

燕八哥，黑身，短尾，黃觜，兩頰有白花毛，項帶蒼白點，臆淺黑色，腹灰色，黑背、翅，背上近尾處有白毛一節，翮有白莖尖[86]，黑尾，白邊[87]，黃足。以其身有似燕，觜足黃色似鸜鵒，故有燕八哥之稱，亦名山鸜鵒。

86 翮有白莖尖，滿文讀作"niongnio i dube šanyan"，意即「白翎尖」。
87 白邊，滿文讀作"dube šanyan"，意即「白尖」，滿漢文義頗有出入。

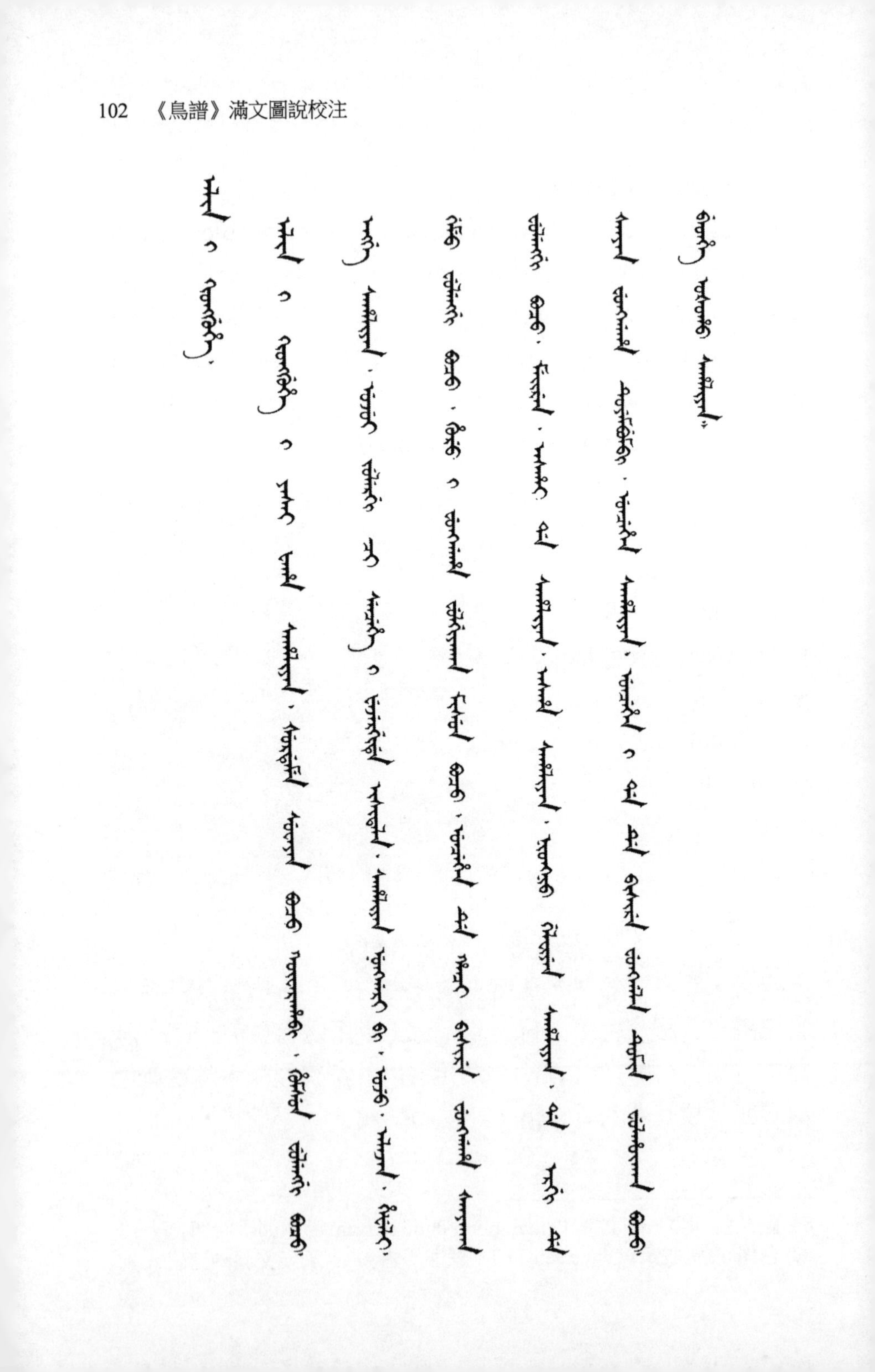

[illegible]

[illegible]

[illegible]

[illegible]

[illegible]

[illegible]

[illegible]

alin i kiongguhe.

alin i kiongguhe i yasai faha sahaliyan, šurdeme suwayan boco kūwarahabi, humsun fulenggi boco, engge sahaliyan, ujui julergi ci sencehe i fejergide isitala, sahaliyan nunggari bi, uju, alajan, hefeli, gemu fulenggi boco, huru i funggaha fulgiyakan misun boco, uncehen de hanci bisire funggaha šanyakan fulenggi boco, meiren, ashai da sahaliyan, asha sahaliyan, niongnio gelfiyen sahaliyan, da ergi de šanyan funggaha tuyembumbi, uncehen sahaliyan, uncehen i da de bisire funggala tumin fulhūkan 〔fulahūkan〕 boco, bethe ošoho sahaliyan.

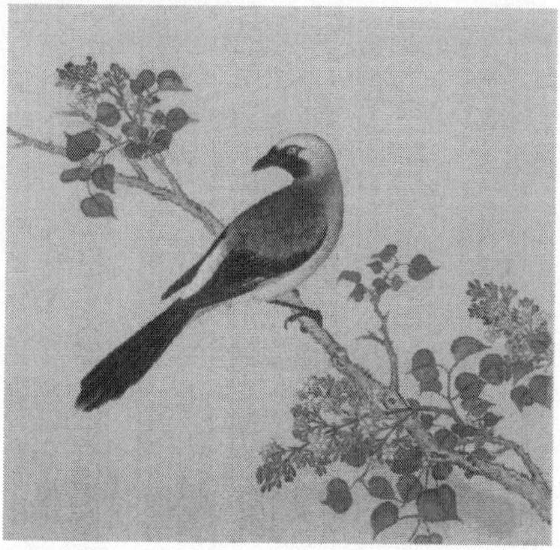

山八哥

山八哥，黑睛，黃暈[88]，灰臉，黑觜，頂前及頷下有黑茸毛[89]，頭頂、臆、腹俱灰色，背毛醬紅色，近尾灰白色，黑肩、膊，黑翅，淺黑翮，根露白毛，黑尾，尾根裏毛深赭色，黑足爪。

88 黃暈，滿文讀作“šurdeme suwayan boco kūwarahabi”，意即「周圍圈了黃色」。

89 頂前及頷下有黑茸毛，滿文讀作“ujui julergi ci sencehe i fejergide isitala, sahaliyan nunggari bi”，意即「自頭前至頷下有黑茸毛」。

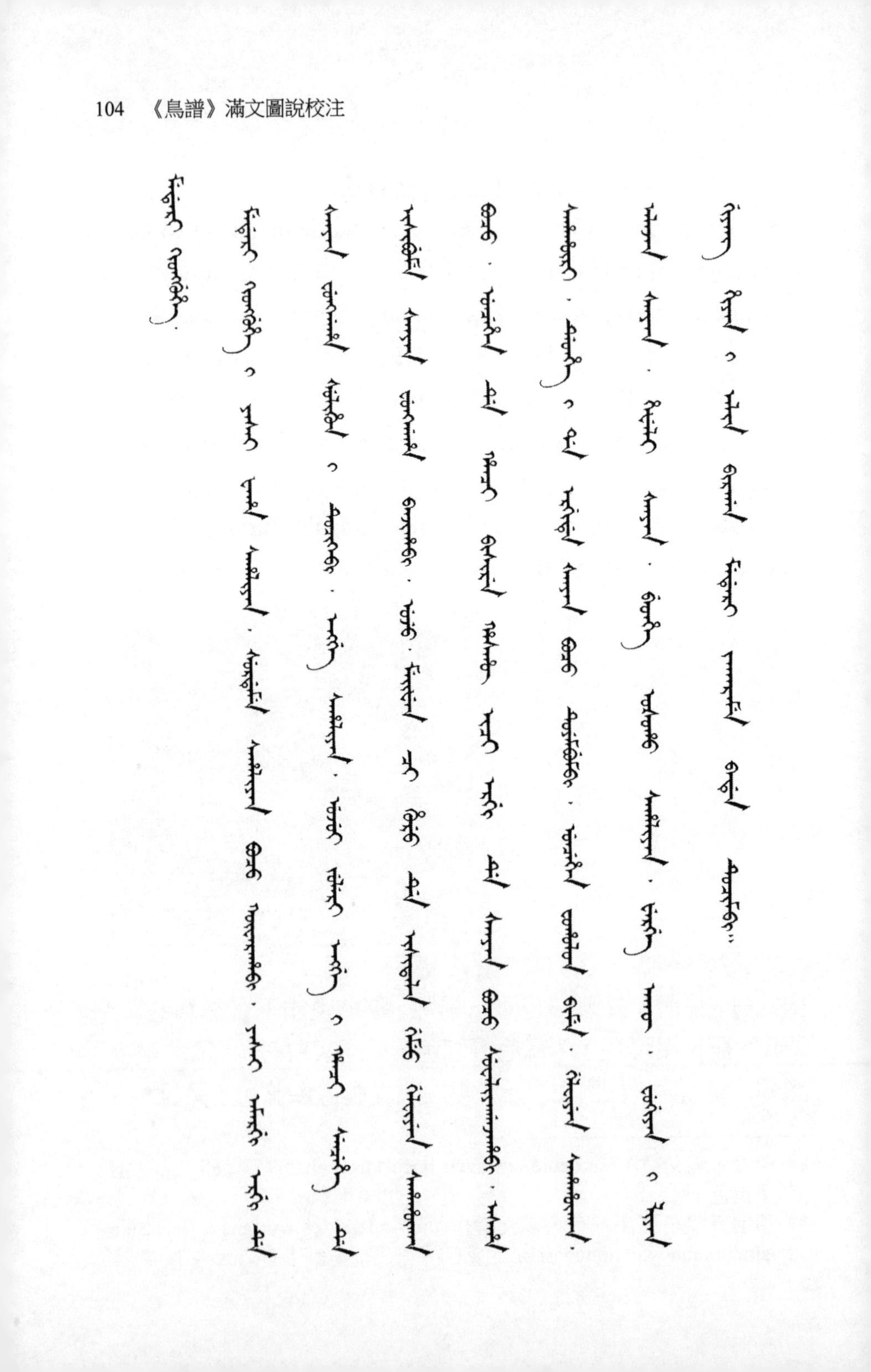

mederi kiongguhe.

mederi kiongguhe i yasai faha sahaliyan, šurdeme sahaliyan boco kūwarahabi, yasai amargi ergi de šanyan funggaha šulihun i tucikebi, engge sahaliyan, ujui juleri engge i hanci sencehe de isibume šanyan funggaha banjihabi, uju, meifen ci huru de isitala gemu gelfiyen sahahūkan boco, uncehen de hanci bisire hashū ici ergi de šanyan boco suwaliyaganjahabi, asha sahahūri, dethe i da ergide šanyan boco tuyembumbi, uncehen foholon bime, gelfiyen sahahūkan, alajan šanyan, hefeli šanyan, bethe ošoho sahaliyan, ferge akū, fugiyan i liyan giyang hiyan i alin birgan mederi jakarame bade tucimbi.

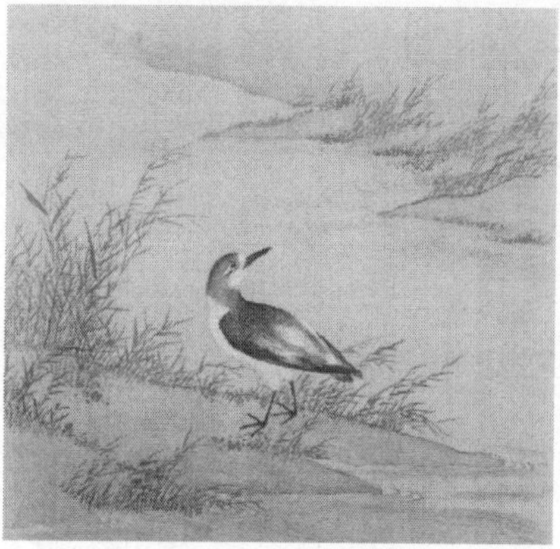

海八哥

海八哥，黑睛，黑暈[90]，目後有白毛尖出，黑觜，頂前近觜處白毛連頷[91]，頭、項至背俱淺蒼色，近尾左右間以白色，蒼黑翅，毛根露白，淺蒼短尾，白臆，白腹，黑足爪，無後趾，出福建連江縣山溪邊海之地。

---

90 黑暈，滿文讀作"šurdeme sahaliyan boco kūwarahabi"，意即「周圍圈了黑色」。

91 頂前近觜處白毛連頷，滿文讀作"ujui juleri engge i hanci sencehe de isibume šanyan funggaha banjihabi"，意即「頭前近觜至頷長了白毛」。

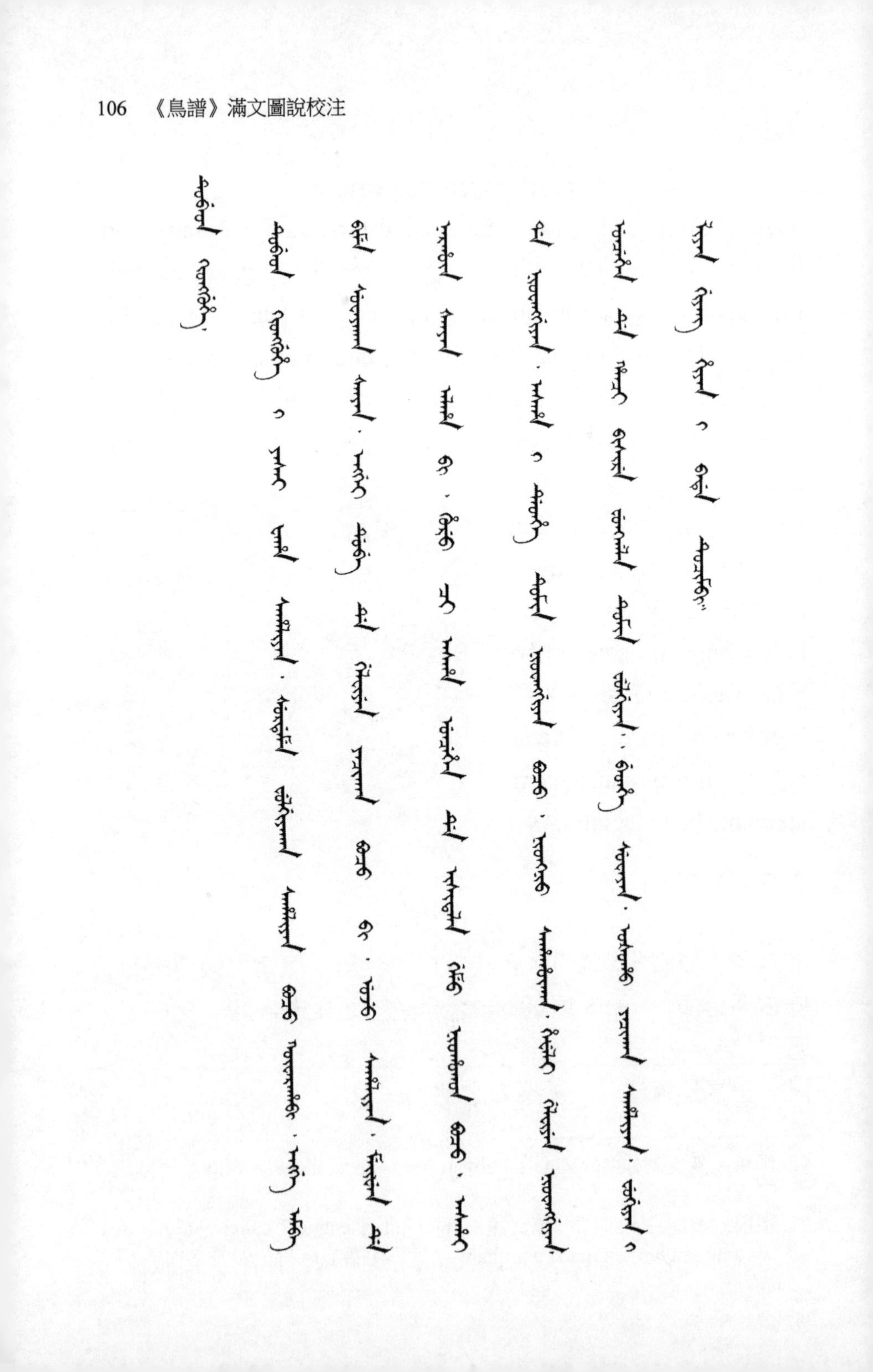

[illegible]

[illegible]

[illegible]

[illegible]

[illegible]

[illegible]

[illegible]

tubet kiongguhe.

tubet kiongguhe i yasai faha sahaliyan, šurdeme fulgiyakan sahaliyan boco kūwarahabi, engge amba bime suwayakan šanyan, enggei dube de gelfiyen yacikan boco bi, uju sahaliyan, meifen de narhūn šanyan alha bi, huru ci asha uncehen de isitala gemu niohokon boco, ashai da niowanggiyan, asha i dethe tumin niowanggiyan boco, niongnio sahahūkan, hefeli gelfiyen niowanggiyan, uncehen de hanci bisire funggala tumin fulgiyan, bethe suwayan, ošoho yacikan sahaliyan, fugiyan i liyan giyang hiyan i bade tucimbi.

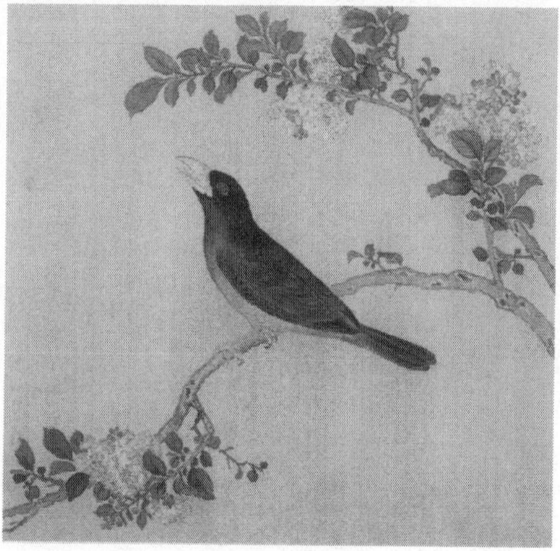

番八哥[92]

番八哥，黑睛，赤黑暈，黃白巨觜，喙尖帶縹青，黑頭，項帶細白紋，背至翅尾俱作茶綠色，緣膊翅毛深綠色，蒼翮，粉綠腹，近尾毛殷紅[93]，黃足，青黑爪，出福建連江縣。

92 番八哥，滿文讀作“tubet kiongguhe”，意即「圖伯特鸜鵒」，或作「西番鸜鵒」。

93 殷紅，滿文讀作“tumin fulgiyan”，意即「深紅」。

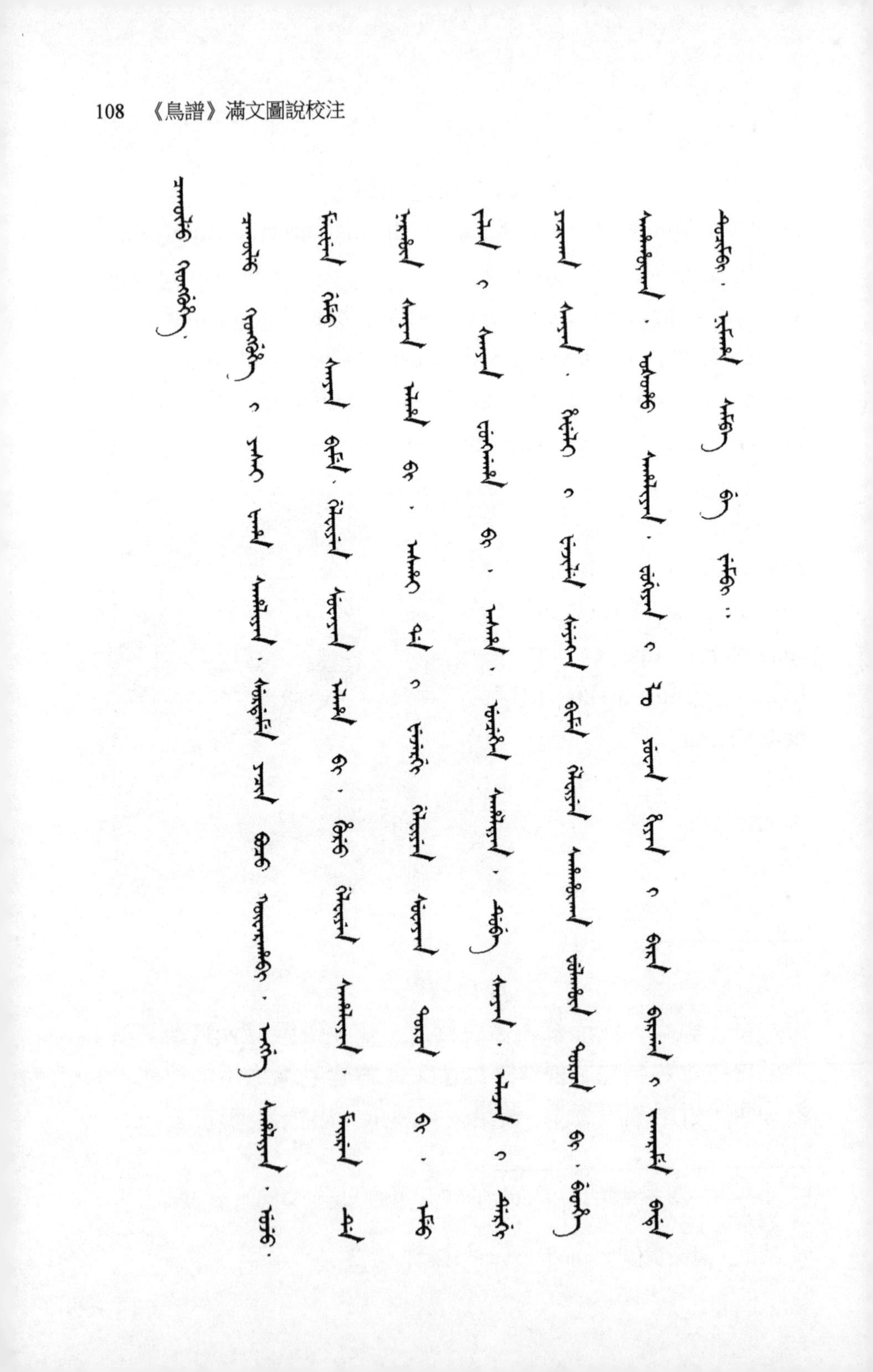

[illegible]

[illegible]

[illegible]

[illegible]

[illegible]

[illegible]

[illegible]

[illegible]

cakūlu kiongguhe.

cakūlu kiongguhe i yasai faha sahaliyan, šurdeme yacin boco kūwarahabi, engge sahaliyan, uju, meifen gemu šanyan bime, gelfiyen suwayan alha bi, huru gelfiyen sahaliyan, meiren de narhūn šanyan alha bi, ashai da i fejergi gelfiyen suwayan toron bi, emu jalan i šanyan funggaha bi, asha, uncehen sahaliyan, dube šanyan, alajan i dergi yacikan šanyan, hefeli i fejile šeyeken bime gelfiyen sahahūkan fulahūn toron bi, bethe sahahūkan, ošoho sahaliyan. fugiyan i lo yuwan hiyan i bira birgan i jakarame bade tucimbi, nimaha sampa be jembi.

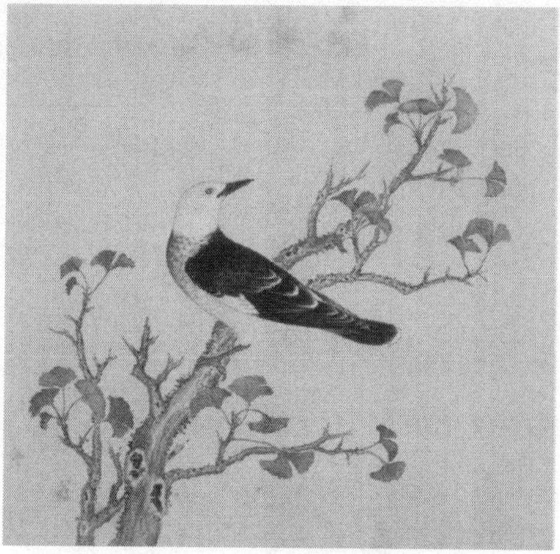

白哥[94]

白哥，黑睛，青暈，黑觜，頭、項俱白，帶淺黃紋，淺黑背。肩上有細白紋，膊下淺黃暈，白毛一節，黑翅尾，白尖，臆前[95]青白，腹下微白帶淡蒼赭暈，蒼足，黑爪。出福建羅源縣溪澤邊，食魚蝦。

---

94 白哥，滿文讀作“cakūlu kiongguhe”，意即「白頭鸜鴿」。
95 臆前，滿文讀作“alajan i dergi”，意即「臆上」。

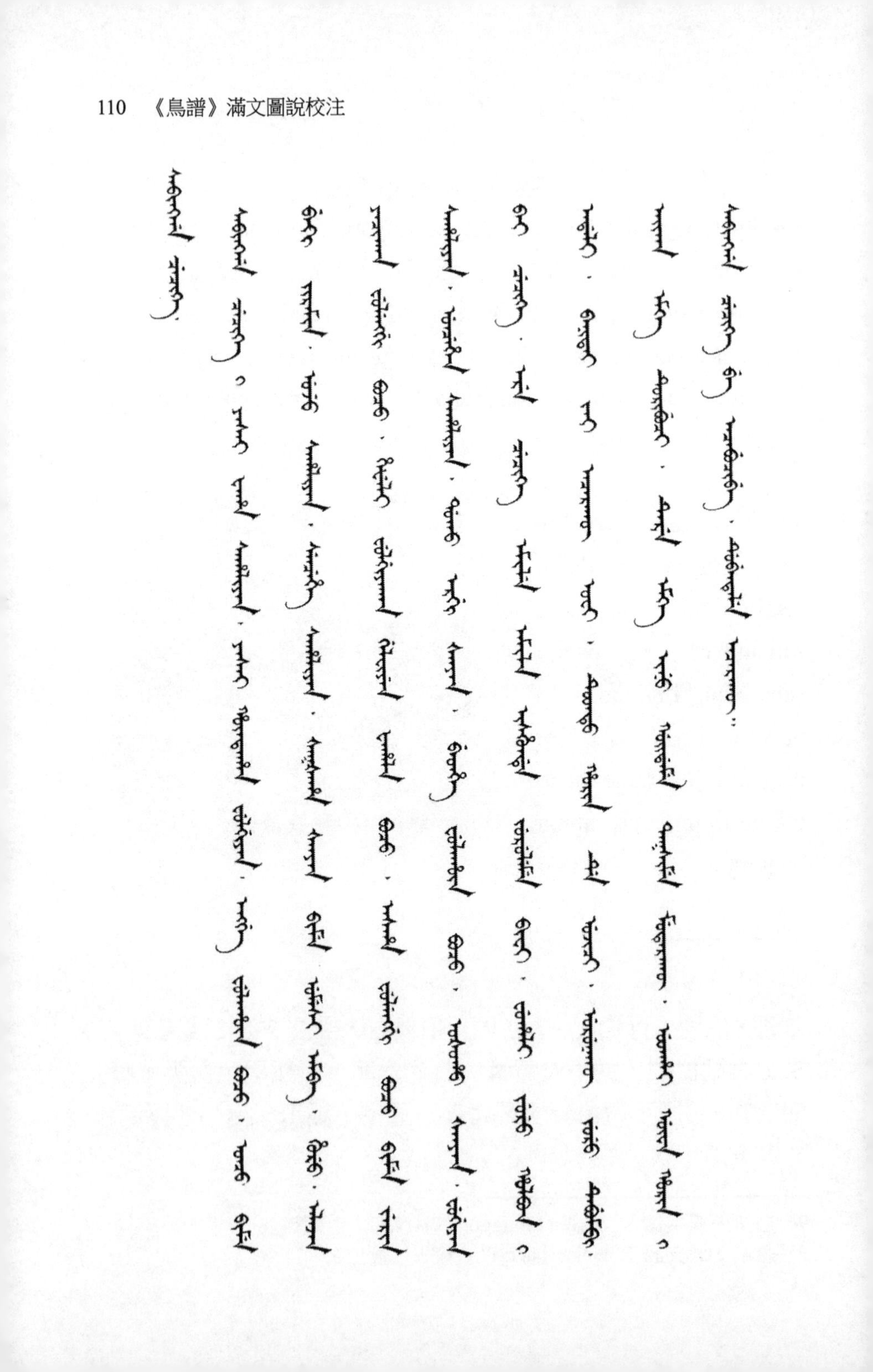

sabingga cecike.

sabingga cecike i yasai faha sahaliyan, yasai hūntahan fulgiyan, engge fulahūn boco, onco bime beki jiramin, uju sahaliyan, sencehe sahaliyan, šakšaha šanyan bime umesi amba, huru, alajan yacikan fulenggi boco, hefeli fulgiyakan gelfiyen fahala boco, asha fulenggi boco bime jerin sahaliyan, uncehen sahaliyan, doko ergi šanyan, bethe fulahūn boco, ošoho šanyan, fugiyan bai cecike. ere cecike emile amila ishunde juruleme bifi, fuhali juru holbon i adali, banitai jai acarakū ofi, tuttu horin de ujici, urunakū juru tebumbi, aika emke turibuci, tere emke inu goidame taksime muterakū, uthai gūwa horin i sabingga cecike be acabucibe, dubentele acarakū.

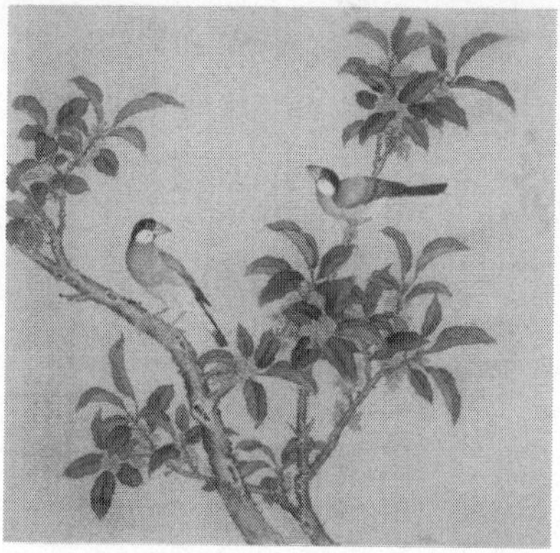

瑞紅鳥[96]

瑞紅鳥，黑睛，紅眶，水紅觜[97]，闊而堅厚，黑頂，黑頷，白頰甚大，青灰背、臆，藕紅腹，灰翅，黑邊，黑尾，白裏，水紅足，白爪，閩中鳥也。此鳥雌雄相並，宛若伉儷，性不再匹，故籠畜必雙，若去其一，則其一亦不能久存，即以他籠瑞紅配之，終不相合也。

96 瑞紅鳥，滿文讀作“sabingga cecike”，意即「瑞雀」。
97 水紅觜，滿文讀作“engge fulahūn boco.”，意即「淡紅色觜」。

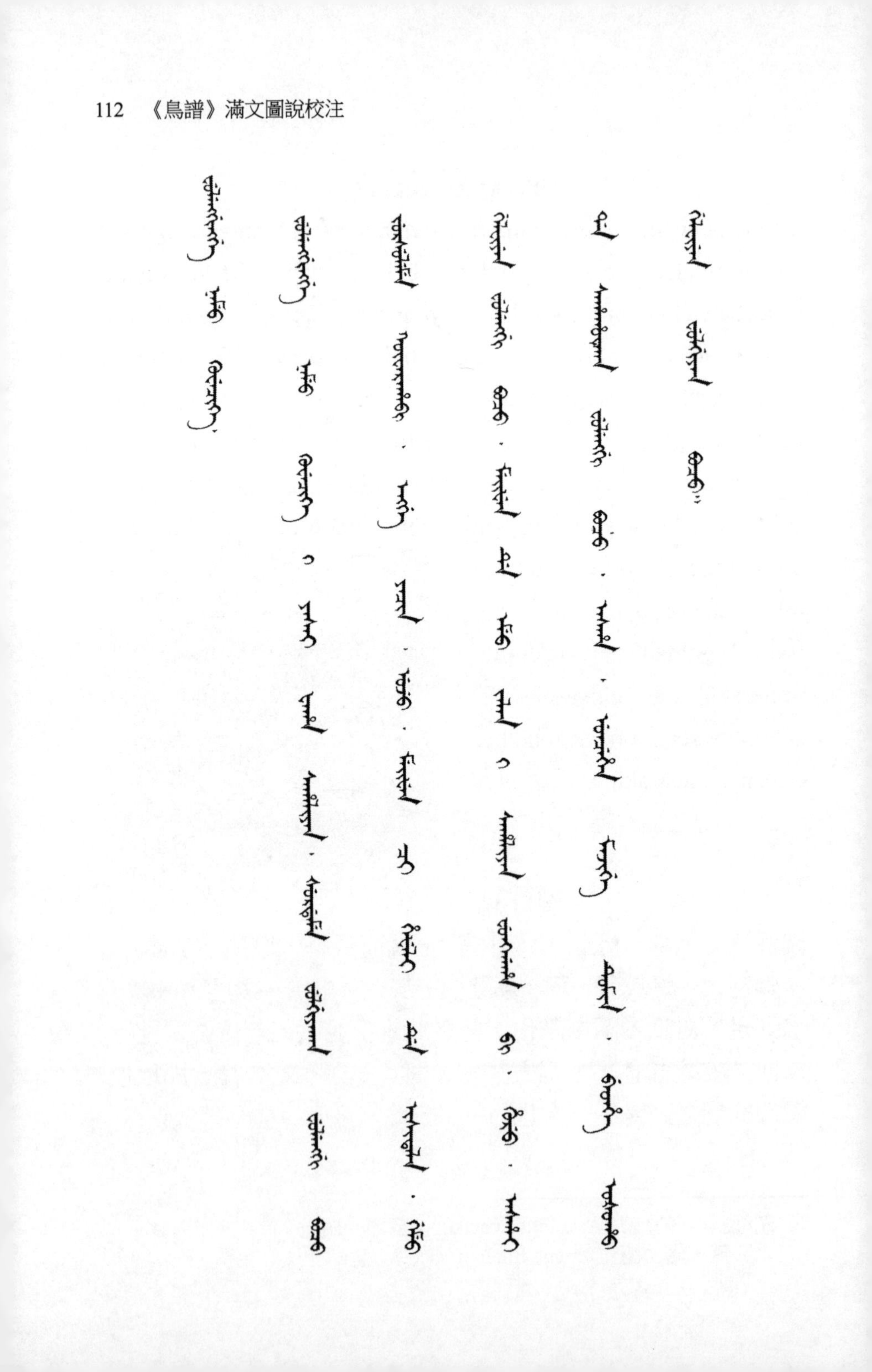

fulenggingge namu kuwecike.

fulenggingge namu kuwecike i yasai faha sahaliyan, šurdeme fulgiyakan fulenggi boco jursuleme kūwarahabi, engge yacin, uju, meifen ci hefeli de isitala, gemu gelfiyen fulenggi boco, meifen de emu jalan i sahaliyan funggaha bi, huru, ashai da sahahūkan fulenggi boco, asha, uncehen majige tumin, bethe ošoho gelfiyen fulgiyan boco.

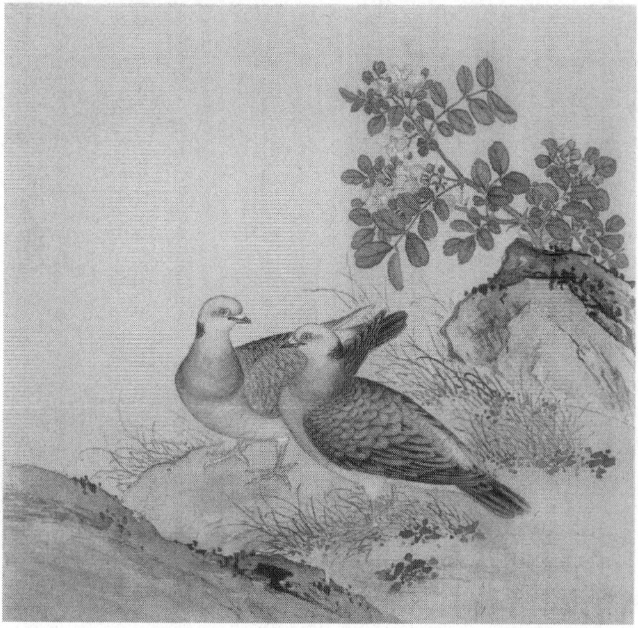

灰色洋鴿

灰色洋鴿，黑睛，灰紅重暈[98]，青觜，頭、頸至腹，皆淺灰色，項有黑毛一節，背、膊蒼灰色，翅尾稍深，粉紅足爪。

---

98 灰紅重暈，滿文讀作"šurdeme fulgiyakan fulenggi boco jursuleme kūwarahabi."，意即「周圍圈了雙層灰紅色」。

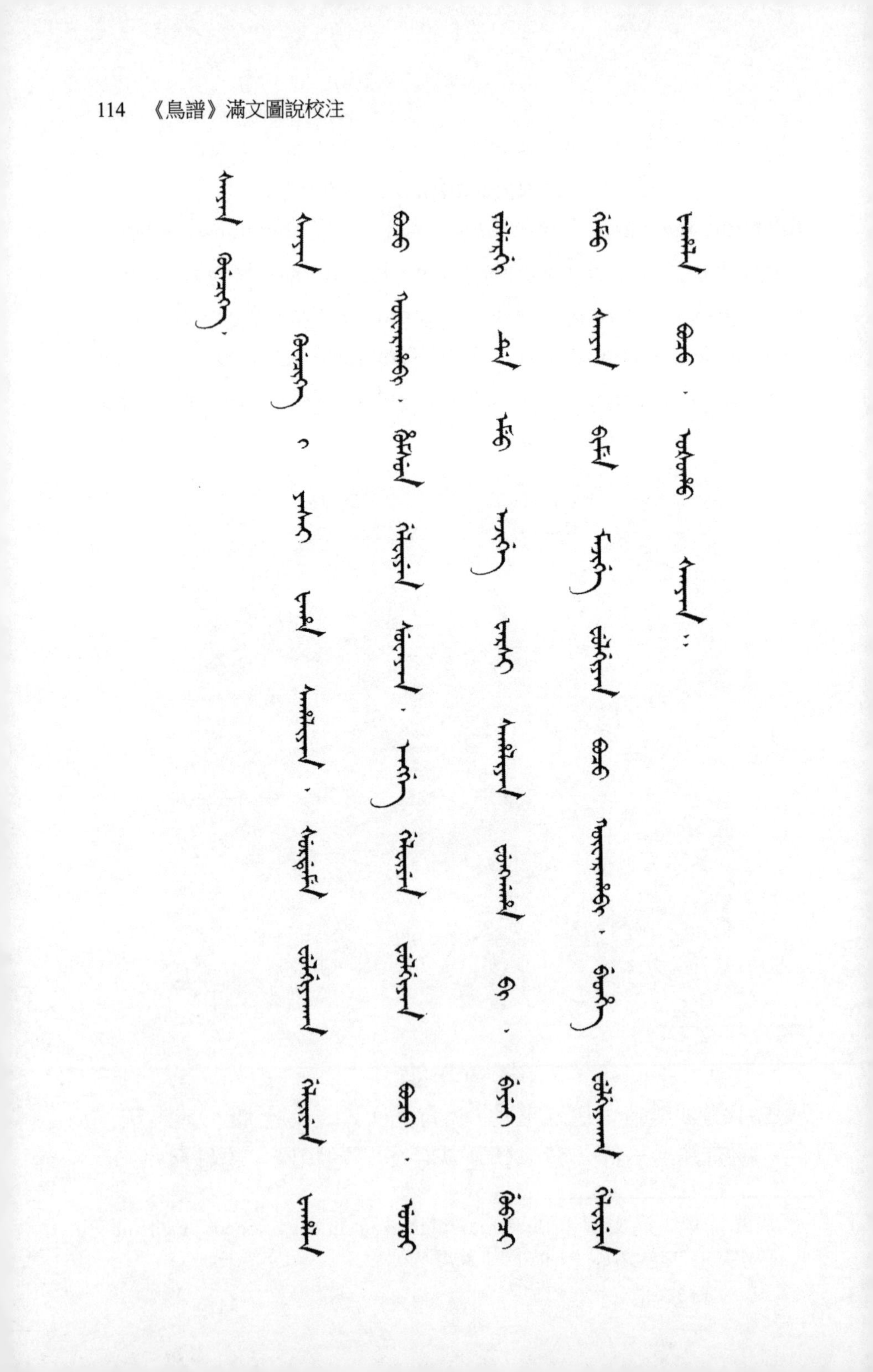

šanyan kuwecike.

šanyan kuwecike i yasai faha sahaliyan, šurdeme fulgiyakan gelfiyen fahala boco kūwarahabi, humsun gelfiyen suwayan, engge gelfiyen fulgiyan boco, ujui julergi de emu ajige farsi sahaliyan funggaha bi, beyei gubci gemu šanyan bime majige fulgiyan boco kūwarahabi, bethe fulgiyakan gelfiyen fahala boco, ošoho šanyan.

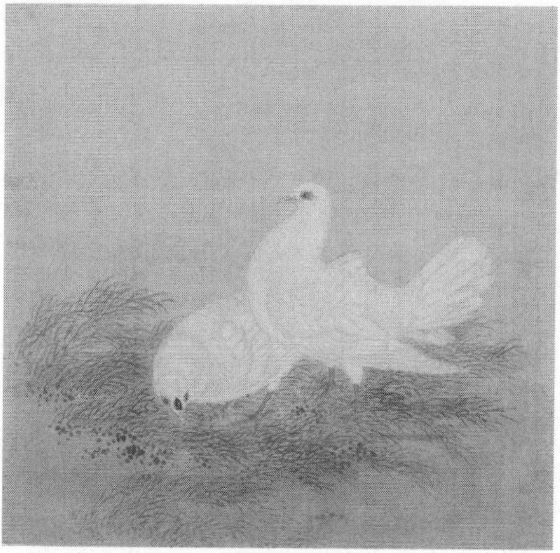

鸖鴿[99]

鸖鴿，黑睛，藕紅暈[100]，淺黃瞼，粉紅觜[101]，頂前有黑毛一小簇，通身俱白，帶微紅暈，藕紅足，白爪。

99 鸖鴿，滿文讀作“šanyan kuwecike”，意即「白鴿」，句中“kuwecike”，滿文又讀作“kuwecihe”。

100 藕紅暈，滿文讀作“šurdeme fulgiyakan gelfiyen fahala boco kūwarahabi”，意即「周圍圈了略紅淺青蓮紫色」。

101 粉紅觜，滿文讀作“engge gelfiyen fulgiyan boco”，意即「淺紅色觜」。

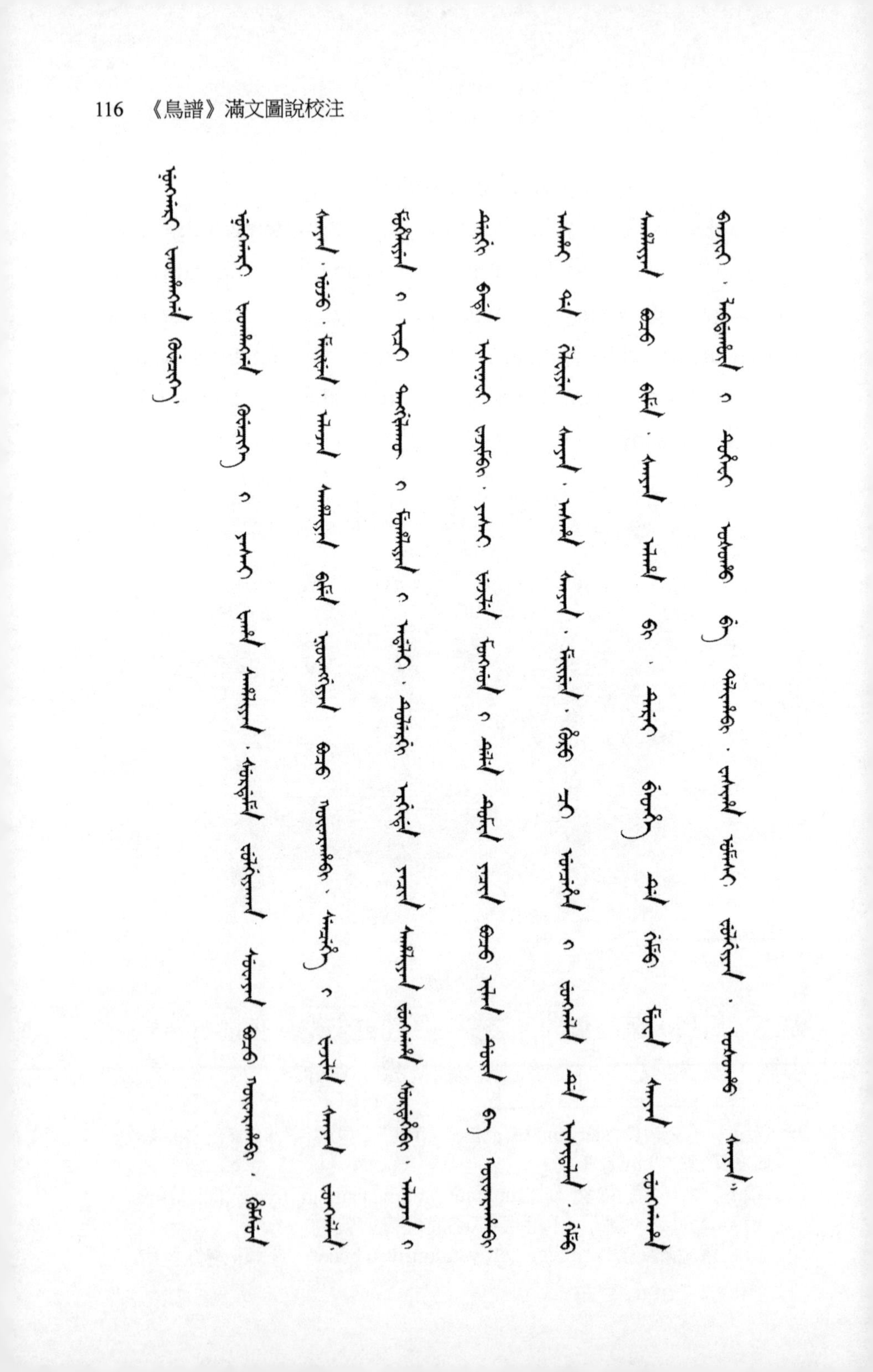

[illegible]

[illegible]

[illegible]

[illegible]

[illegible]

[illegible]

[illegible]

nunggari fathangga kuwecike.

nunggari fathangga kuwecike i yasai faha sahaliyan, šurdeme fulgiyakan suwayan boco kūwarahabi, humsun šanyan, uju, meifen, alajan sahaliyan bime niowanggiyan boco kūwarahabi, sencehe i fejile šanyan funggala, muheliyen i ici tanggilakū i muhaliyan i adali, tulergi ergide yacin sahaliyan funggaha šurdehebi. alajan i dergi bade isinafi wajimbi. yasai fejile monggon i dele tumin yacin boco ilan duin ba kūwarahabi, ashai da gelfiyen šanyan, asha šanyan, meiren, huru ci uncehen i funggala de isitala, gemu sahaliyan boco bime, šanyan alha bi. terei bethe de gemu muwa šanyan funggaha banjifi, labdahūn i tuhefi ošoho be dalihabi, wasiha umesi fulgiyan, ošoho šanyan.

毛腳鴿

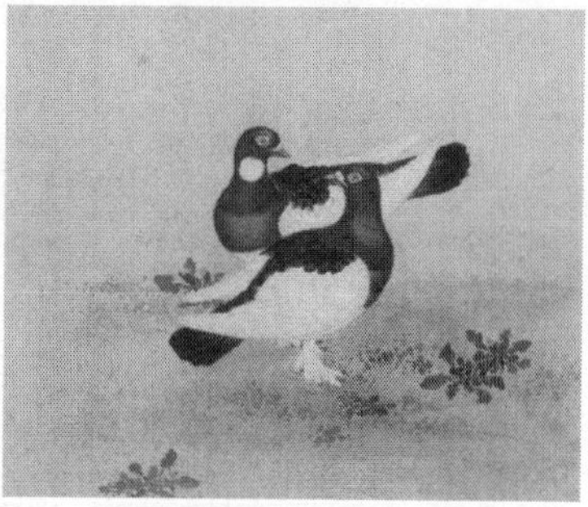

毛腳鴿，黑睛，紅黃暈，白瞼，頭頂、項、臆黑質綠暈，頷下有白毛，圓如彈丸。外界以青黑至臆前而止[102]，目下項上深青暈三四處，白膊[103]，白翅，肩、背及尾毛皆黑色帶白紋，其脛上皆生粗白毛，離披蓋趾，鮮紅趾，白爪。

102 外界以青黑至臆前而止，滿文讀作“tulergi ergide yacin sahaliyan funggaha šurdehebi, alajan i dergi bade isinafi wajimbi”，意即「外邊環繞青黑毛至臆上而止」。

103 白膊，滿文讀作“ashai da gelfiyen šanyan”，意即「淡白翅根」或「淺白膊」。

《鳥譜》第二冊畫冊

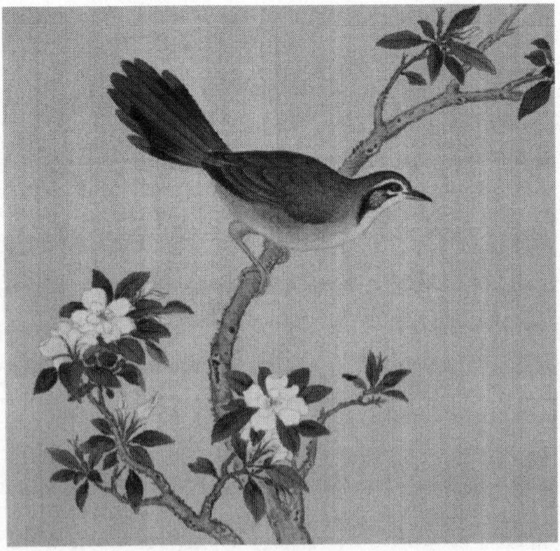

《鳥譜》第二冊　黃山烏

《鳥譜》第二冊畫冊

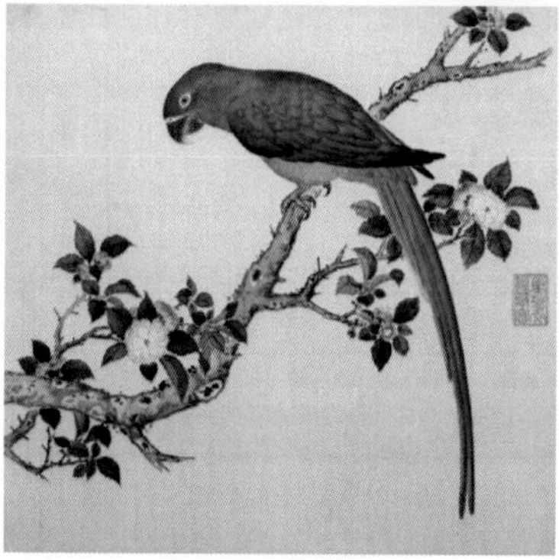

西綠鸚哥

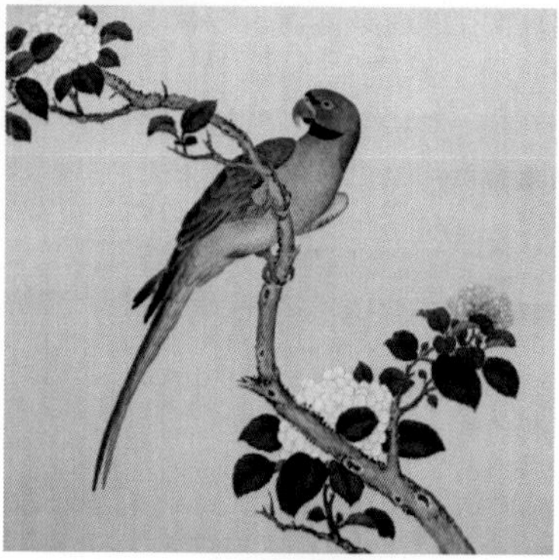

南綠鸚哥

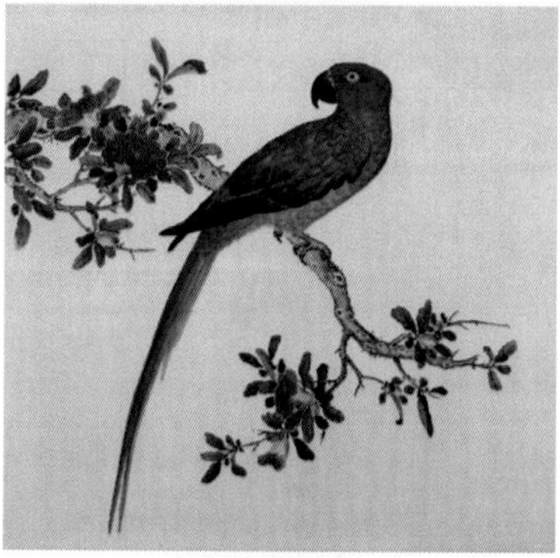

黑觜綠鸚哥

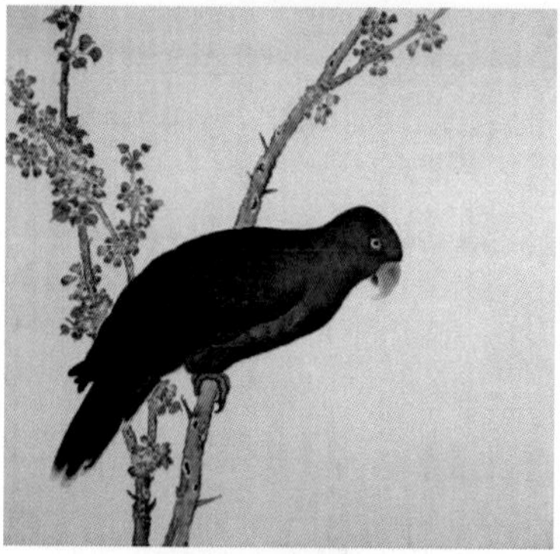

洋綠鸚䳇

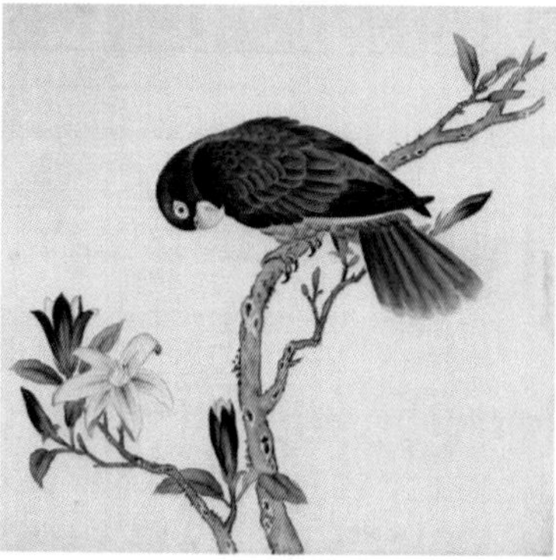

洋綠鸚哥

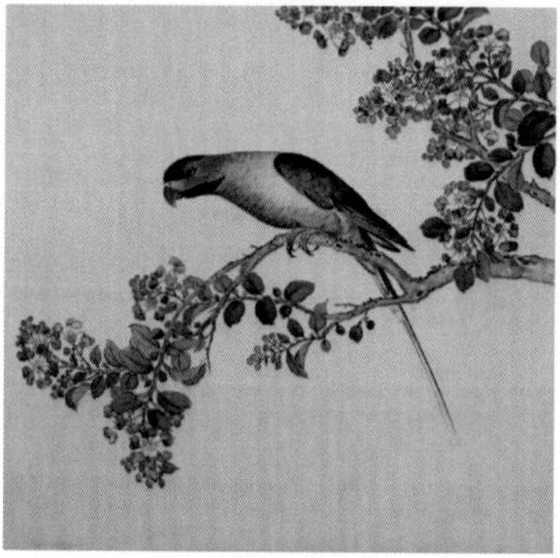

紅頰綠鸚哥

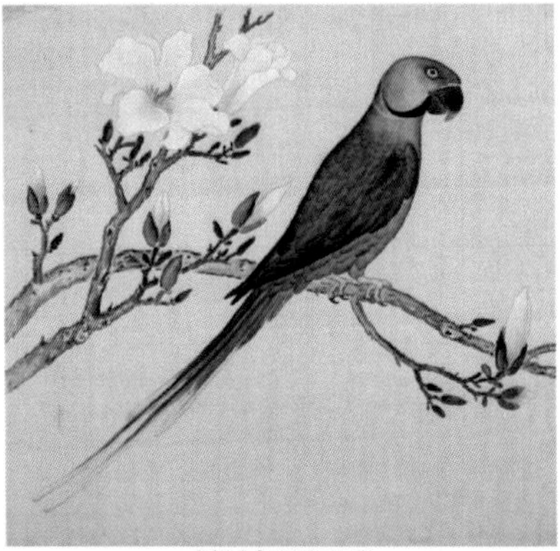

柳綠鸚哥

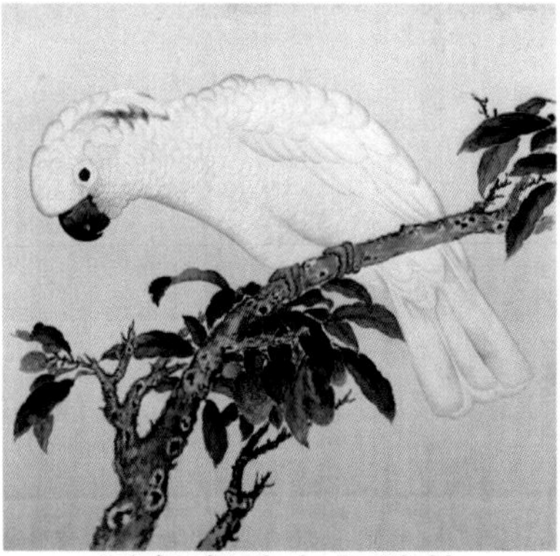

牙色裏毛大白鸚䳇

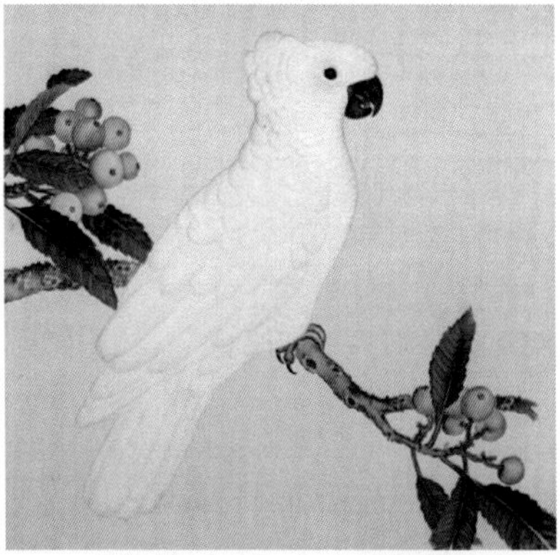

葵黃裏毛大白鸚䳇

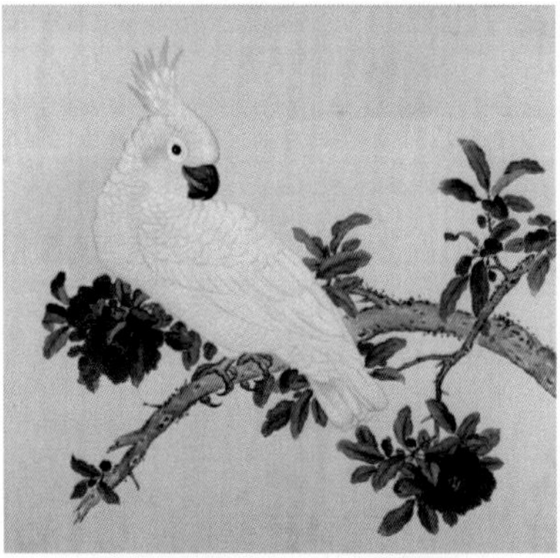

葵黃頂花小白鸚䳇

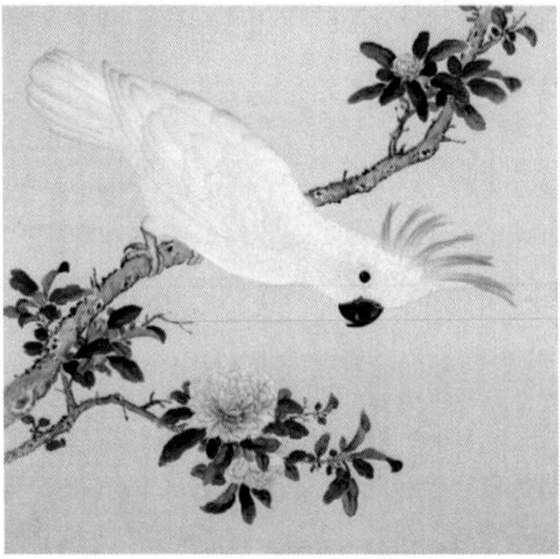

牙色頂花小白鸚䳇

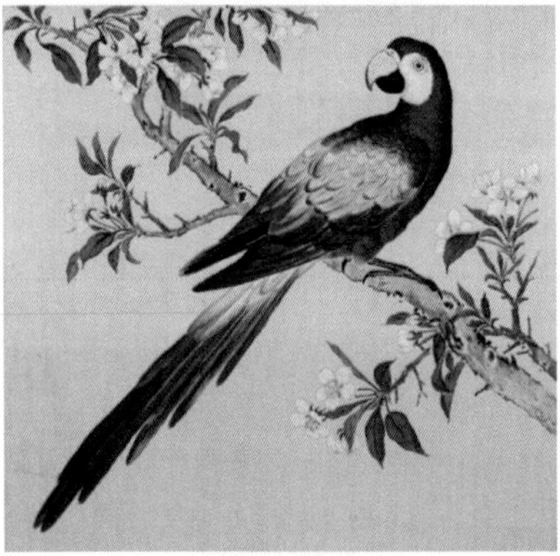

鳳凰鸚䳇

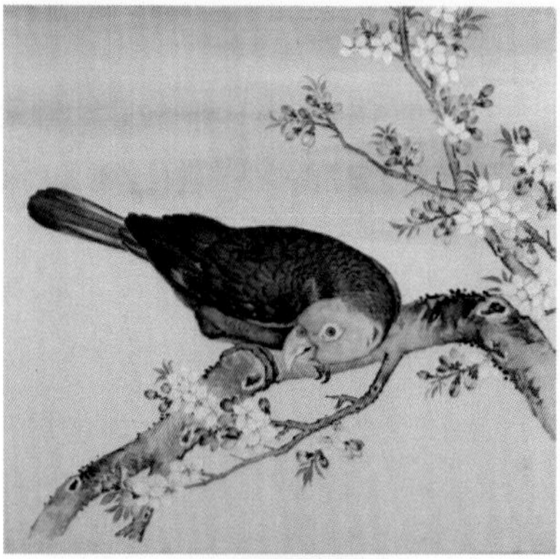
金頭鸚鴗

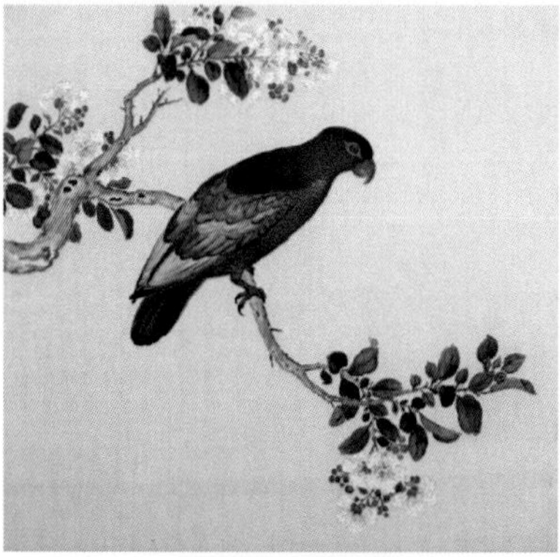
青頭紅鸚哥

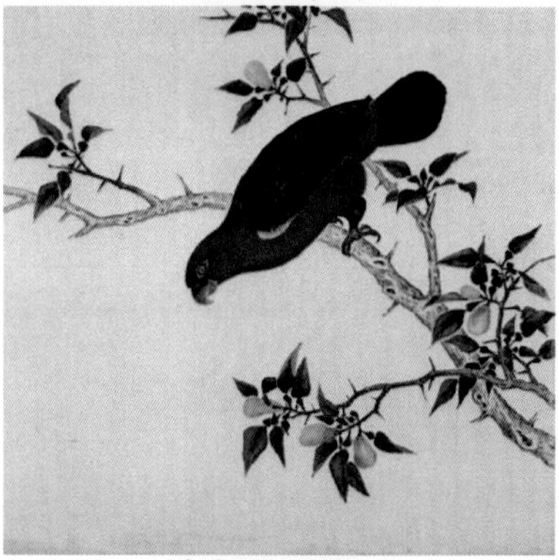
綠翅紅鸚哥

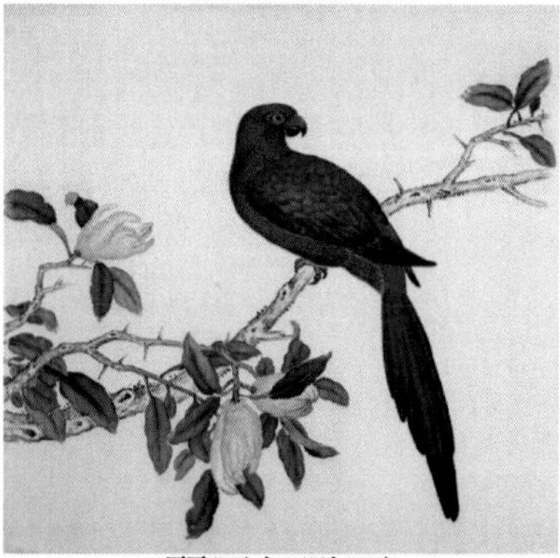
翠尾紅鸚哥

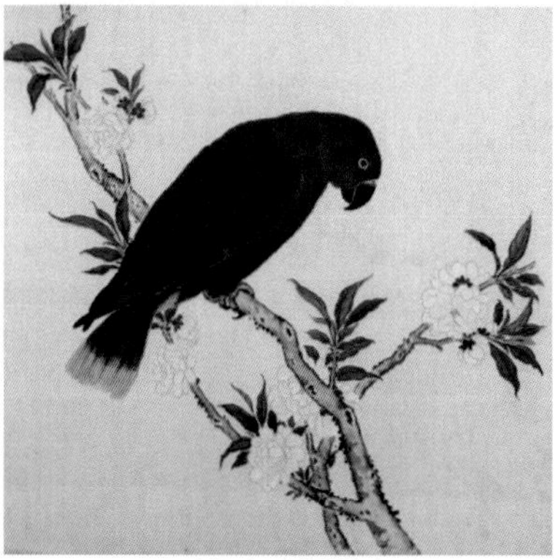
蓮青鸚鴗

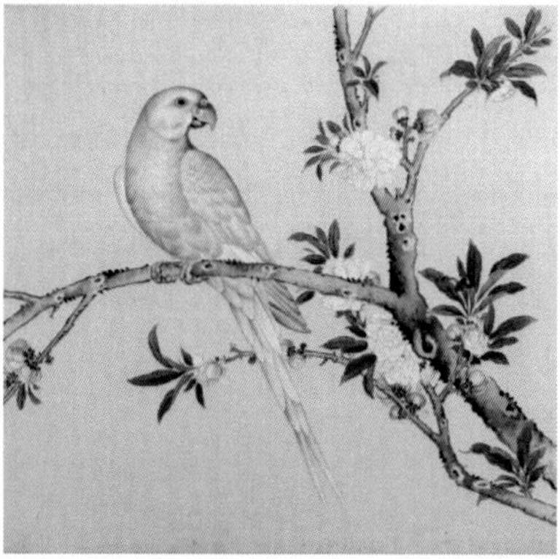
黃鸚哥

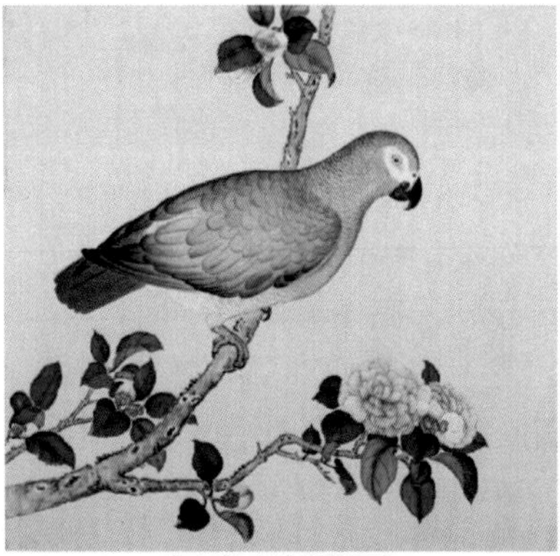

灰色洋鸚哥

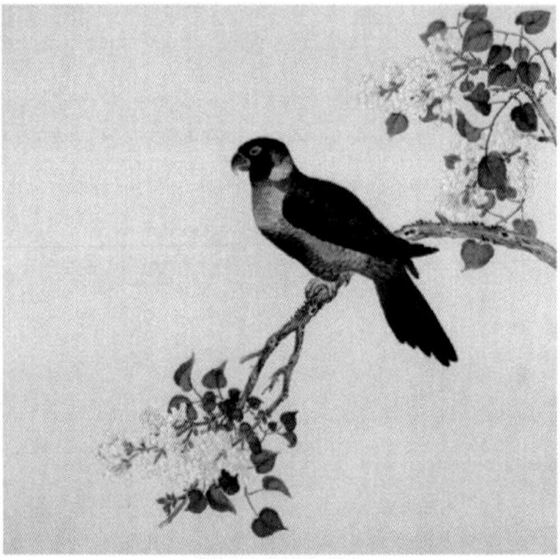

黃丁香鳥

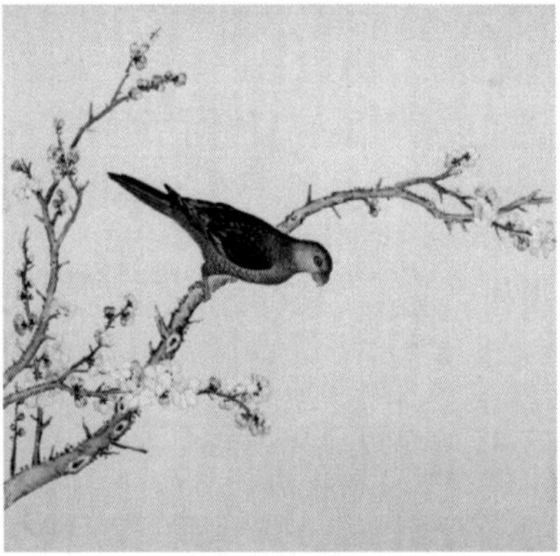

綠丁香鳥

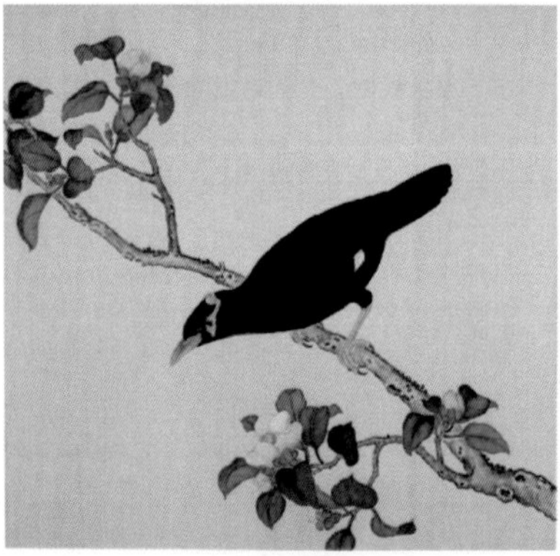

了哥

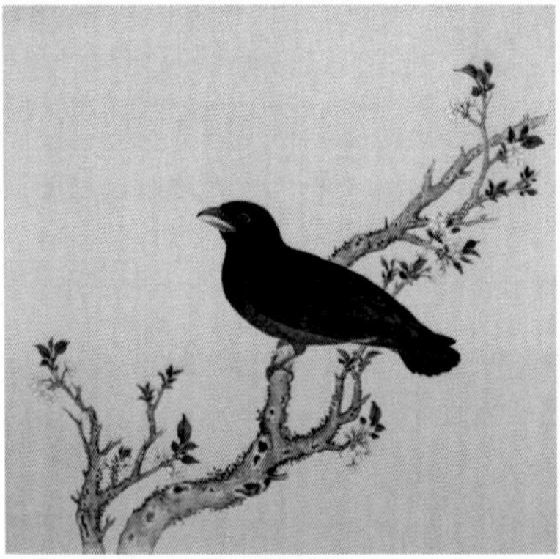

山鸚哥

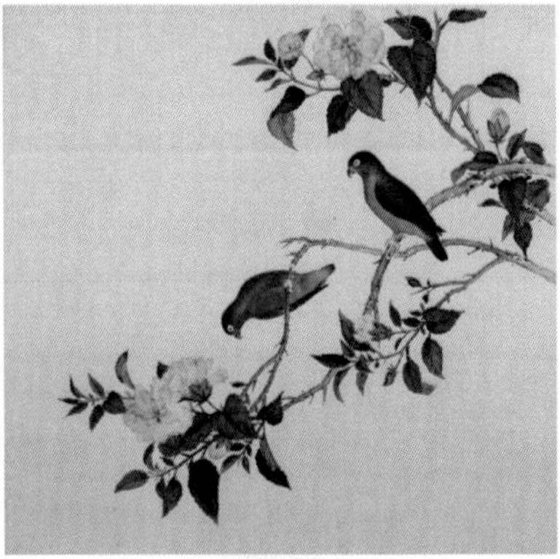

倒挂鳥

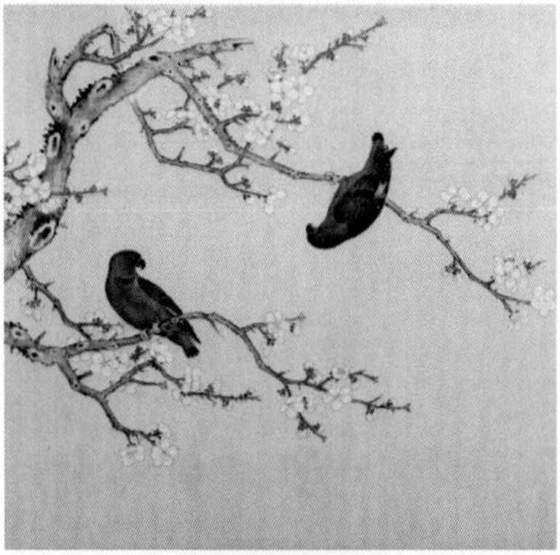

黑鶯倒挂

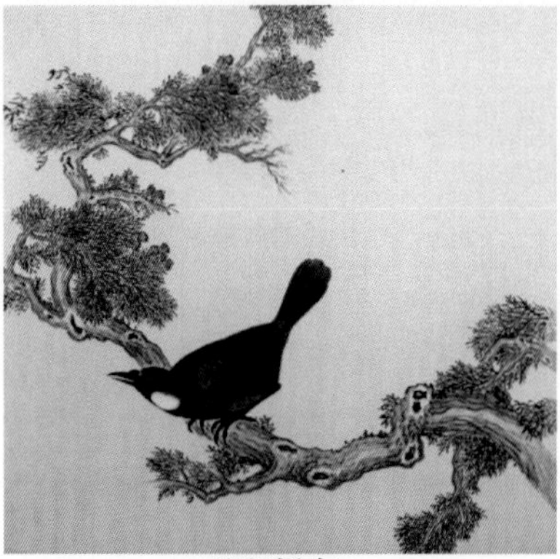

珊瑚鳥

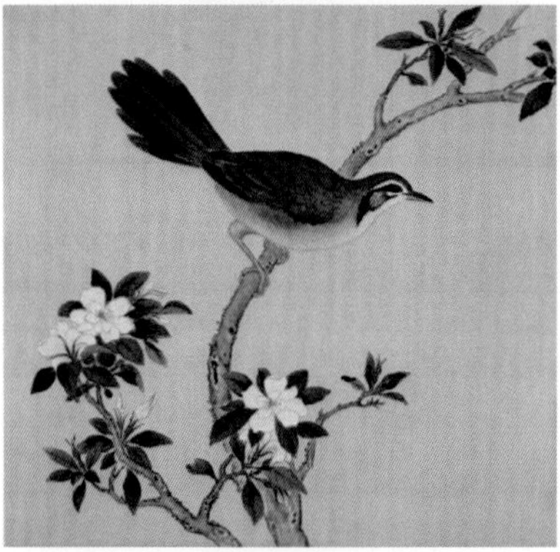

黃山烏

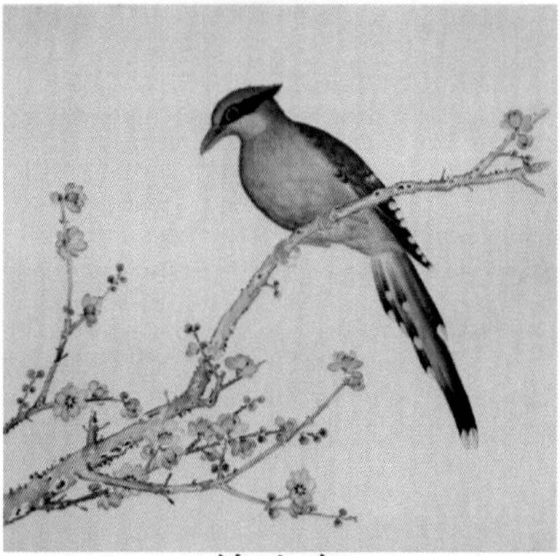

綠山烏

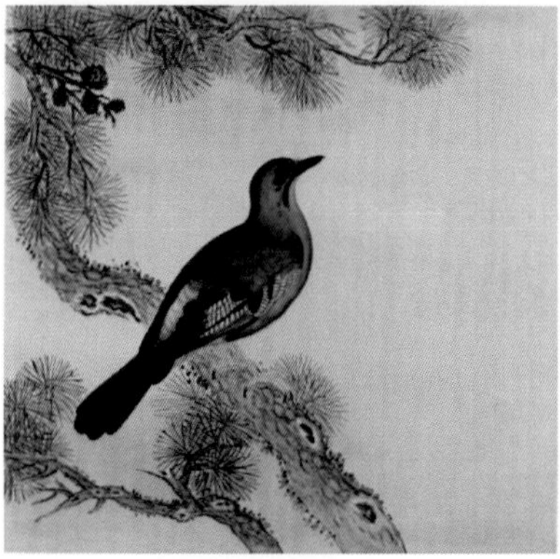

松鴉

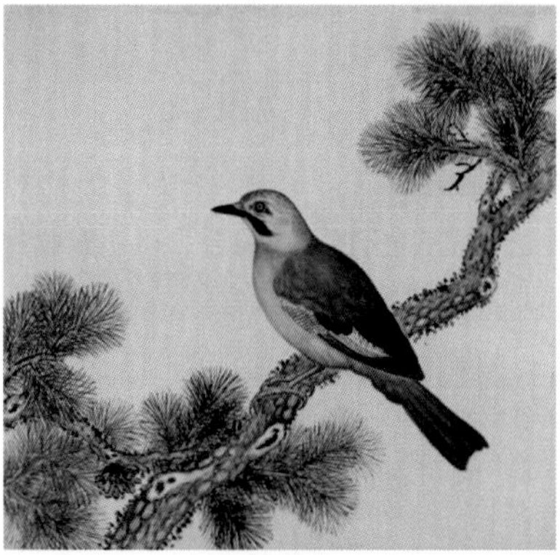

白松鴉

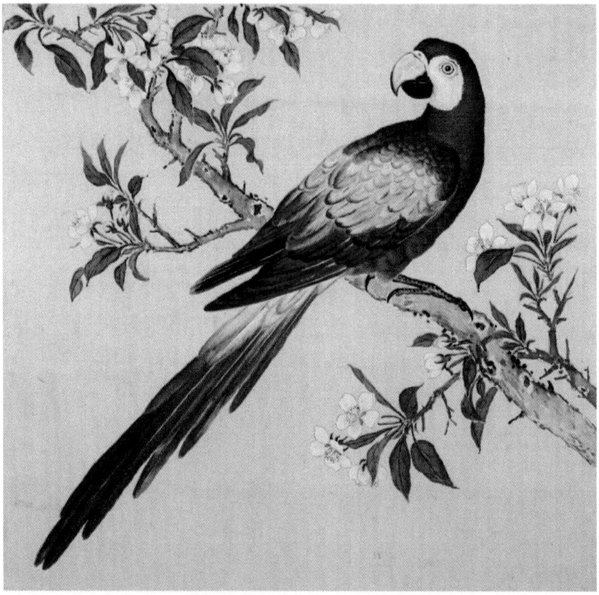

《鳥譜》第二冊　鳳凰鸚鵡

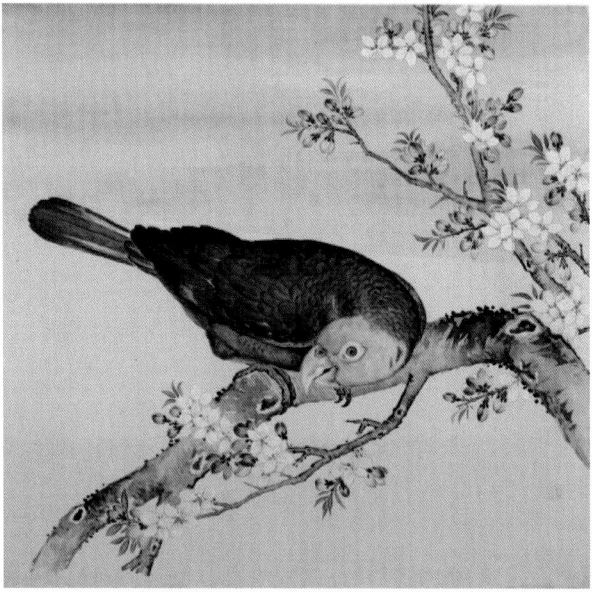

《鳥譜》第二冊　金頭鸚鵡

鳥類漢滿名稱對照表（二）

順次	漢文	滿文	羅馬字轉寫	備註
1	西綠鸚哥	ᠸᠠᡵᡤᡳᠩᡤᡝ ᠨᡳᠣᠸᠠᠩᡤᡳᠶᠠᠨ ᠶᡝᠩᡤᡝᡥᡝ	wargingge niowanggiyan yenggehe	
2	鸚鴗	ᠶᡝᠩᡤᡠᡥᡝ	yengguhe	
3	隴客	ᠯᡠᠩ ᠪᠠᡳ ᠠᠨᡨᠠᡥᠠ	lung bai antaha	
4	鸚䳇	ᠶᡝᠩᡤᡡᡥᡝ	yenggūhe	
5	乾睪	ᡤᡳᠩᡤᡠᡥᡝ	gingguhe	
6	臊陀	ᠰᠣᡨᡳ	soti	
7	南綠鸚哥	ᠵᡠᠯᡝᡵᡤᡳᠩᡤᡝ ᠨᡳᠣᠸᠠᠩᡤᡳᠶᠠᠨ ᠶᡝᠩᡤᡝᡥᡝ	julergingge niowanggiyan yenggehe	

順次	漢文	滿文	羅馬字轉寫	備註
8	黑觜綠鸚哥	ᠰᠠᡥᠠᠯᡳᠶᠠᠨ ᡝᠩᡤᡝ ᠨᡳᠣᠸᠠᠩᡤᡳᠶᠠᠨ ᠶᡝᠩᡤᡝᡥᡝ	sahaliyan engge niowanggiyan yenggehe	
9	木侯	ᠶᡝᠩᡥᡠᡥᡝ	yenghuhe	
10	洋綠鸚鵡	ᠨᠠᠮᡠ ᠨᡳᠣᠸᠠᠩᡤᡳᠶᠠᠨ ᠶᡝᠩᡤᡠᡥᡝ	namu niowanggiyan yengguhe	
11	洋綠鸚哥	ᠨᠠᠮᡠ ᠨᡳᠣᠸᠠᠩᡤᡳᠶᠠᠨ ᠶᡝᠩᡤᡝᡥᡝ	namu niowanggiyan yenggehe	

順次	漢文	滿文	羅馬字轉寫	備註
12	紅頰綠鸚哥	ᡶᡠᠯᡤᡳᠶᠠᠨ ᡧᠠᡴᡧᠠᡥᠠᠩᡤᠠ ᠨᡳᠣᠸᠠᠩᡤᡳᠶᠠᠨ ᠶᡝᠩᡤᡝᡥᡝ	fulgiyan šakšahangga niowanggiyan yenggehe	
13	柳綠鸚哥	ᠨᡳᠣᠸᠠᠩᡤᡳᠶᠠᠨ ᠶᡝᠩᡤᡝᡥᡝ	niowanggiyan yenggehe	
14	牙色裏毛大白鸚䴉	ᠰᡠᡥᡠᡴᡝᠨ ᠪᠣᠴᠣᡳ ᠨᡠᠩᡤᠠᡵᡳ ᠠᠮᠪᠠ ᡧᠠᠨᠶᠠᠨ ᠶᡝᠩᡤᡠᡥᡝ	suhuken bocoi nunggari amba šanyan yengguhe	
15	葵黃裏毛大白鸚䴉	ᠰᠣᡥᠣᠨ ᠪᠣᠴᠣᡳ ᠨᡠᠩᡤᠠᡵᡳ ᠠᠮᠪᠠ ᡧᠠᠨᠶᠠᠨ ᠶᡝᠩᡤᡠᡥᡝ	sohon bocoi nunggari amba šanyan yengguhe	

順次	漢文	滿文	羅馬字轉寫	備註
16	葵黃頂花小白鸚䳇	ᠰᠣᡥᠣᠨ ᠪᠣᠴᠣᡳ ᡠᠵᡠᡳ ᡳᠯᡥᠠ ᡳ ᠠᠵᡳᡤᡝ ᡧᠠᠨᠶᠠᠨ ᠶᡝᠩᡤᡠᡥᡝ	sohon bocoi ujui ilha i ajige šanyan yengguhe	
17	鳳凰鸚䳇	ᡤᠠᡵᡠᡩᠠᠩᡤᠠ ᠶᡝᠩᡤᡠᡥᡝ	garudangga yengguhe	
18	時樂鳥	ᠰᡝᠪᠵᡝᠩᡤᡝ ᠶᡝᠩᡤᡠᡥᡝ	sebjengge yengguhe	
19	牙色頂花小白鸚䳇	ᠰᡠᡥᡠᡴᡝᠨ ᠪᠣᠴᠣᡳ ᡠᠵᡠᡳ ᡳᠯᡥᠠ ᡳ ᠠᠵᡳᡤᡝ ᡧᠠᠨᠶᠠᠨ ᠶᡝᠩᡤᡠᡥᡝ	suhuken bocoi ujui ilha i ajige šanyan yengguhe	

順次	漢文	滿文	羅馬字轉寫	備註
20	金頭鸚䳇	ᠠᡳᠰᡳᠨ ᡠᠵᡠᠩᡤᠠ ᠶᡝᠩᡤᡠᡥᡝ	aisin ujungga yengguhe	
21	青頭紅鸚哥	ᠯᠠᠮᡠᠨ ᡠᠵᡠᠩᡤᠠ ᡶᡠᠯᡤᡳᠶᠠᠨ ᠶᡝᠩᡤᡝᡥᡝ	lamun ujungga fulgiyan yenggehe	
22	綠翅紅鸚哥	ᠨᡳᠣᠸᠠᠩᡤᡳᠶᠠᠨ ᠠᠰᡥᠠᠩᡤᠠ ᡶᡠᠯᡤᡳᠶᠠᠨ ᠶᡝᠩᡤᡝᡥᡝ	niowanggiyan ashangga fulgiyan yenggehe	
23	翠尾紅鸚哥	ᠨᡳᠣᠸᠠᡵᡳ ᡠᠨᠴᡝᡥᡝᠩᡤᡝ ᡶᡠᠯᡤᡳᠶᠠᠨ ᠶᡝᠩᡤᡝᡥᡝ	niowari uncehengge fulgiyan yenggehe	

順次	漢文	滿文	羅馬字轉寫	備註
24	蓮青鸚鵡	ᡧᡠᠯᠠᠪᡠᡵᡠ ᠶᡝᠩᡤᡠᡥᡝ	šulaburu yengguhe	
25	黃鸚哥	ᠰᡠᠸᠠᠶᠠᠨ ᠶᡝᠩᡤᡝᡥᡝ	suwayan yenggehe	
26	灰色洋鸚哥	ᡶᡠᠯᡝᠩᡤᡳᠩᡤᡝ ᠨᠠᠮᡠ ᠶᡝᠩᡤᡝᡥᡝ	fulenggingge namu yenggehe	
27	黃丁香鳥	ᠰᡠᠸᠠᠶᠠᠨ ᠶᡝᠩᡤᡝᡨᡠ	suwayan yenggetu	
28	綠丁香鳥	ᠨᡳᠣᠸᠠᠩᡤᡳᠶᠠᠨ ᠶᡝᠩᡤᡝᡨᡠ	niowanggiyan yenggetu	

順次	漢文	滿文	羅馬字轉寫	備註
29	了哥	ᠴᡳᠨᠵᡳᡵᡳ	cinjiri	
30	料哥	ᡴᡳᠩᡤᡳᡵᡳ	kinggiri	
31	秦吉了	ᠴᡳᠩᡳᡵᡳ	cingiri	
32	結繚鳥	ᡤᡳᡵᡳ ᠴᡝᠴᡳᡴᡝ	giri cecike	
33	山鸚哥	ᠠᠯᡳᠨ ᡳ ᠶᡝᠩᡤᡝᡥᡝ	alin i yenggehe	
34	倒挂鳥	ᠰᡠᡴᡳᠶᠠᡵᡳ ᠴᡝᠴᡳᡴᡝ	sukiyari cecike	
35	綠毛么鳳	ᡤᠠᡵᡠᡴᡳᠶᠠᡵᡳ	garukiyari	
36	羅浮鳳	ᠠᠯᡳᡴᡳᠶᠠᡵᡳ	alikiyari	

順次	漢文	滿文	羅馬字轉寫	備註
37	黑觜倒挂	ᠰᠠᡥᠠᠯᡳᠶᠠᠨ ᡝᠩᡤᡝ ᠰᡠᡴᡳᠶᠠᡵᡳ ᠴᡝᠴᡳᡴᡝ	sahaliyan engge sukiyari cecike	
38	珊瑚鳥	ᡧᡠᡵᡠ ᠴᡝᠴᡳᡴᡝ	šuru cecike	
39	山鶘	ᠠᠯᡳᠨ ᡳ ᡧᡠᡵᡠ ᠴᡝᠴᡳᡴᡝ	alin i šuru cecike	
40	山烏	ᠠᠯᡳᠨ ᡳ ᠴᡝᠴᡳᡴᡝ	alin i cecike	
41	黃山烏	ᠠᠯᡳᠨ ᠰᡠᠸᠠᠶᠠᠩᡤᠠ ᠴᡝᠴᡳᡴᡝ	alin suwayangga cecike	

順次	漢文	滿文	羅馬字轉寫	備註
42	綠山烏	ᠠᠯᡳᠨ ᠨᡳᠣᠸᠠᠩᡤᡳᠶᠠᠩᡤᠠ ᠴᡝᠴᡳᡴᡝ	alin niowanggiyangga cecike	
43	松鴉	ᡳᠰᡥᠠ	isha	
44	白松鴉	ᡧᠠᠨᠶᠠᠨ ᡳᠰᡥᠠ	šanyan isha	

資料來源：《故宮鳥譜》，臺北，國立故宮博物院，民國八十六年十月，第二冊。

已刊《鳥譜》第二冊，凡三十幅，所標鳥類名稱，包括：西綠鸚哥（wargingge niowanggiyan yenggehe）、南綠鸚哥（julergingge niowanggiyan yenggehe）、黑觜綠鸚哥（sahaliyan engge niowanggiyan yenggehe）、洋綠鸚䳇（namu niowanggiyan yengguhe）、洋綠鸚哥（namu niowanggiyan yenggehe）、紅頰綠鸚哥（fulgiyan šakšahangga niowanggiyan yenggehe）、柳綠鸚哥（niowanggiyan yenggehe）、牙色裏毛大白鸚䳇（suhuken bocoi nunggari amba šanyan yengguhe）、葵黃裏毛大白鸚䳇（sohon bocoi nunggari amba šanyan yengguhe）、葵黃頂花小白鸚䳇（sohon bocoi ujui ilha i ajige šanyan yengguhe）、牙色頂花小白鸚䳇（suhuken bocoi ujui ilha i ajige šanyan yengguhe)、鳳凰鸚鵡(garudangga yengguhe)、金頭鸚鵡(aisin ujungga yengguhe)、青頭紅鸚哥(lamun ujungga fulgiyan yenggehe)、綠翅紅鸚哥(niowanggiyan ashangga fulgiyan yenggehe)、翠尾紅鸚哥(niowari uncehengge fulgiyan yenggehe)、蓮青鸚鵡(šulaburu yengguhe)、黃鸚哥(suwayan yenggehe)、灰色洋鸚哥(fulenggingge namu yenggehe)、黃丁香鳥(suwayan yenggetu)、綠丁香鳥(niowanggiyan yenggetu)、了哥(cinjiri)、山鸚哥(alin i yenggehe)、倒挂鳥(sukiyari cecike)、黑觜倒挂(sahaliyan engge sukiyari cecike)、珊瑚鳥(šuru cecike)、黃山烏(alin suwayangga cecike)、綠山烏(alin niowanggiyangga cecike)、松鴉(isha)、白松鴉(šanyan isha)。以上三十幅，主要為鸚鵡(yengguhe)、鸚哥(yenggehe)。鸚鵡與鸚哥的名稱，是以大小而分，大者為鸚鵡，小者為鸚哥。《鳥譜》第二冊三十幅所列鳥類名稱，共計三十種，此外還有各種別名，表二所列名稱共計四十四種。出自隴西的鸚鵡，稱為隴客(lung bai antaha)。鸚鵡如同嬰兒初生不能言語，母教之而能言，一名鸚䳇(yenggūhe)，又名乾睪(gingguhe)。鸚鵡雌者又名木侯(yenghuhe)。佛經稱鸚鵡為臊陀(soti)。鳳凰鸚鵡，一名時樂鳥(sebjengge yengguhe)，太平天下有道則見。

了哥(cinjiri)，亦作料哥(kinggiri)，一名秦吉了(cingiri)，或作吉了，又名結繚鳥(giri cecike)，大於鸜鵒(kiongguhe)，紺黑色，能人言，比鸚鵡聰慧。古人將鸚鵡的聲音比作兒女，而將了哥的聲音比作丈夫。山鸚哥的毛色、觜、足俱略似鸚鵡。倒挂鳥(sukiyari cecike)，因夜宿倒掛而得名，一名綠毛么鳳(garukiyari)，又名羅浮鳳(alikiyari)。倒挂鳥，習稱倒挂子。黑觜倒挂是倒挂鳥別一種，么鳳(garukiyari)，因綠毛，習稱綠毛么鳳。山鶘（alin i šuru cecike），一名山烏（alin i cecike），意即山鳥。山鶘，又名珊瑚鳥（šuru cecike），以示珍貴之意。黃山烏，滿文讀作“alin suwayangga cecike”，意即黃山鳥。綠山烏，滿文讀作“alin niowanggiyangga cecike”，意即綠山鳥。松鴉，滿文讀作“isha”，意即「貪婪」，謂此鳥貪食如人之貪婪，因其棲息松間，故名松鴉。《鳥譜》記載，「松鴉狀如鴉」，滿文讀作“isha i arbun niyehe de adali”，意即「松鴉狀如鴨」。白松鴉大小與松鴉相等，因其白頂，白腹、蒼白足，膊上有翠白紋，故名白松鴉。倒挂鳥，因倒掛於樹枝而得名，是嶺南珍禽。羅浮，滿文讀作“lo feo alin”，意即「羅浮山」，廣東羅浮山梅花村，倒掛梅花枝上的倒挂子，就是綠毛么鳳（garukiyari），似綠毛鳳而小，一名羅浮鳳，滿文讀作“alikiyari”，意即「慢走等候之鳥」，滿漢文義，頗有出入。

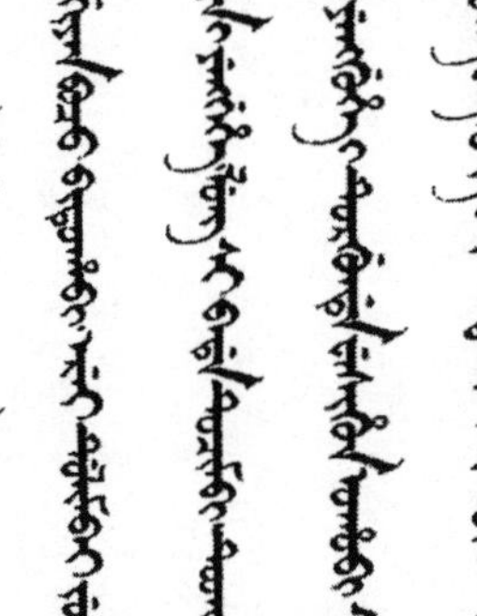

wargingge niowanggiyan yenggehe.

wargingge niowanggiyan yenggehe i yasai faha sahaliyan, šurdeme fulgiyan suwayan boco jursuleme kūwarahabi, humsun šanyan, engge amba bime fulgiyan, engge i dube gelfiyen suwayan, uju, meifen i funggaha niowanggiyan bime niowari kuri bi, huru niowanggiyan, ashai da niowanggiyan, asha niowanggiyan bime niowari yacin boco suwaliyaganjahabi, hefeli gelfiyen niowanggiyan, uncehen kuwecihe boco bime niowanggiyan boco bituhabi, erei dulimbai juwe funggala umesi golmin bethe šanyakan fulenggi boco, ošoho sahaliyan, ere hacin i yenggehe, lung si bade tucimbi, tuttu ofi, tang gurun i wang giyan i irgebuhe irgebun de, cin bai lung jeo yengguhe i turgunde wesihun ohobi sere gisun bihebi. lii fang ni sunja hacin i gasha be leolere de, yengguhe be lung bai antaha seme hūlahabi. alin mederi nomun de, hūwang šan alin de gasha bi, arbun hūšahū i adali, funggaha yacin, engge fulgiyan, niyalmai ilenggu gisureme bahanambi, erebe yengguhe seme gebulehebi sehebi. gasha i nomun i suhen de, yengguhe, lung si bade tucimbi, gisureme bahanara gasha, niyalma aika gala i terei huru be bišuci, uthai helen

---

西綠鸚哥

西綠鸚哥，黑睛，紅黃重暈，白臉，紅巨觜，淺黃喙，頭、頸綠質翠斑，綠背，綠膊，綠翅，間以翠青，粉綠腹，縹尾綠緣[104]，其中二翎極長，灰白足，黑爪。此種出隴西，故唐王建詩有秦隴州緣鸚鵡貴之句，而李昉五禽呼鸚鵡為隴客也。《山海經》云：黃山有鳥焉，其狀如鴞，青羽，赤喙，人舌能言，名曰鸚鵡。《禽經》注云：鸚鵡出隴西，能言鳥也，人以手撫拭其背，

---

104 縹尾，滿文讀作“uncehen kuwecihe”，意即「月白色尾」，或作「鴨蛋青色尾」。

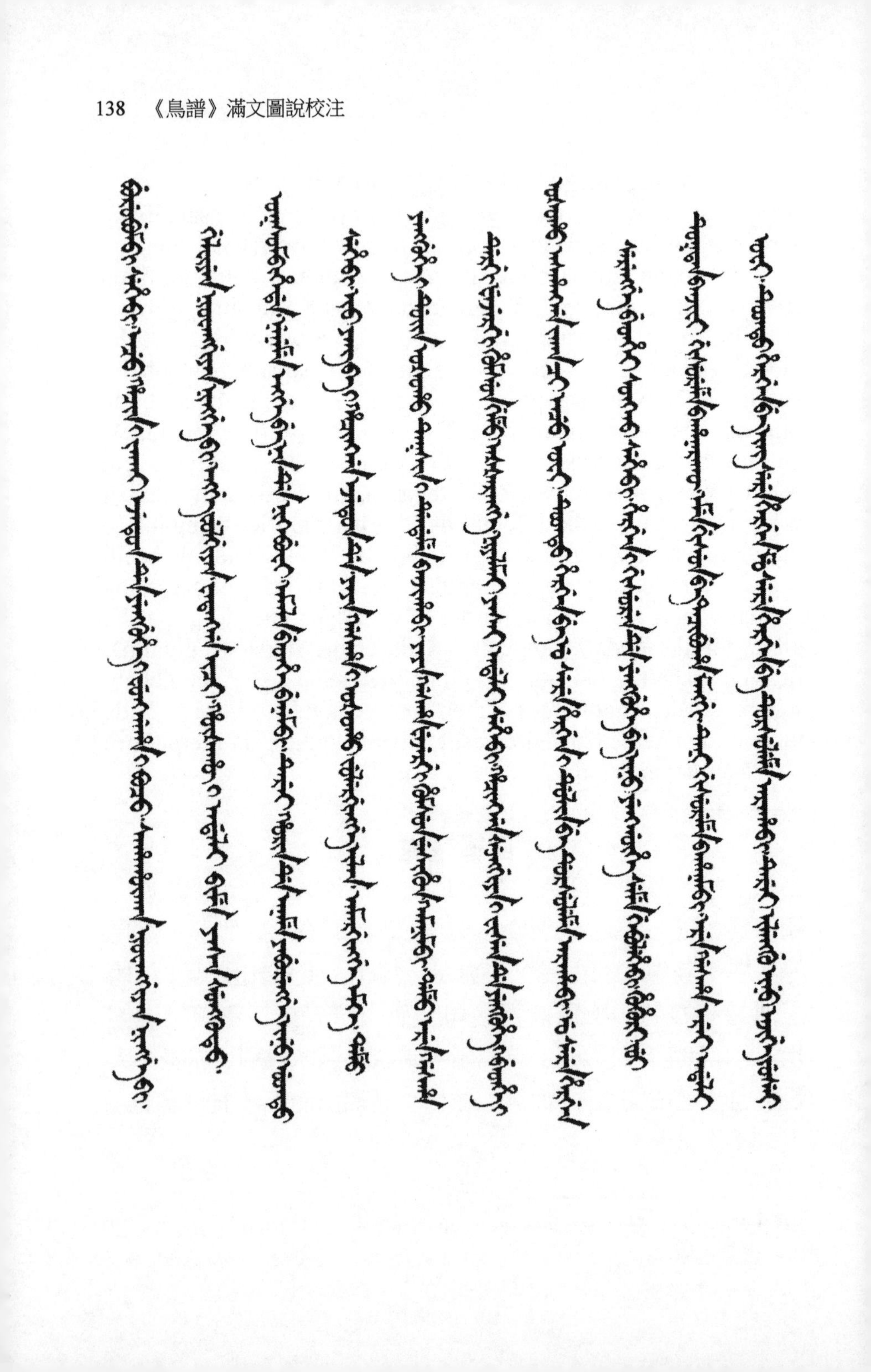

burubumbi sehebi. encu hacin i jakai ejetun de, yengguhe i funggaha i boco, sahahūkan niowanggiyan ningge bi, gelfiyen niowanggiyan ningge bi, engge fulgiyan, watangga ici, hūšahū i adali bime yasa šungkutu, oksombihede, neneme engge be na de nikebufi, amala bethe benembi, terei horin de aname yaburengge inu uttu sehebi. io yang ba i hacingga ejetun de, yaya gasha i ošoho julergingge ilan, amargingge emke, damu yengguhe i duin ošoho teksin i dendeme banjihabi, yaya gasha fejergi humsun wesihun kamnimbi, damu ere gasha dergi fejergi humsun gemu aššarangge, niyalmai yasai adali sehebi. hacingga〔hancingga〕šunggiya i fisen de, yengguhe i bethe i ošoho ashangga jaka ci encu ofi, tuttu hergen be u sere hergen i dulin be dursuleme arahabi. u sere hergen serengge. bethei songko sehebi. hergen i gisuren de, yengguhe be inu yenggūhe seme gebulehebi, huhuri jui tuktan banjifi gisureme bahanarakū, eme gisun be tacibuha manggi, teni gisureme bahanambi, ere gasha erei adali ofi, tuttu hergen be ing sere hergen mu sere hergen be dursuleme arahabi, terei ilenggu inu ajige jusei

---

則瘖瘂矣。《異物志》云：鸚䳇其毛色，或蒼綠，或嫩綠，赤喙，曲如鴞而目深[105]。行則先以觜喙地而後足隨之，其緣籠亦然。《酉陽雜俎》云：眾鳥趾前三後一，惟鸚䳇四趾齊分。凡鳥下瞼眨上，獨此鳥兩瞼俱動如人目。《爾雅翼》云：鸚䳇足趾為羽族異，故字從武，武足跡也。《字說》云：鸚䳇亦名鸚䳇，嬰兒生不能言，母教之言，已而能言，此鳥類是，故字從嬰母，其舌亦似小兒，

---

105 目深，滿文讀作"yasa šungkutu"，意即「眼凹陷」，或「眼深陷」。

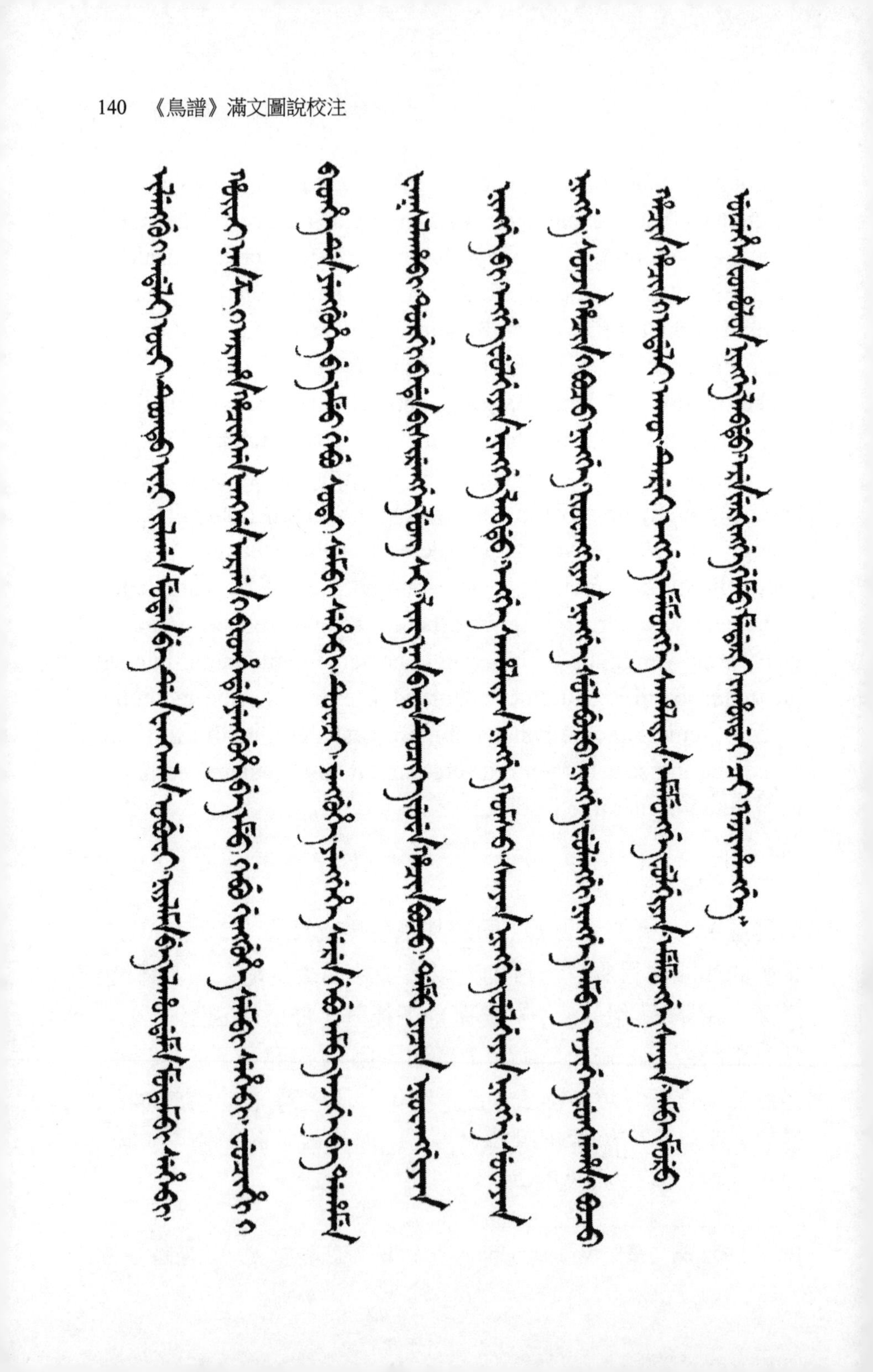

ilenggu i adali ofi, tuttu ini jilgan mudan be den fangkala obufi, niyalma be alhūdame mutembi sehebi. hūwai nan dz i araha hacingga fangga arga i bithede, yengguhe be emu gebu ginggühe sembi sehebi. fucihi i bithe de, yengguhe be emu gebu soti sembi sehebi. tuwaci, yengguhe, yenggehe sere gebu amba ajige be dahame faksalahabi. dorgi bade bisirengge lung si, ling nan bade tucike juwe hacin boco, damu yacin niowanggiyan ningge bi, engge fulgiyan ningge labdu, engge sahaliyan ningge komso, šanyan ningge, fulgiyan ningge, suwayan ningge, sunja hacin i boco ningge, niowanggiyan ningge, šulaburu ningge, fulenggi ningge, amba ajige funggaha i boco hacin hacin i adali akū. terei engge ememungge sahaliyan, ememungge fulgiyan, ememungge šanyan, amba muru uncehen foholon ningge labdu, ere jergingge gemu mederi jahūdai ci gajihangge.

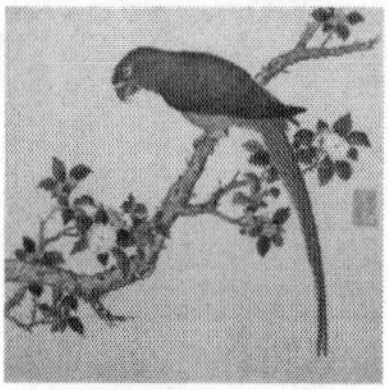

故能委曲其聲音，以象人耳。《淮南・畢萬術》：鸚鵡一名乾睪。梵書：鸚鵡一名臊陀[106]。案鸚鵡、鸚哥之名，以大小而分。內地所有者，隴西、嶺南二種，色不過青綠，紅觜者多，黑觜者少。其白者、紅者、黃者、五色者、柳綠者、蓮青者、鷹灰者，大小毛色種種不同。其觜或黑，或紅，或白，大約短尾者多，此則皆從海舶而至者也。

106 以象人耳，滿文讀作“niyalma be alhūdame mutembi sehebi”，意即「能模仿人」。又臊陀，滿文讀作“soti”，意即「鸚鵡」，蒙文讀作“sondi”，梵文讀作“śuka”。

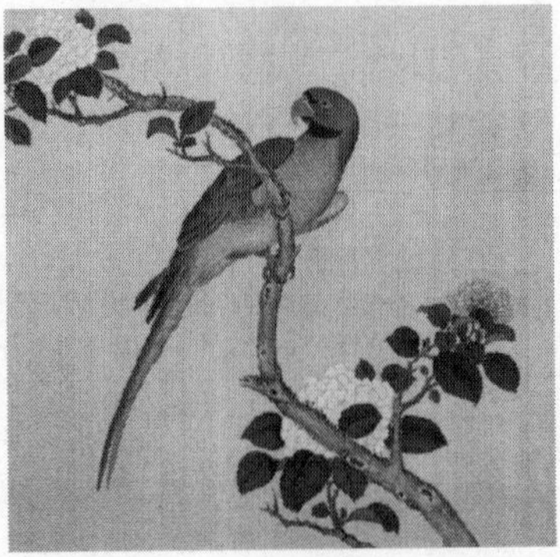

julergingge niowanggiyan yenggehe.

julergingge niowanggiyan yenggehe i yasai faha sahaliyan, šurdeme suwayan boco kūwarahabi, humsun šanyan, engge umesi fulgiyan, engge i dube watangga bime umesi suwayan, engge i da de bisire sahaliyan funggaha uju de sirandume hūwalafi, juwe yasa de isibume banjihabi, sencehe i fejergide inu emu farsi sahaliyan funggaha bi, uju ci alajan, hefeli de isitala gemu hasi boco, monggon, asha i da umesi niowanggiyan, niongnio dethe sahahūkan niowanggiyan, niongnio i dube de sahaliyan boco bi, uncehen gelfiyen yacin, doko ergi umesi

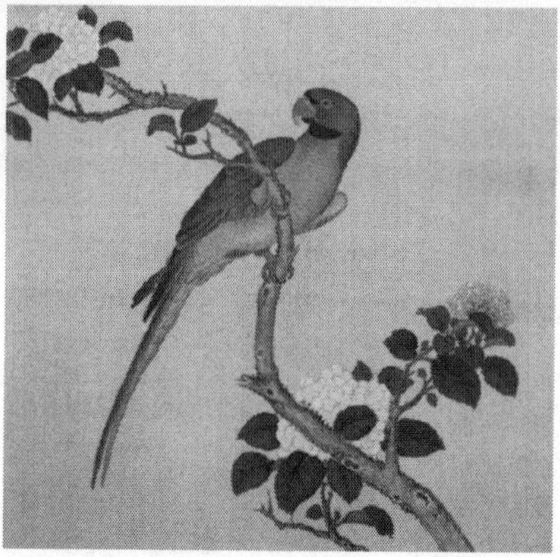

南綠鸚哥

南綠鸚哥，黑睛，黃暈，白臉，鮮紅觜，嬌黃勾喙[107]，觜根黑毛接頂，分向兩目而止[108]，頷下亦有黑毛一片，頭至臆、腹，俱茄花色，項、膊脆綠[109]，翮翅蒼綠，翮尖帶黑，縹青尾，

---

107 嬌黃勾喙，滿文讀作“engge i dube watangga bime umesi suwayan ”，意即「觜尖倒鉤而純黃」。

108 觜根黑毛接頂，分向兩目而止，滿文讀作“engge i da de bisire sahaliyan funggaha uju de sirandume hūwalafi, juwe yasa de isibume banjihabi”，意即「在觜根的黑毛接連到頭上分開長到兩眼」。

109 脆綠，滿文讀作“umesi niowanggiyan”，意即「純綠」，或「鮮綠」。

[illegible]

[illegible]

[illegible]

[illegible]

[illegible]

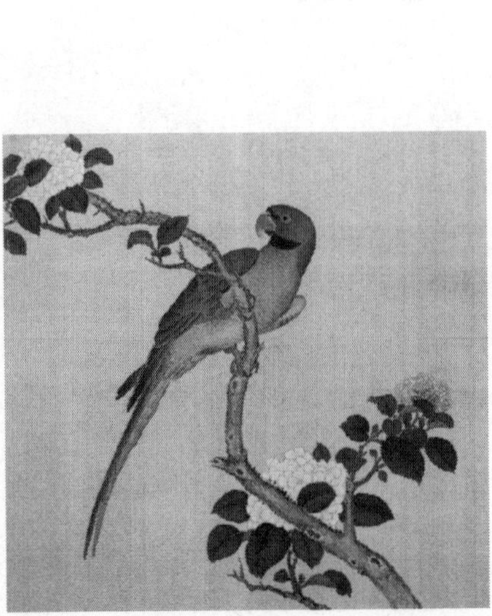

niowanggiyan, bethe sahahūkan šanyan, ošoho sahaliyan. ere hacin i yenggehe, lung si baingge ci uju, engge majige ajigen, uncehen inu majige foholon. giyoo jy bade ejehe bithe de, guwangdung ni julergi jugūn de yengguhe labdu, funggaha niowari, engge fulgiyan, niyalmai gisun be ulhime mutembi, ucun be alhūdame guwendere de, bilha deri forgošoro mudan i adalingge bi, damu beye ajigen, lung io baingge de isirakū, deyehe dari ududu minggan tanggū bi sehebi.

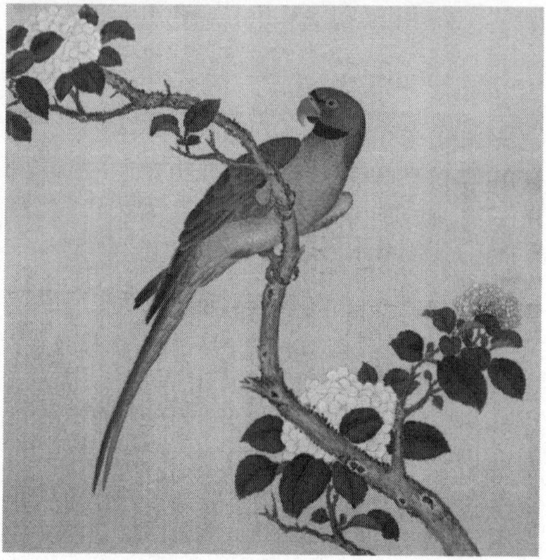

脆綠裏，蒼白足，黑爪。此種比隴西者頭、觜差小[110]，尾亦略短。《北戶錄》云[111]：廣之南道，多鸚鵡，翠衿丹觜[112]，巧解人言，有鳴曲子如喉轉者，但小不及隴右[113]，每飛則數千百頭。

110 此種，滿文讀作"ere hacin i yenggehe"，意即「此種鸚哥」。

111 《北戶錄》，唐段公路作，三卷。《北戶錄》，滿文讀作"giyoo jy bade ejehe bithe"，意即《交趾錄》。

112 翠衿，滿文讀作"funggaha niowari"，意即「翠羽」。

113 但小不及隴右，滿文讀作"damu beye ajigen, lung io baingge de isirakū"，意即「但身小不及隴右者」。

[illegible]

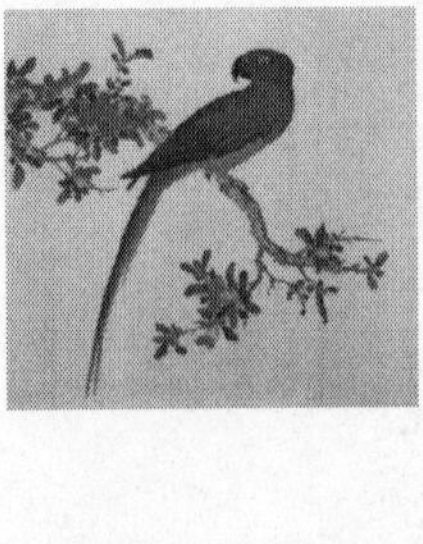

sahaliyan engge niowanggiyan yenggehe.

sahaliyan engge niowanggiyan yenggehe i yasai faha sahaliyan, šurdeme suwayan boco kūwarahabi, humsun yacin, engge i dube watangga bime sahaliyan, uju gelfiyen yacin, huru, asha niohokon, alajan, hefeli gelfiyen niowanggiyan, uncehen de hanci bisire huru i funggaha gelfiyen yacin, uncehen inu golmin, gelfiyen yacin boco bime niowanggiyan boco bituhabi, bethe de sahahūkan šanyan kuri bi, ošoho gelfiyen sahaliyan, ere hacin i yenggehe be niyalma asuru hihalarakū. lung si ling nan bade gemu bi, erebe emile sembi. yenggehe banjiha tuktan de engge gemu sahaliyan, kūbulikai ulhiyen i fulgiyan ombi, tere kūbulirakūngge emile inu. tiye yuwan šan alin i hacingga gisuren de, yenggehe i emile be yenghuhe seme gebulehebi, engge sahaliyan sehebi.

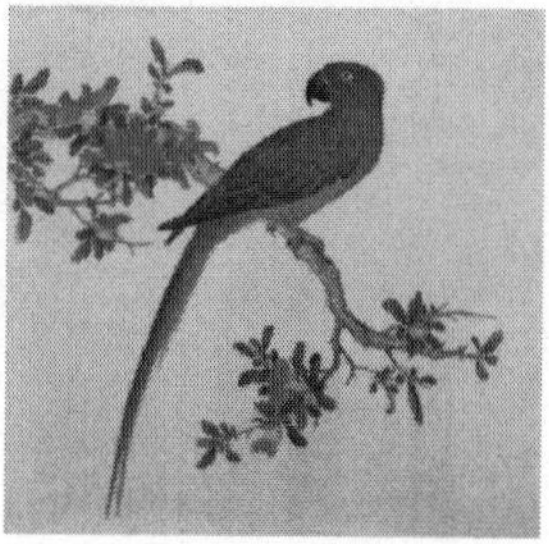

黑觜綠鸚哥

黑觜綠鸚哥，黑睛，黃暈，青瞼，黑勾喙[114]，縹青頭，茶綠背、翅，粉綠臆、腹，近尾背毛縹青，尾亦長，縹青色綠緣，蒼白斑足，淺黑爪，此種人不甚貴。隴西、嶺南皆有之，云是其雌者。鸚哥初皆黑喙，漸變而紅，其不變者，乃雌者也。《鐵圍山叢談》云[115]：鸚鵡雌者名木侯，黑觜。

114　黑勾喙，滿文讀作“engge i dube watangga bime sahaliyan”，意即「觜尖勾而黑」。

115　《鐵圍山叢談》，宋蔡絛撰，六卷。鐵圍山，滿文當讀作“tiye wei šan”，此作“tiye yuwan šan”，疑誤。

ᡠᠵᡠ ᠨᡳᠣᠸᠠᠩᡤᡳᠶᠠᠨ ᠨᡳᠣᡵᠣᠪᡳ᠈

ᡠᠵᡠ ᠨᡳᠣᠸᠠᠩᡤᡳᠶᠠᠨ ᠨᡳᠣᡵᠣᠪᡳ ᠣ ᠴᠠᠯᠠᠨ ᡥᠠᡵᡤᠠ ᠰᠠᡥᠠᠯᡳᠶᠠᠨ᠈ ᡶᡠᠯᡤᡳᠶᠠᠨ ᠰᠠᡥᠠᠯᡳᠶᠠᠨ ᠪᠣᠴᠣ ᠰᡠᠸᠠᠶᠠᠨ ᠨᡳᠣᠸᠠᠩᡤᡳᠶᠠᠨ᠈ ᡨᡠᡵᡤᡝᠨ ᡠᠮᡝᠨ᠈ ᠨᡳᠶᡝᠴᡝ

ᡶᡠᠯᡤᡳᠶᠠᠨ ᠰᠠᡥᠠᠯᡳᠶᠠᠨ᠈ ᡥᠠᠴᡳᠨ ᠪᠣᠴᠣ ᠨᡳᠣᠸᠠᠩᡤᡳᠶᠠᠨ᠈ ᡨᡠᡵᡤᡝᠨ ᠨᡳᠣᠸᠠᠩᡤᡳᠶᠠᠨ᠈ ᠨᡳᠣᡴᠣ ᠨᡳᠣᠸᠠᠩᡤᡳᠶᠠᠨ ᠪᠣᠴᠣ᠈ ᡠᡵᡠᡴᡳ ᠣ ᠴᠠᠯᠠᠨ

ᡝᠰᡝ ᡝᠰᡝ ᠰᠠᡥᠠᠯᡳᠶᠠᠨ ᠪᠣᠴᠣ ᡶᡠᠯᡤᡳᠶᠠᡴᡠᠨ᠈ ᠨᡳᠣᡵᡳᡥᡡ ᠣ ᡶᡠᠯᡤᡳᠶᠠᠨ ᠪᡝᠯᡝᠩ ᠨᡳᠣᡴᠣ ᠰᠣᡥᠣᠨ ᠰᠠᡥᠠᠯᡳᠶᠠᠨ ᡥᠠᡵᡤᠠᠨ ᡩᡝ᠈ ᡤᡝᠯᡝᡵᡝ ᠴᠠᠯᠠᠨ

ᠨᡳᠣᠸᠠᠩᡤᡳᠶᠠᠨ᠈ ᠰᡠᠸᠠᡳᠮᠪᡳ᠈ ᡥᠠᠴᡳᠨ ᠪᠣᠴᠣ᠈ ᠰᡠᠸᠠᠯᡳᠶᠠᠮᡝ ᠣ ᡶᡠᠰᡳᡥᡡᠨ ᡥᠠᡵᡤᠠᠨ ᡝᠰᡝ ᠰᡝᠮᠪᡝᠨ ᡥᠠᡵᡤᠠᠨ ᡩᡝ᠈ ᠪᡝᡩᡝᡵᡳ ᠴᠠᠯᠠᠨ ᡤᡳᠰᡠᠨ ᠪᠣᠴᠣ᠈ ᠠᠮᠪᠠᠯᠠᠮᡝ

ᠰᠠᡥᠠᠯᡳᠶᠠᠨ᠈ ᡤᡝᠯᡝᡵᡝᡴᡝ ᠨᡳᠣ ᠠᠯᠠᡳ ᡝᠰᡝ ᡝᠰᡝ ᡳᠰᡳᡥᠠ ᠨᡳᠣᠸᠠᠩᡤᡳᠶᠠᠨ ᡳᠴᡳ ᡴᡠᡵᡝᠨ ᠨᡳᠶᠠᠯᠮᠠ ᠪᠣᠴᠣ᠈ ᡝᠮᡝᠨ ᡥᠠᡵᡤᠠᠨ ᡩᡝ ᠪᡝᡵᡝᠮᠪᡳ

ᡳᠯᡝᡵᡤᡝᠮᡝ ᠪᠣᠴᠣ ᠨᡳᠣᠸᠠᠩᡤᡳᠶᠠᠨ ᡥᠠᡵᡤᠠᠨ ᡝᡵᡝᠨ ᠪᠣᠴᠣ ᠪᠣᠴᠣ ᡳᠯᡳ ᠰᠠᡥᠠᠯᡳᠶᠠᠮᠪᡳ ::

namu niowanggiyan yengguhe.

namu niowanggiyan yengguhe i yasai faha sahaliyan, šurdeme fulgiyan suwayan boco jursuleme kūwarahabi, humsun šanyan, engge suwayakan fulgiyan, beyei gubci niowari niowanggiyan boco, meiren niowari yacin, niongnio niowari yacin, hefeli i funggaha i da de fulgiyan boco somibuhabi. niongnio i hanci bisire bade emu farsi umesi fulgiyan funggaha bi, uncehen yacikan niowanggiyan, dube suwayan, uncehen i dalbai funggaha de sahaliyan funggaha bi, bethe yacikan fulenggi boco, ošoho sahaliyan. guwangdung ni ejetun de, ao men de namu yengguhe bi, niowanggiyan ningge nunggari fulgiyan boco, ini funggaha be isihiha dari niowanggiyan funggaha fulgiyan ome tuku doko gemu kūbulimbi sehebi.

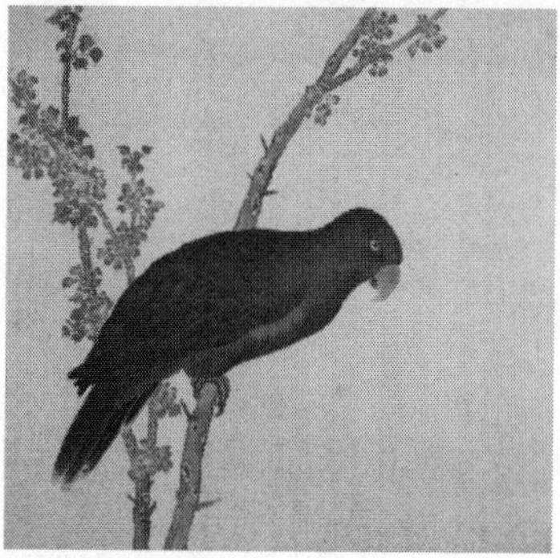

洋綠鸚鵡

洋綠鸚鵡，黑睛，紅黃重暈[116]，白瞼，金紅觜[117]，通身翠綠色，翠青肩，翠青翮，腹毛根隱紅色。近翮處有鮮紅毛一片，青綠尾，黃尖，尾旁毛帶黑，青灰足，黑爪。《粵志》云：澳門有洋鸚鵡，綠者內羢毛赤，每抖擻其羽綠者為赤，表裏俱變。

116 紅黃重暈，滿文讀作“šurdeme fulgiyan suwayan boco jursuleme kūwarahabi”，意即「周圍圈了雙層紅黃色」。

117 金紅觜，滿文讀作“engge suwayakan fulgiyan”，意即「微黃紅觜」。

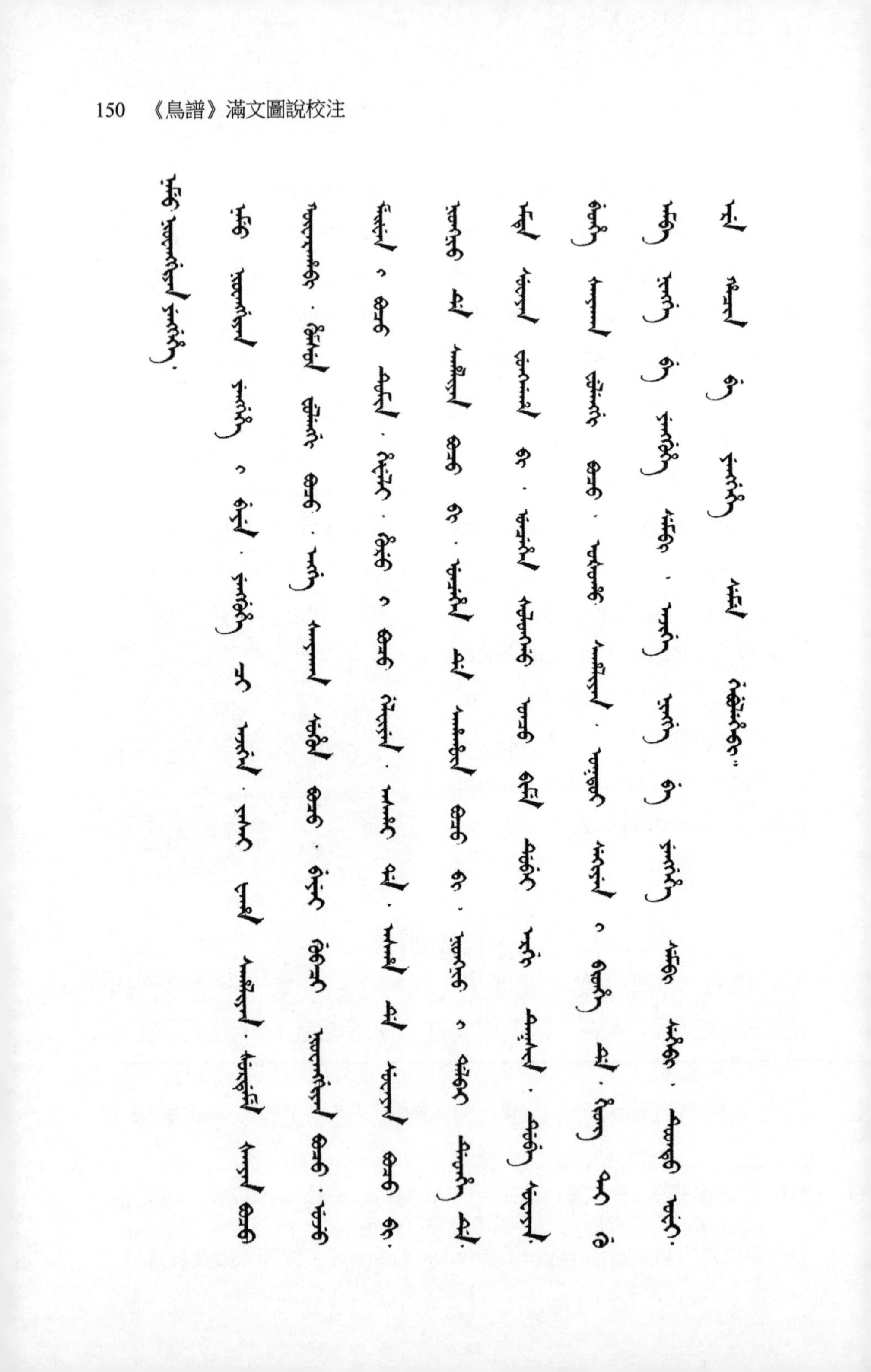

[illegible]

[illegible]

[illegible]

[illegible]

[illegible]

[illegible]

[illegible]

[illegible]

[illegible]

namu niowanggiyan yenggehe.

namu niowanggiyan yenggehe i beye, yengguhe ci ajigen, yasai faha sahaliyan, šurdeme šanyan boco kūwarahabi, humsun fulenggi boco, engge šanyakan suhun boco, beyei gubci niowanggiyan boco, uju, meifen i boco tumin, hefeli, huru i boco gelfiyen, ashai da, asha de suwayan boco bi, niongnio de sahaliyan boco bi, uncehen de sahahūn boco bi, niongnio i dalbai dethe de, emte suwayan funggaha bi, uncehen šolonggo onco bime dubei ergi teksin, dube suwayan, bethe šanyakan fulenggi boco, ošoho sahaliyan. oktoi sekiyen i bithe de, hiong tai gu amba ningge be yengguhe sembi, ajige ningge be yenggehe sembi sehebi. tuttu ofi, ere hacin be yenggehe seme gebulehebi.

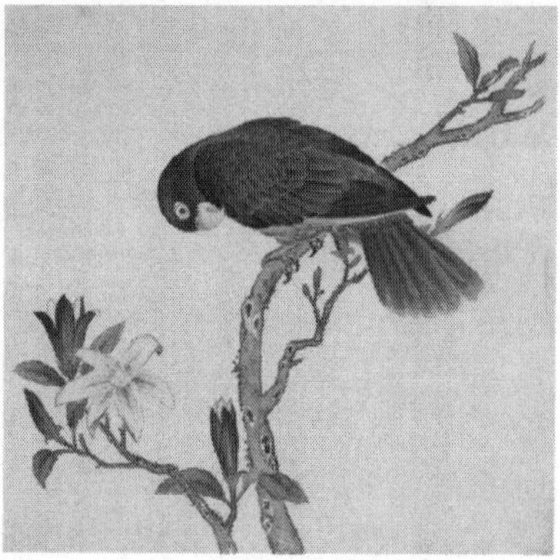

洋綠鸚哥

洋綠鸚哥，身小於鸚䳇，黑睛，白暈，灰臉，米白觜，通身綠色，頭、項色深，腹、背色淺，膊、翅帶黃，翮毛帶黑，尾毛帶蒼，翮之邊毛，各有一黃羽，尾開闊而下齊[118]，黃尖，灰白足，黑爪。《本草綱目》云：熊太古以大者為鸚䳇，小者為鸚哥。此種所以稱鸚哥也。

118 尾開闊而下齊，滿文讀作"uncehen šolonggo onco bime dubei ergi teksin"，意即「尾尖闊而末端齊」。

[illegible]

[illegible]

[illegible]

[illegible]

[illegible]

[illegible]

[illegible]

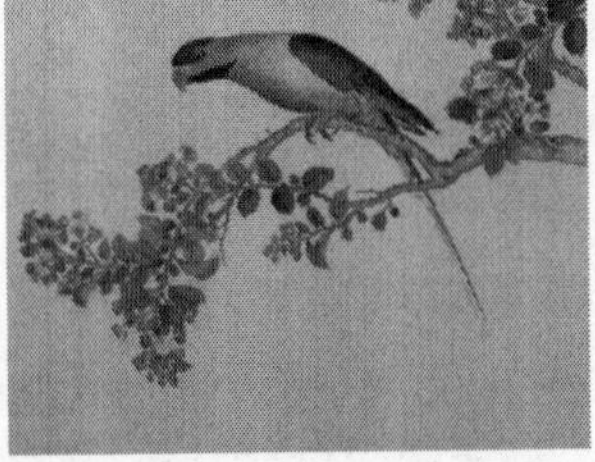

fulgiyan šakšahangga niowanggiyan yenggehe.

fulgiyan šakšahangga niowanggiyan yenggehe i yasai faha sahaliyan, yasai hūntahan suwayan, humsun niowanggiyan, engge suwayan, uju tumin niowanggiyan, juwe šakšaha ci ujui amargide isitala gemu umesi fulgiyan boco, sencehe i fejile tumin sahaliyan, meifen, huru, alajan, hefeli ci aname suwayan boco, niowanggiyan kuri bime šanyan funggaha suwaliyaganjahabi, ashai da, asha de tumin niowanggiyan boco bime fulhūkan〔fulahūkan〕suwayan alha bi, ashai da de yacikan niowari boco suwaliyaganjahabi, uncehen i funggala umesi narhūn, tuku ergi yacin, doko ergi šanyan, bethe sahahūkan šanyan, ošoho sahaliyan, ere hacin i yenggehe, geren yenggehe ci umesi ajigen.

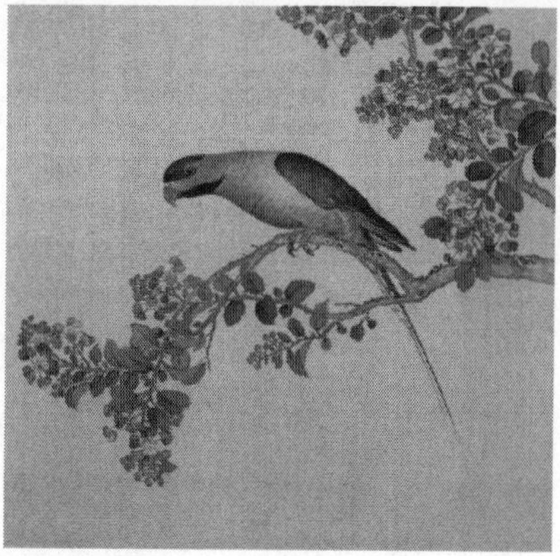

紅頰綠鸚哥

紅頰綠鸚哥，黑睛，黃眶，綠瞼，黃喙，深綠頂，兩頰至腦後俱鮮紅色，頷下深黑，項、背、臆、腹黃質，綠斑，間有白毛，膊、翅深綠色帶赭黃紋[119]，翅根間以青翠，尾翎甚細，外青裏白，蒼白足，黑爪，此種比諸鸚哥為最小[120]。

---

119 膊，滿文讀作“ashai da”，意即「翅根」。
120 此種，滿文讀作“ere hacin i yenggehe”，意即「此種鸚哥」。

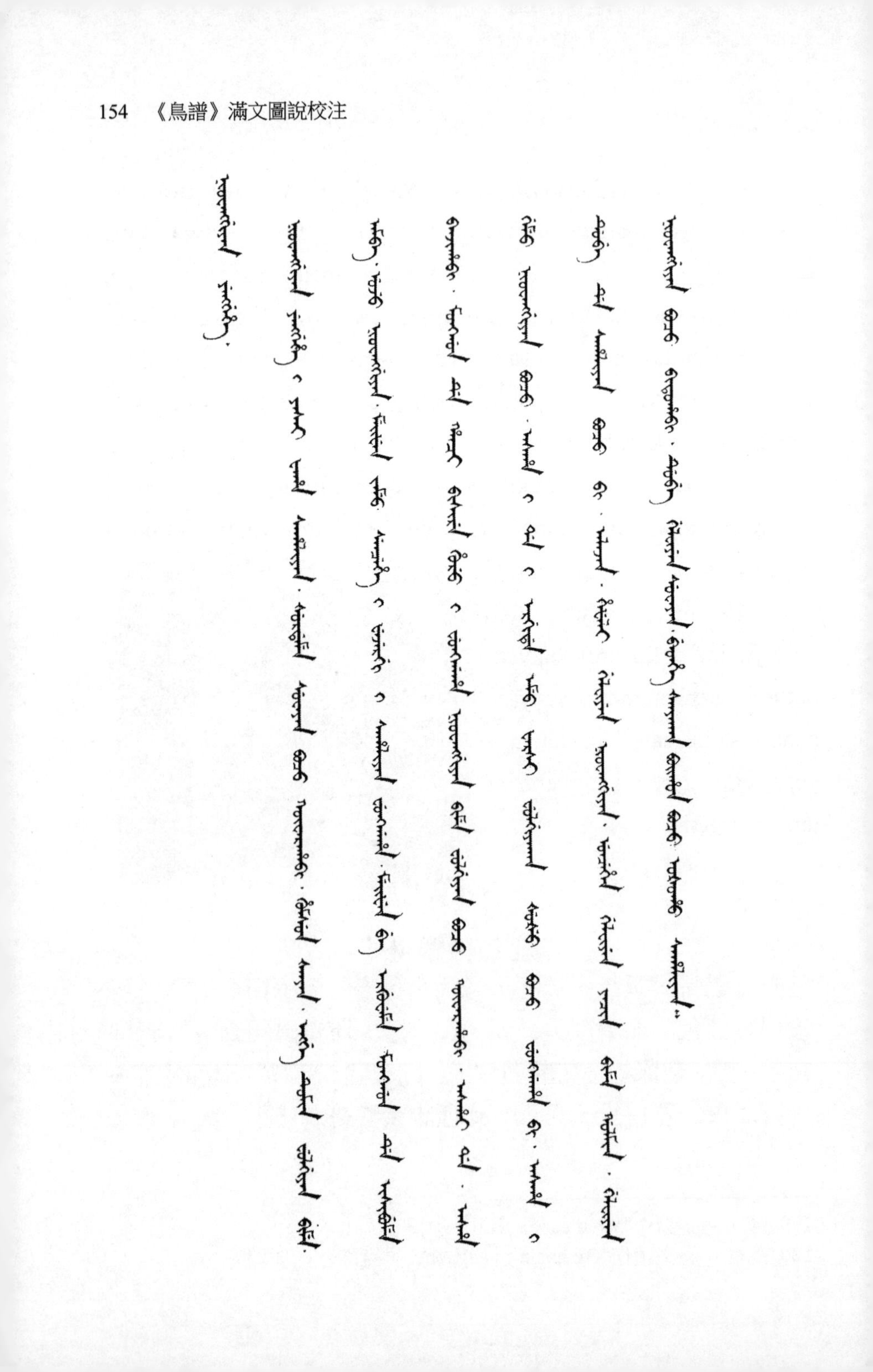

[illegible]

[illegible]

[illegible]

[illegible]

[illegible]

[illegible]

[illegible]

niowanggiyan yenggehe.

niowanggiyan yenggehe i yasai faha sahaliyan, šurdeme suwayan boco kūwarahabi, humsun šanyan, engge tumin fulgiyan bime amba, uju niowanggiyan, meifen jamu, sencehe i fejergi i sahaliyan funggaha, meifen be erguweme monggon de isibume banjihabi. monggon de hanci bisire huru i funggaha niowanggiyan bime fulgiyan boco kūwarahabi, ashai da, asha gemu niowanggiyan boco, asha i da i ergide emu farsi fulgiyakan šušu boco funggaha bi, asha i dube de sahaliyan boco bi, alajan, hefeli gelfiyen niowanggiyan, uncehen gelfiyen yacin bime golmin, gelfiyen niowanggiyan boco bituhabi, dube gelfiyen suwayan, bethe šanyakan boihon boco, ošoho sahaliyan.

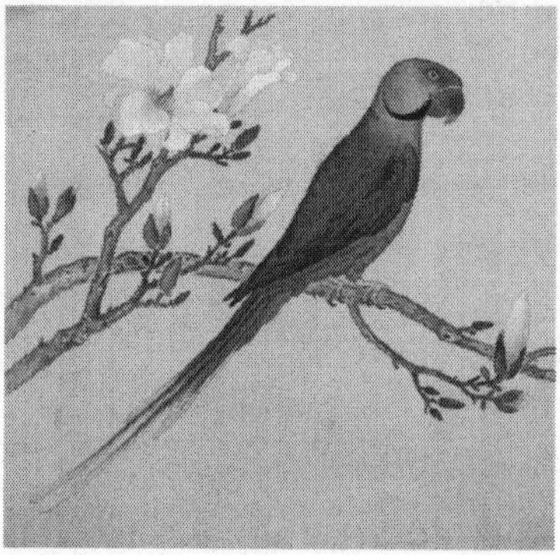

柳綠鸚哥

柳綠鸚哥，黑睛，黃暈[121]，白臉，殷紅巨觜[122]，柳綠頂，桃紅項，頷下黑毛環頸及項而止，近項、背毛綠質紅暈，膊、翅俱作柳綠色，膊上有紫紅毛一片，翅尖帶黑，嫩綠臆、腹，縹青長尾，淡綠緣，淡黃尖，土白足，黑爪。

---

121 黃暈，滿文讀作“šurdeme suwayan boco kūwarahabi”，意即「周圍圈了黃色」。

122 殷紅，滿文讀作“tumin fulgiyan”，意即「深紅」。

ᠶᡝᠩᡤᡝ ᠰᡝᡵᡝ ᠶᠠᠪᡠᡵᡝᠩᡤᡝ᠉

ᠪᡝᠶᡝ ᡨᡠᠸᠠᡵᠠ ᠪᠣᠴᠣ ᠪᡳ᠈ ᡤᡠᠯᡠ ᠰᠠᡥᠠᠯᡳᠶᠠᠨ ᠪᠣᠴᠣ᠈

ᠪᡝᡨᡥᡝ ᠨᡳᠩᡤᡠ᠈ ᡶᡠᠯᡤᡳᠶᠠᠨ ᠰᠠᡥᠠᡵᡳ ᠶᠠᠴᡳᠨ ᠪᠣᠴᠣ ᠰᠠᡥᠠᡵᡳ᠈ ᡤᡠᠯᡠ ᠰᠠᡥᠠᡵᡳ ᠪᠣᠴᠣ

ᠰᠠᡥᠠᡵᡳ᠈ ᠶᠠᠴᡳᠨ ᡨᡠᠩᡤᡝᠨ ᡳ ᡶᡳᠨ ᡳ ᡶᡠᠩᡤᠠᡥᠠ ᠪᠣᠴᠣ ᠰᠠᡥᠠᡵᡳ ᠶᠠᠴᡳᠨ ᡶᡠᠩᡤᠠᡥᠠ᠈ ᡶᡳᠨ ᡳ ᡨᡠᠩᡤᡝᠨ ᡳ ᠪᠣᠴᠣ

suhuken bocoi nunggari amba šanyan yengguhe.

amba šanyan yengguhe, emu hacin, yasai faha sahaliyan, humsun šanyan, engge sahaliyakan fulenggi boco, ujui ninggu i šanyan funggaha i dorgi suhuken fulgiyan boco somibuhabi, suksureke manggi, ini funggaha i da i suhuken boco yooni serebumbi, beyei gubci funggaha i boco gemu erei adali, uncehen teksin onco bime šanyan, doko ergi i funggaha sohon boco bime fulgiyan boco bi, bethe sahaliyakan fulenggi boco, ošoho sahaliyan, beye amba, jilgan inu den urkingga.

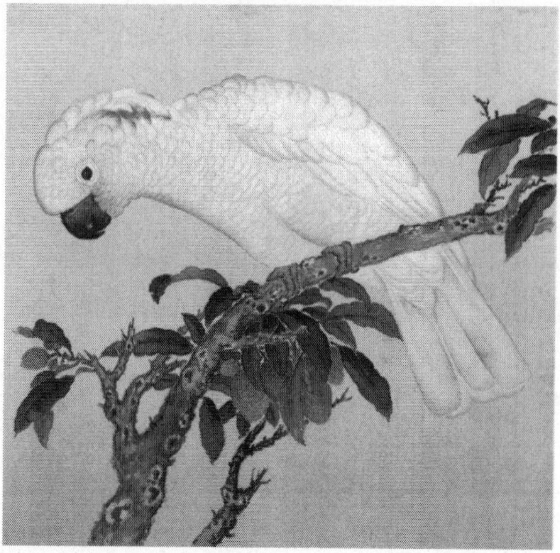

牙色裏毛大白鸚鵡

大白鸚鵡一種，黑睛，白臉，灰黑觜，頭頂白毛中隱牙紅色，聳起時，則牙色根盡見[123]，通身毛色皆然，齊闊白尾，裏毛葵黃帶紅色，灰黑足，黑爪，身大，聲亦雄壯。

123 牙色根盡見，滿文讀作"ini funggaha i da i suhuken boco yooni serebumbi"，意即「其毛根之牙色盡見」。

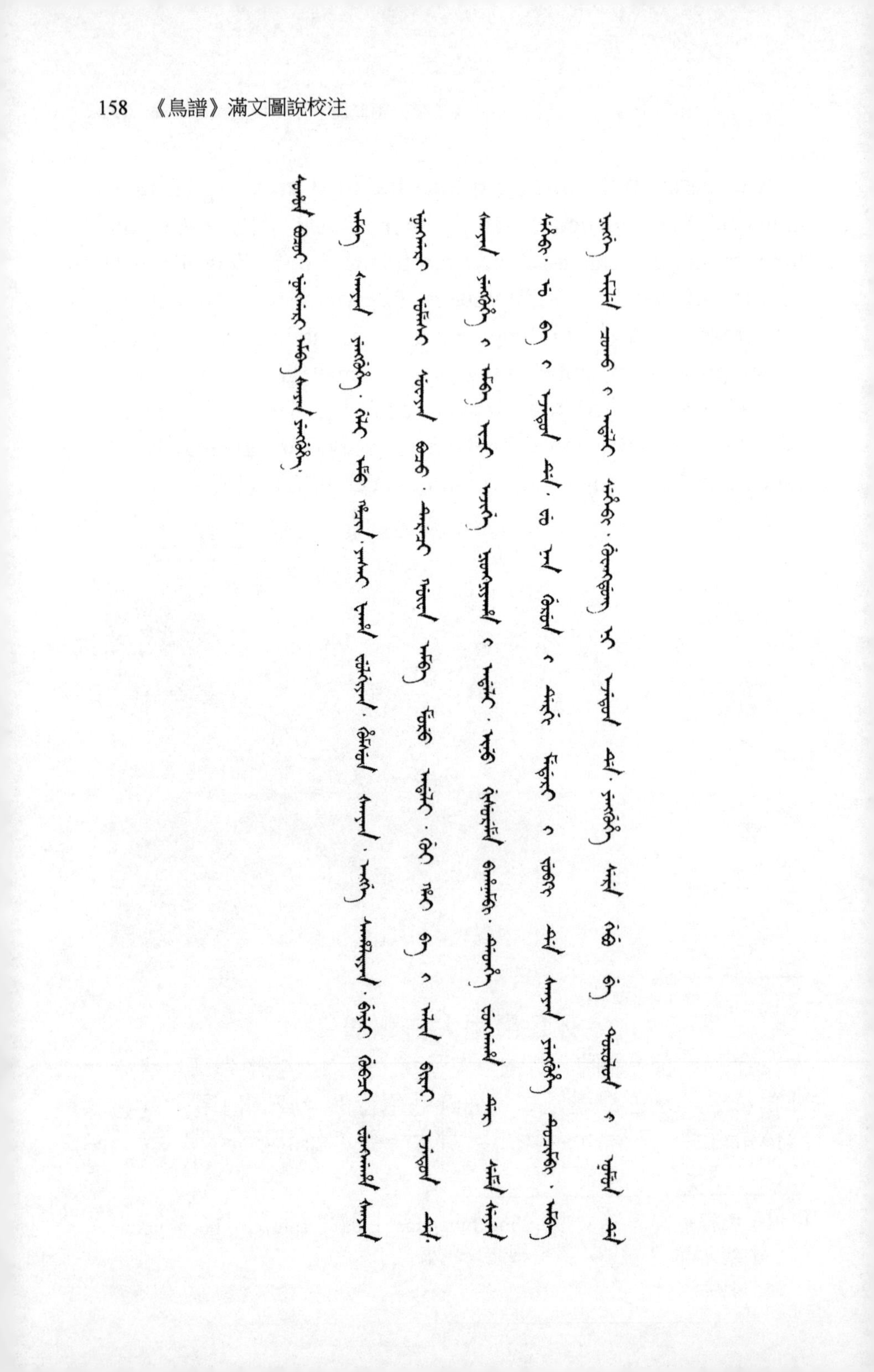

[illegible]

[illegible]

[illegible]

[illegible]

[illegible]

[illegible]

sohon bocoi nunggari amba šanyan yengguhe.

amba šanyan yengguhe, geli emu hacin, yasai faha fulgiyan, humsun šanyan, engge sahaliyan, beyei gubci funggaha šanyan, nunggari umesi suwayan boco, tereci gūwa amba muru adali. gui hai ba i alin birai ejetun de, šanyan yengguhe i amba ici ajige niongniyaha i adali, inu gisureme bahanambi, dethe funggaha der seme šeyen sehebi. u ba i ejetun de, fu nan gurun i dergi mederi i jubki de šanyan yengguhe tucimbi, amba ningge emile coko i adali sehebi. guwangdung ni ejetun de, yengguhe sere gebu be dorolon i nomun de

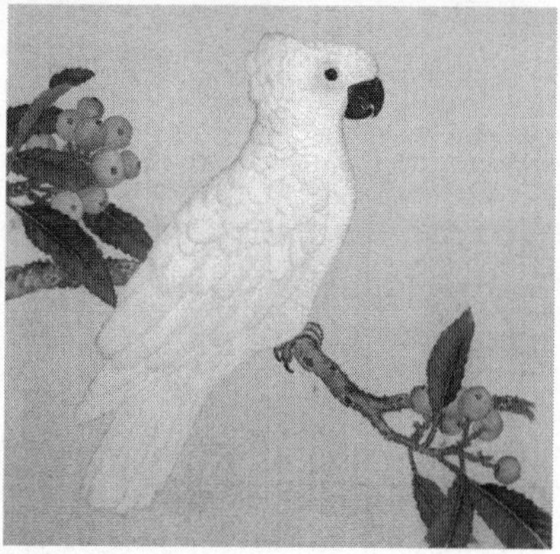

葵黃裏毛大白鸚䳇

大白鸚䳇又一種，赤睛，白瞼，黑觜，通身白毛，鵞黃色裏[124]，其餘略同。《桂海虞衡志》云：白鸚䳇大如小鵞，亦能言，羽毛玉雪[125]。《吳志》云：扶南東海中有洲，出白鸚䳇，大者如母雞。《粵志》云：鸚䳇之名見于《禮記》，

124 鵞黃，幼鵝毛色黃嫩，故以喻嬌嫩淡黃之物。鵞黃，滿文讀作“umesi suwayan boco”，意即「全然黃色」，或作「純黃色」、「鮮黃色」。

125 玉雪，滿文讀作“der seme šeyen”，意即「皓皓之白」，或作「雪白」。

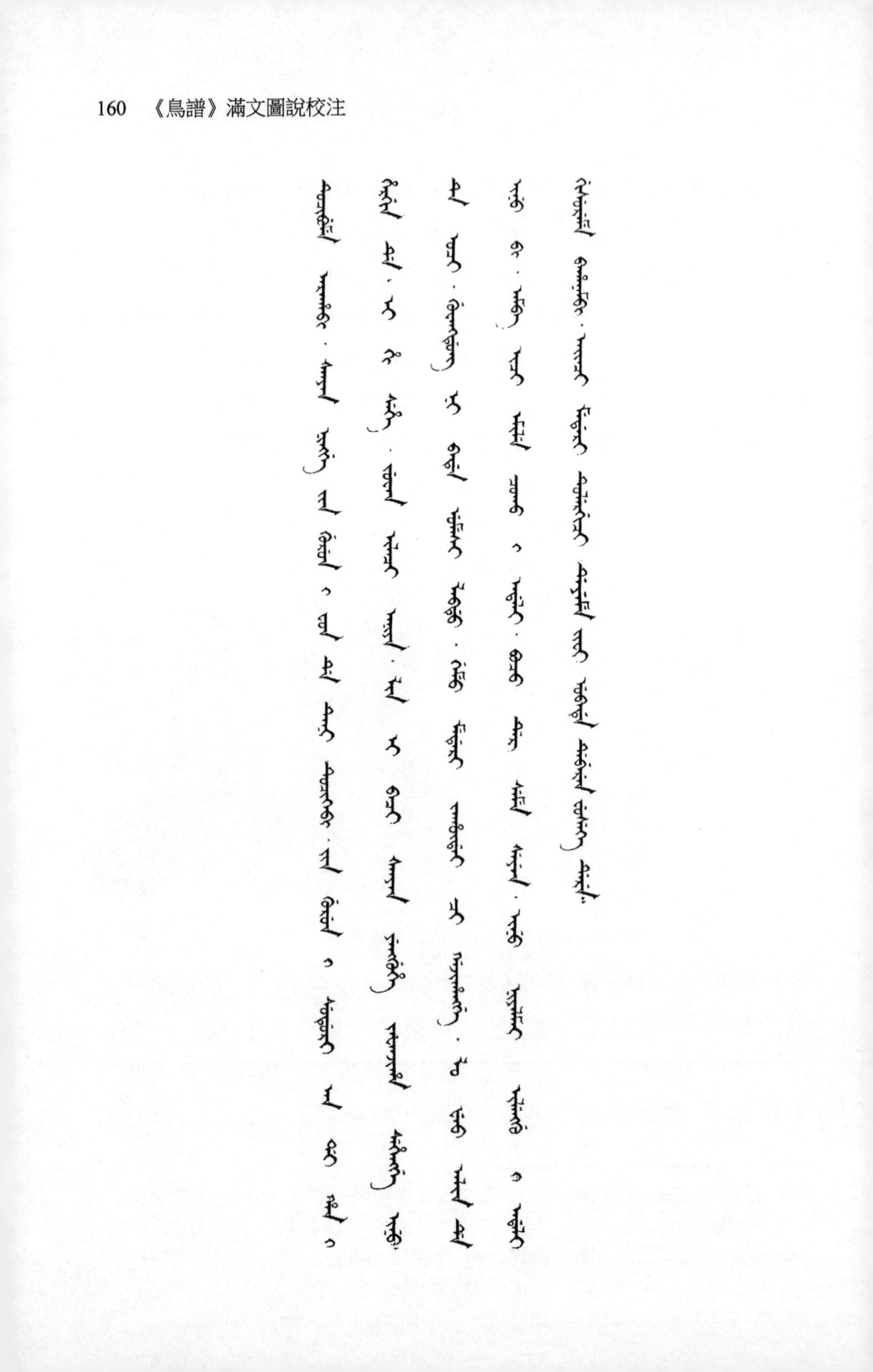

[illegible]

[illegible]

[illegible]

[illegible]

[illegible]

tucibume arahabi. šanyan ningge jin gurun i fon de teni tucikebi. jin gurun i suduri an di han i hergin de, i hi sehe, juwan ilaci aniya, lin i baci šanyan yengguhe jafanjiha sehengge inu. te oci, guwangdung ni bade umesi labdu, gemu mederi jahūdai ci gajihangge, lo feo alin de inu bi, amba ici emile coko i adali, boco der seme šeyen, inu niyalmai ilenggu i adali gisureme bahanambi, ainci mederi tulergici deyeme jifi ubade deberen fuseke dere.

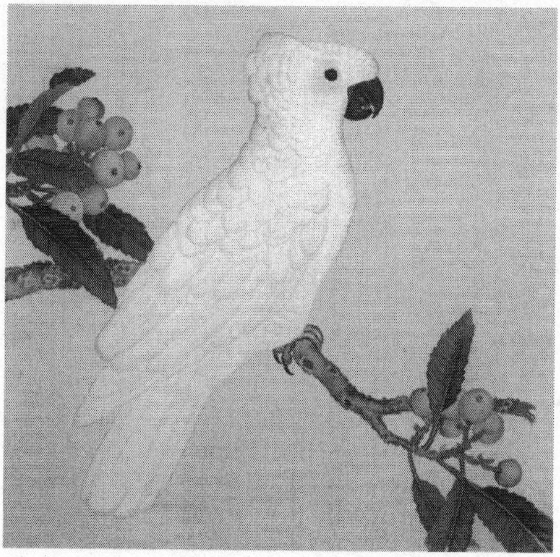

其白者自晉始有。《晉書・安帝紀》：義熙十三年，林邑獻白鸚鵡是也。今則粵中甚多，皆從海舶來者，而羅浮山亦有之，大如母雞，色玉雪，亦人舌能言[126]，意從海外飛至[127]，遺種于此也。

---

126 亦人舌能言，滿文讀作“inu niyalma ilenggu i adali gisureme bahanambi”，意即「亦如人舌能言」。

127 意從海外飛至，句中「意」，滿文讀作“ainci”，意即「蓋」，或作「或許」，此「意」，當作「蓋」。

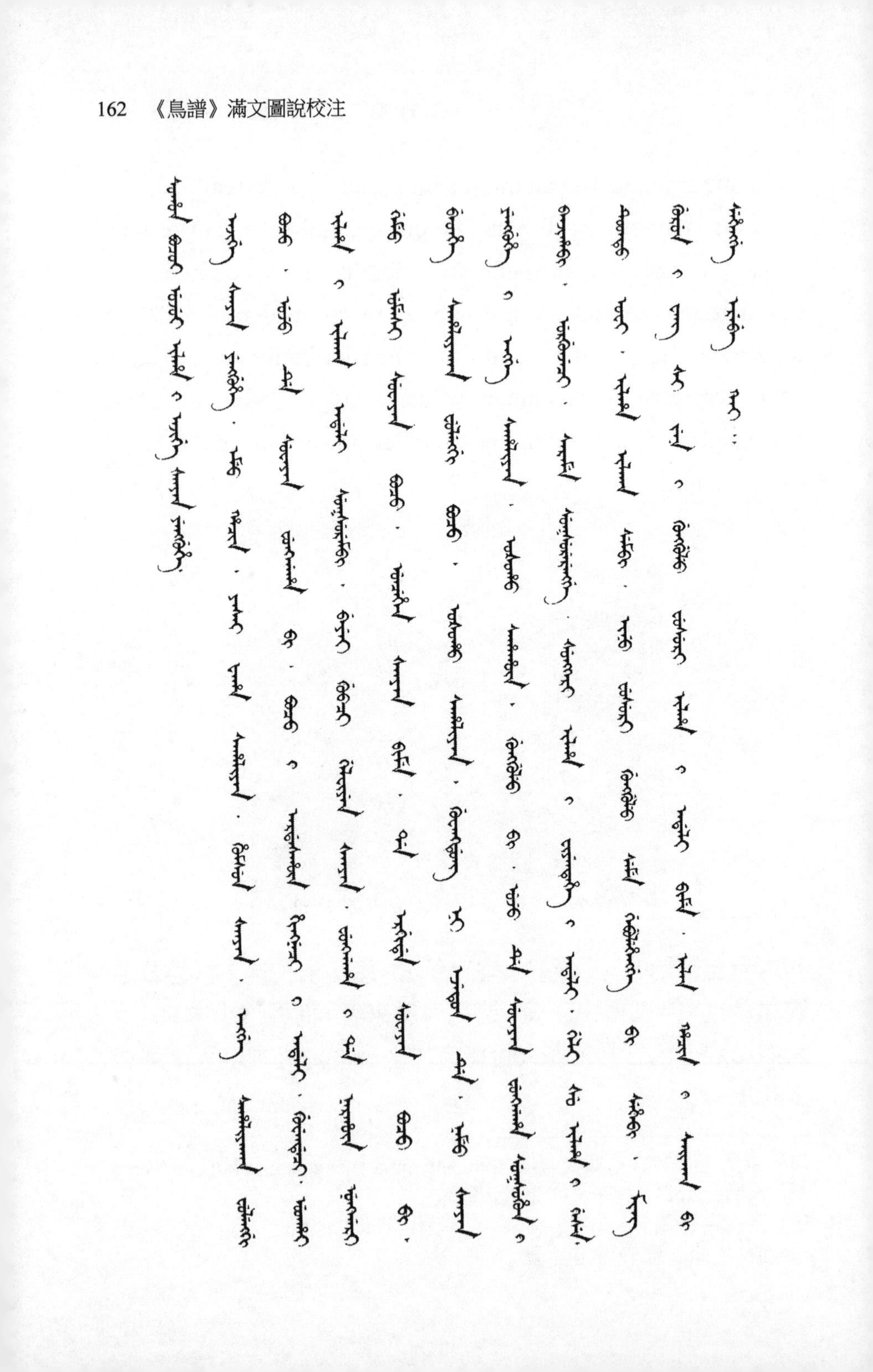

[illegible]

sohon bocoi ujui ilha i ajige šanyan yengguhe.

ajige šanyan yengguhe, emu hacin, yasai faha sahaliyan, humsun šanyan, engge sahaliyakan fulenggi boco, uju de suwayan funggaha bi, boco i ardashūn hingneci i adali guwendeci, uthai ilha i ilaka adali suksurembi. beyei gubci gelfiyen šanyan, funggaha i da narhūn nunggari gemu umesi suwayan boco, uncehen šanyan bime, da ergide suwayan boco bi, bethe sahaliyakan fulenggi boco, ošoho sahaliyan. guwangdung ni ejetun de, namu šanyan yengguhe i engge sahaliyan, ošoho sahahūn, gunggulu bi, uju de suwayan funggaha suksuhun i banjihabi, urgunjeci, sarame suksurerengge, šungkeri ilha i fiyentehe i adali, geli šu ilha i gese, tuttu ofi, ilha ilaka sembi. inu fusuri gunggulu seme gebulehengge bi sehebi. ming gurun i wang ši jen̲ i gunggulu fusuri ilha i adali bime, ilan hacin i saikan bi sehengge erebe kai.

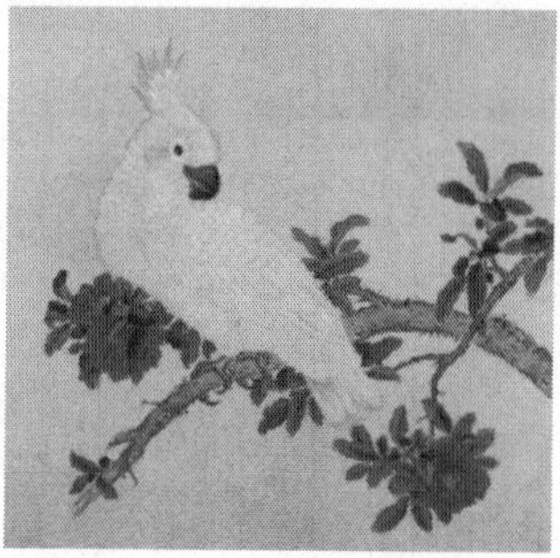

葵黃頂花小白鸚鵡

小白鸚鵡一種，黑睛，白臉，灰黑觜，頂有黃羽，色嬌如葵，鳴則張聳如花開狀。通身粉白，毛根細毳，俱作鵞黃，白尾根色帶黃，灰黑足，黑爪。《粵志》云：洋白鸚鵡，黑觜烏爪，鳳頭，頂有黃毛上聳，喜則披敷，狀若蘭花瓣，又若芙渠[128]，名開花，亦名芙蓉冠。明王世貞所謂冠擬蓉而三秀也。

128 芙渠，滿文讀作“šu ilha”，意即「荷花」，或「蓮花」，又作「水芙蓉」。

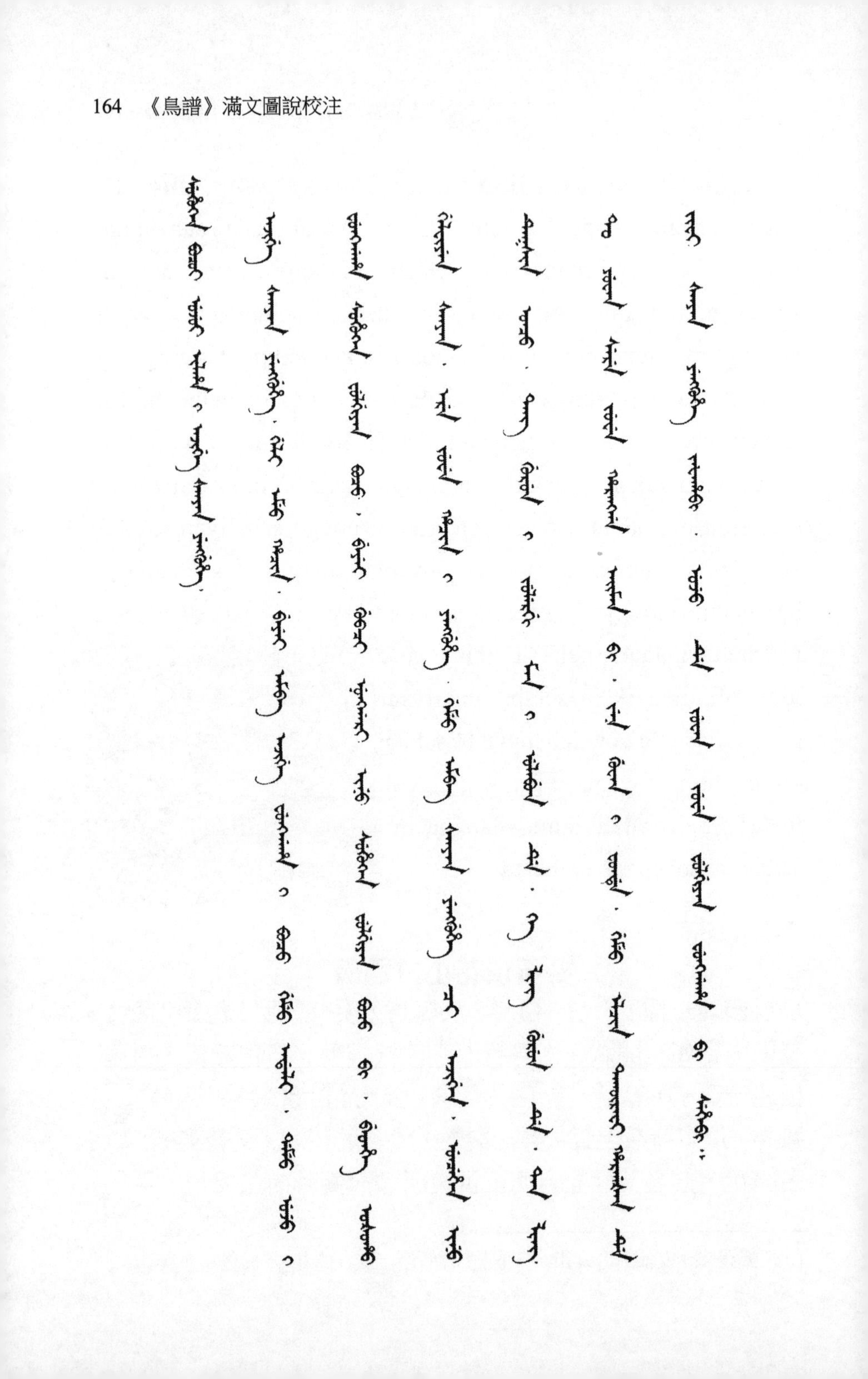

[illegible]

suhuken bocoi ujui ilha i ajige šanyan yengguhe.

ajige šanyan yengguhe, geli emu hacin, beyei amba ajige funggaha i boco gemu adali, damu uju i funggaha suhuken fulgiyan boco, beyei gubci nunggari inu suhuken fulgiyan boco bi, bethe ošoho gelfiyen šanyan, ere juwe hacin i yengguhe, gemu amba šanyan yengguhe ci ajigen, uncehen inu teksin onco. tang gurun i julergi man i ulabun de, ke ling gurun de, tan ling, to yuwan sere juwe harangga aiman bi, jen̲ guwan i fonde, gemu elcin takūrafi hargašan de jifi šanyan yengguhe jafahabi, uju de juwan juwe fulgiyan funggaha bi sehebi.

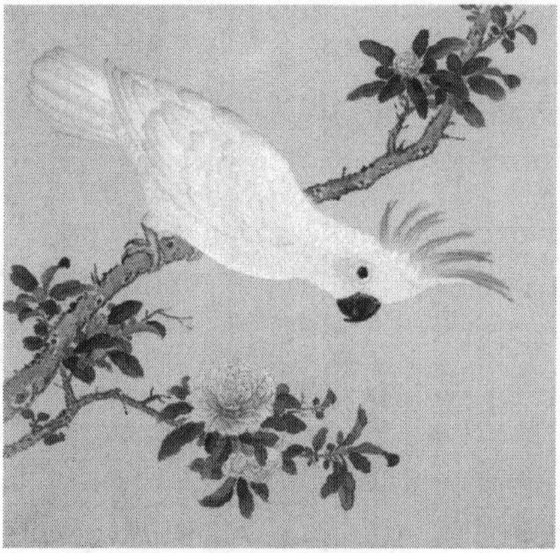

牙色頂花小白鸚鵡

小白鸚鵡又一種，大小毛色相同[129]，惟頂毛作牙紅色，通身裏毛，亦帶牙紅，粉白足、爪，二種皆小於大者[130]，尾亦齊闊。《唐書・南蠻傳》云：訶陵有二屬國，曰曇陵、陀洹。貞觀時，並遣使入朝，獻白鸚鵡，首有十二紅毛。

129 大小毛色相同，滿文讀作"beyei amba ajige funggaha i boco gemu adali"，意即「身體大小毛色皆相同」。

130 二種皆小於大者，滿文讀作"ere juwe hacin i yengguhe gemu amba šanyan yengguhe ci ajigen"，意即「此二種鸚鵡皆小於大白鸚鵡」。

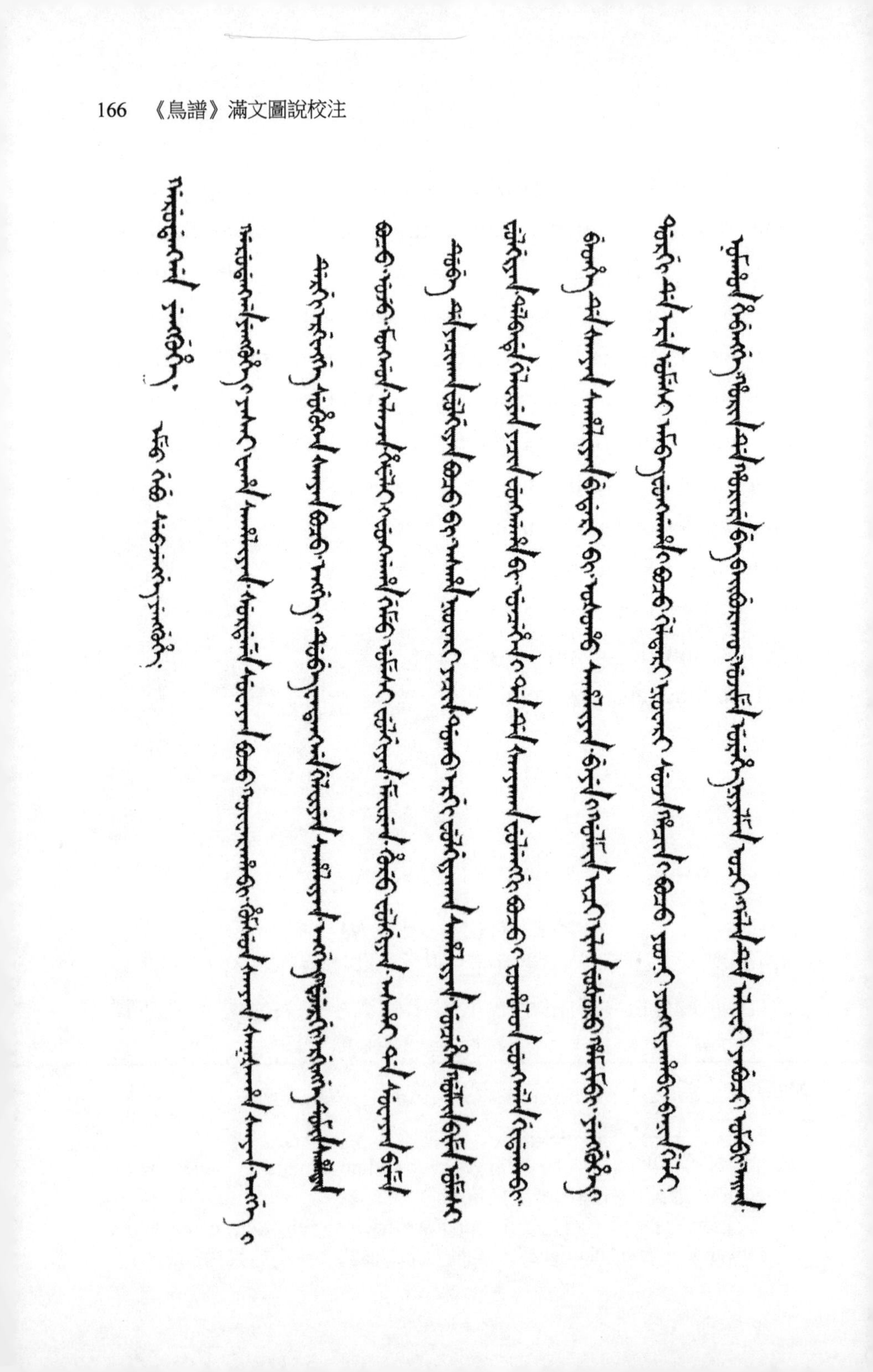

garudangga yengguhe, emu gebu sebjengge yengguhe.

garudangga yengguhe i yasai faha sahaliyan, šurdeme suwayan boco kūwarahabi, humsun šanyan, šakšaha šanyan, engge i dergi ergingge suhuken šanyan boco, engge i dube watangga gelfiyen sahaliyan, engge i fejergi ergingge tumin sahaliyan boco, uju, monggon, alajan, hefeli i funggaha gemu umesi fulgiyan, meiren, huru fulgiyan, ashai da suwayan bime, dube de yacikan fulgiyan boco bi, asha niowari yacin, doko ergi fulgiyakan sahaliyan, uncehen golmin bime umesi fulgiyan, dalbade gelfiyen yacin funggaha bi, uncehen i da de šanyakan fulenggi boco i foholon funggala gidahabi, bethe de šanyan sahaliyan bederi bi, ošoho sahaliyan, beye i golmin ici ilan jušuru hamimbi, yengguhe i dorgi de ere umesi amba, funggaha i boco giltari niowari sunja hacin i boco yooni yongkiyahabi, banin geli nomhon hebengge, horin de horire be baiburakū, ujime urehe niyalma oci, gala de alifi yabuci ombi, aika

---

鳳凰鸚鵡，一名時樂鳥

鳳凰鸚鵡，黑睛，黃暈，白臉，白頰，上咮牙白色，淺黑勾；下咮深黑色，頭、項、臆、腹俱鮮紅毛，紅肩、背，黃膊帶青紅尖，翠青翅，赤黑裏，鮮紅長尾[131]，旁有縹青毛[132]，尾根有短灰白翎覆之，白黑斑足，黑爪，其身長幾三尺，於鸚鵡之中特為雄大，毛色煥爛，五采畢備，性又馴擾，不用羈籠，素養飼者臂擎而行，

---

131 鮮紅長尾，滿文讀作“uncehen golmin bime umesi fulgiyan”，意即「尾長而鮮紅」。

132 縹青毛，滿文讀作“gelfiyen yacin funggaha”，意即「淺青毛」。

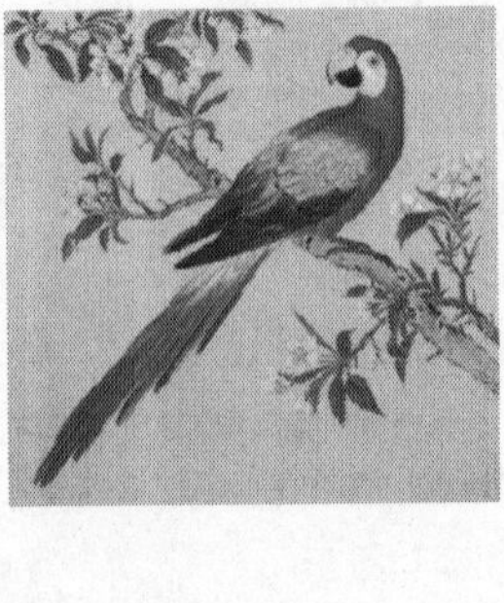

gūwa niyalma gala de hanci nikeneci, uthai kiyar kir seme congkimbi. tang gurun i jang yuwei i irgebuhe irgebun de, arbun dursun be tuwaci, baibi yengguhe i adali, oori simen be kimcici, yargiyan i garudai i gese sehebi. ere gasha de yala garudai i gebu be nikebuci ombikai. io yang ba i hacingga ejetun de, k'ai yuwan i fonde, sunja boconggo yengguhe bi, gisureme bahanambi, han hashū ici ergi urse be, han i etuku be cendeme tatabure de, ere gasha uthai morohon i tuwame esukiyeme guwendembihe, ki wang ni yamun i bithei hafan neng yan ging yengguhe be irgebuhe fiyelen alibufi, ere baita be maktahabi. ede jang yuwei sebjengge yengguhe i irgebun be wesimbuhe, terei šutucin i gisun, hujufi tuwaci, abkai kesi isibume ferguwecuke sabingga yengguhe, jai neng yan ging ni araha irgebun be tucibufi geren ambasa de tuwabuha, amban bi tuwaci, julergi mederi i encu hacin i jakai ejetun de, sebjengge yengguhe gasha guwendehebi sehebi. geli abkai fejergi taifin necin doro bici tucinjimbi seme arahabi, terei

---

若餘人至手近之輒嗔啄。唐張說《詩》云：形貌乍同鸚鵡類，精神別稟鳳凰心。此鳥真足當鳳凰之名矣。《酉陽雜俎》云：開元中有五彩鸚鵡能言，上令左右試牽帝衣，鳥輒嗔目叱咤，岐府文學能延京獻〈鸚鵡篇〉[133]，以贊其事。張說獻〈時樂鳥篇〉，其序云：伏見天恩，以靈異鸚鵡及能延京所述篇出示朝列。臣按：《南海異物志》有時樂鳥鳴，云太平天下有道則見。

---

133 岐府文學，滿文讀作“ki wang ni yamun i bithei hafan”，意即「岐王衙門之文官」。

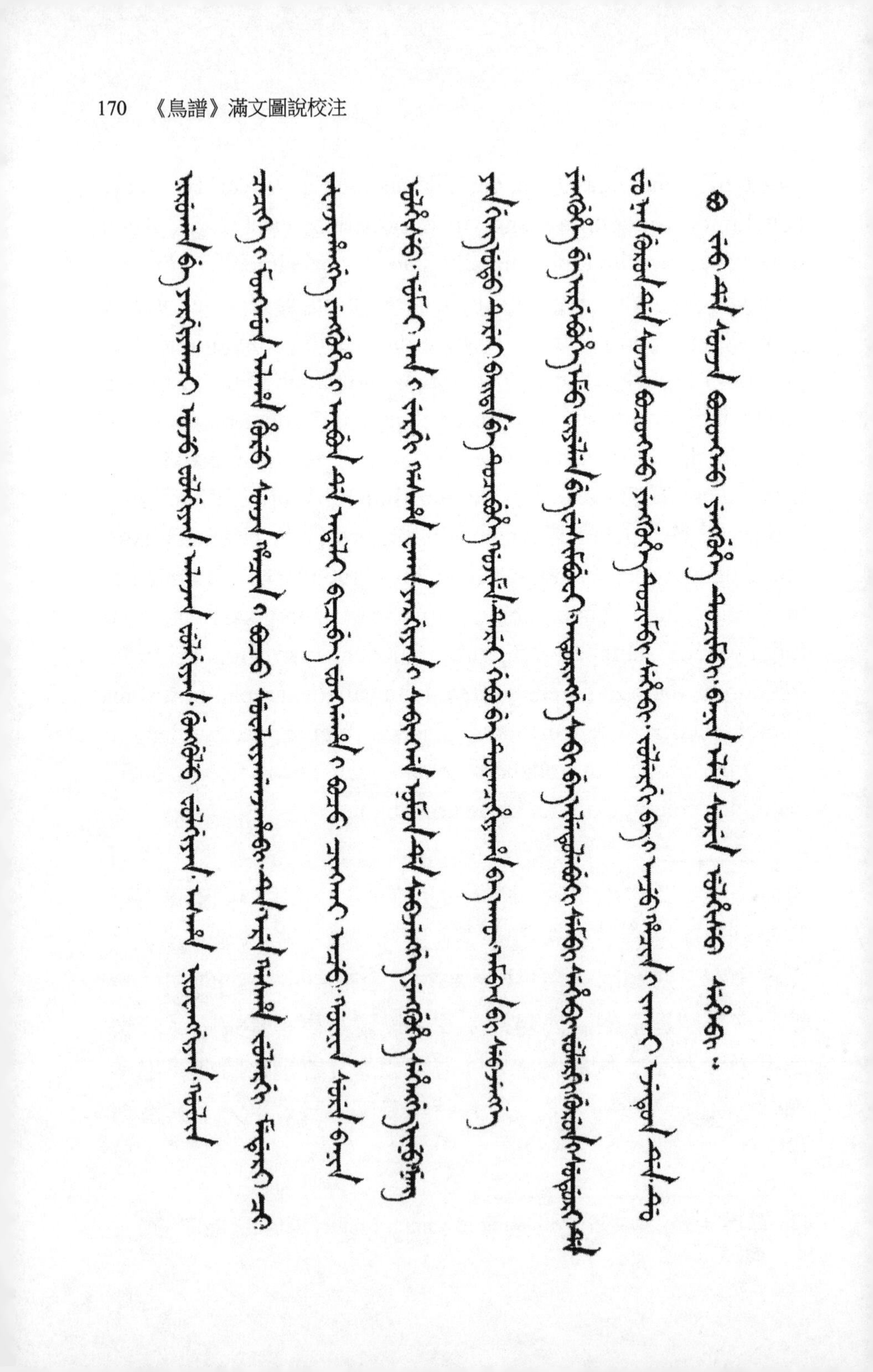

[illegible]

[illegible]

[illegible]

[illegible]

[illegible]

[illegible]

[illegible]

[illegible]

nirugan be yargiyalaci uju fulgiyan, alajan fulgiyan, gunggulu fulgiyan, asha niowanggiyan, gūlin cecike i monggon alha, huru sunja hacin i boco suwaliyaganjahabi. te, ere gasha julergi mederi ci jafanjihangge yengguhe i arbun de adali bicibe, funggaha i boco cingkai encu, gūnin sure, banin ulhisu, umai an i jergi gasha waka, yargiyan i sabingga nomun de sebjengge yengguhe sehengge inu. neng yan ging udu terei baita be tucibuhe gojime, terei gebu be tuwancihiyaha ba akū, amban bi sebjengge yengguhe be irgebuhe emu fiyelen be wesimbufi, enduringge sabi be iletulebuki sembi sehebi. julergi gurun i suduri de, fu nan gurun de sunja boconggo yengguhe tucimbi sehebi. julergi ba i encu hacin i jakai ejetun de, du bo jeo de sunja boconggo yengguhe tucimbi, banin ele sure ulhisu sehebi.

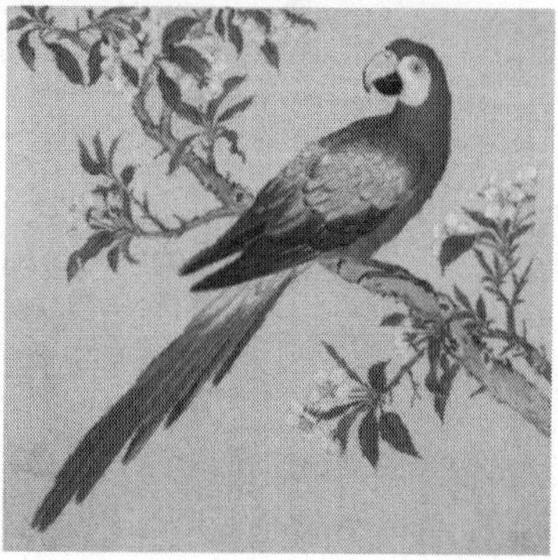

驗其圖丹首紅臆，朱冠綠翼，鶯領文背糅以五色[134]。今此鳥本南海貢來，與鸚鵡狀同，而毛彩全異，其心聰性辨，固非凡禽，實《瑞經》所謂時樂鳥。延京雖敘其事，未正其名。臣竊獻〈時樂鳥〉一篇，以彰聖瑞。《南史》云：扶南國出五色鸚鵡。《南州異物志》云：杜薄州出五色鸚鵡，性尤慧解。

---

134 鶯領文，滿文讀作“gūlin cecike i monggon alha”，意即「黃鸝之項有花紋」，此「領」，當作「項」。

[illegible] ᠪᠣᠴᠣ · [illegible]

ᡠᠵᡠ [illegible] ᠪᠣᠴᠣ · [illegible]

[illegible] ᠪᠣᠴᠣ · [illegible]

[illegible] ᡠᠨᠴᡝᡥᡝᠨ [illegible] ᠪᠣᠴᠣ · [illegible] ᠪᠣᠴᠣ ·

[illegible] ᡠᠨᠴᡝᡥᡝᠨ [illegible]

aisin ujungga yengguhe.

aisin ujungga yengguhe i yasai faha sahaliyan, šurdeme suwayan boco kūwarahabi, humsun šanyakan suhun boco, engge šanyakan suhun boco, uju umesi suwayan, meifen ci huru, ashai da de isitala gemu niowanggiyan boco, meiren fulgiyan bime asha i da i šurdeme suwayan funggaha bi, niongnio i da fulgiyan, dube yacin, uncehen i funggala, fulgiyan, suwayan, yacin, niowanggiyan i jergi duin hacin i boco yongkiyahabi,

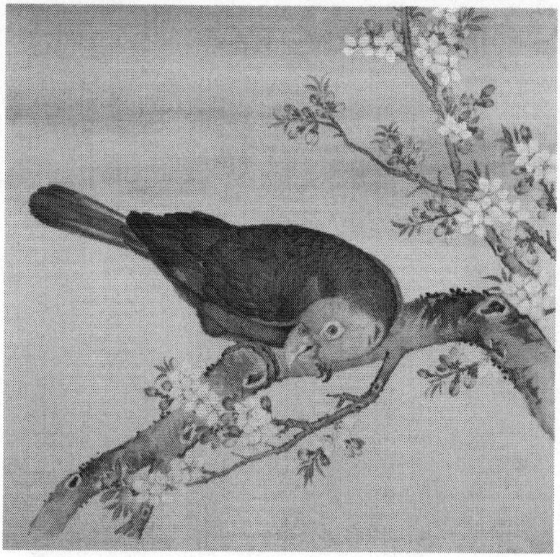

金頭鸚鵡

金頭鸚鵡，黑睛，黃暈[135]，米白臉，米白觜，頭頂菊黃色[136]，項至背、膊俱綠，紅肩緣膊有黃毛[137]，翮毛紅根，青尖，尾毛具紅黃青綠四色，

135 黃暈，滿文讀作"šurdeme suwayan boco kūwarahabi"，意即「周圍圈了黃色」。

136 菊黃色，滿文讀作"umesi suwayan "，意即「鮮黃」，或「純黃」。

137 紅肩緣膊有黃毛，滿文讀作"meiren fulgiyan bime asha i da i šurdeme suwayan funggaha bi"，意即「肩紅而環繞翅根周圍有黃毛」。

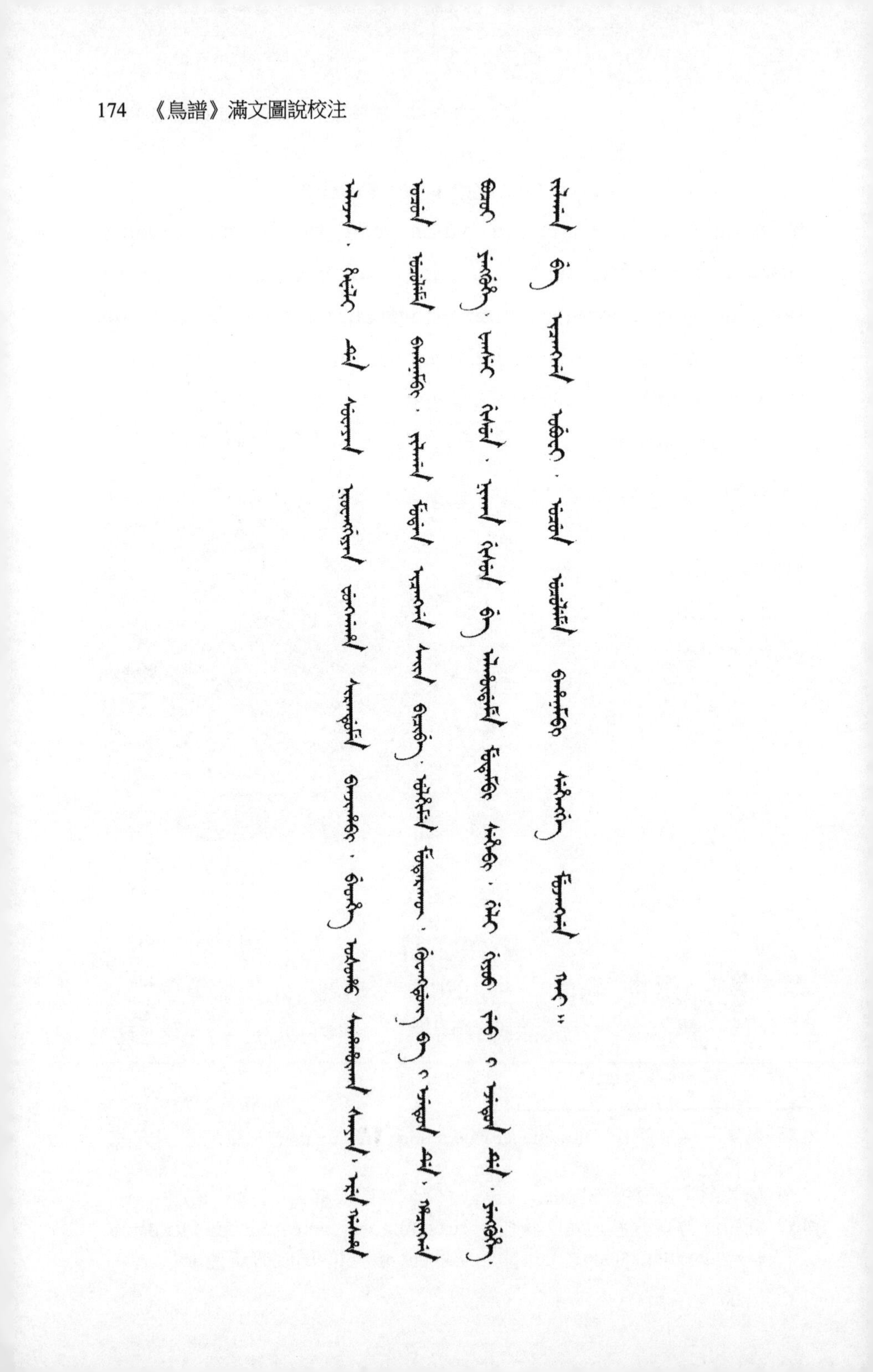

[illegible]

[illegible]

[illegible]

[illegible]

alajan, hefeli de suwayan niowanggiyan funggaha sirandume banjihabi, bethe ošoho sahahūkan šanyan, ere gasha ucun uculeme bahanambi, jilgan mudan icangga sain bicibe, ulhime muterakū. guwangdung ba i ejetun de, hacingga bocoi yengguhe, fansei gisun, nikan gisun be alhūdame mutembi sehebi. geli giyoo jeo i ejetun de, yengguhe, jilgan be icangga obufi, ucun uculeme bahanambi sehengge mujangga kai.

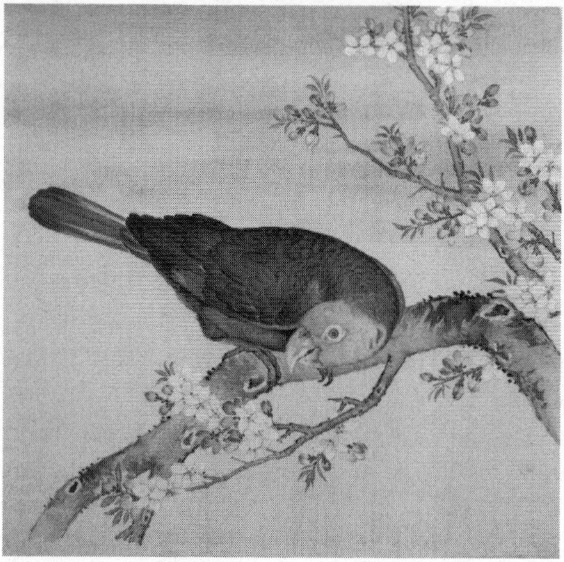

臆、腹黃綠相次[138]，蒼白足、爪，此鳥能歌曲，音宛轉而不可辨。《粵志》云：裸色鸚鵡，能番漢語[139]。又《交州志》云：鸚鵡能婉聲歌曲。信有之也。

138 黃綠相次，滿文讀作"suwayan niowanggiyan funggaha sirandume banjihabi"，意即「黃綠毛相連而生」。

139 能番漢語，滿文讀作"fansei gisun, nikan gisun be alhūdame mutembi"，意即「能仿效番語、漢語」。

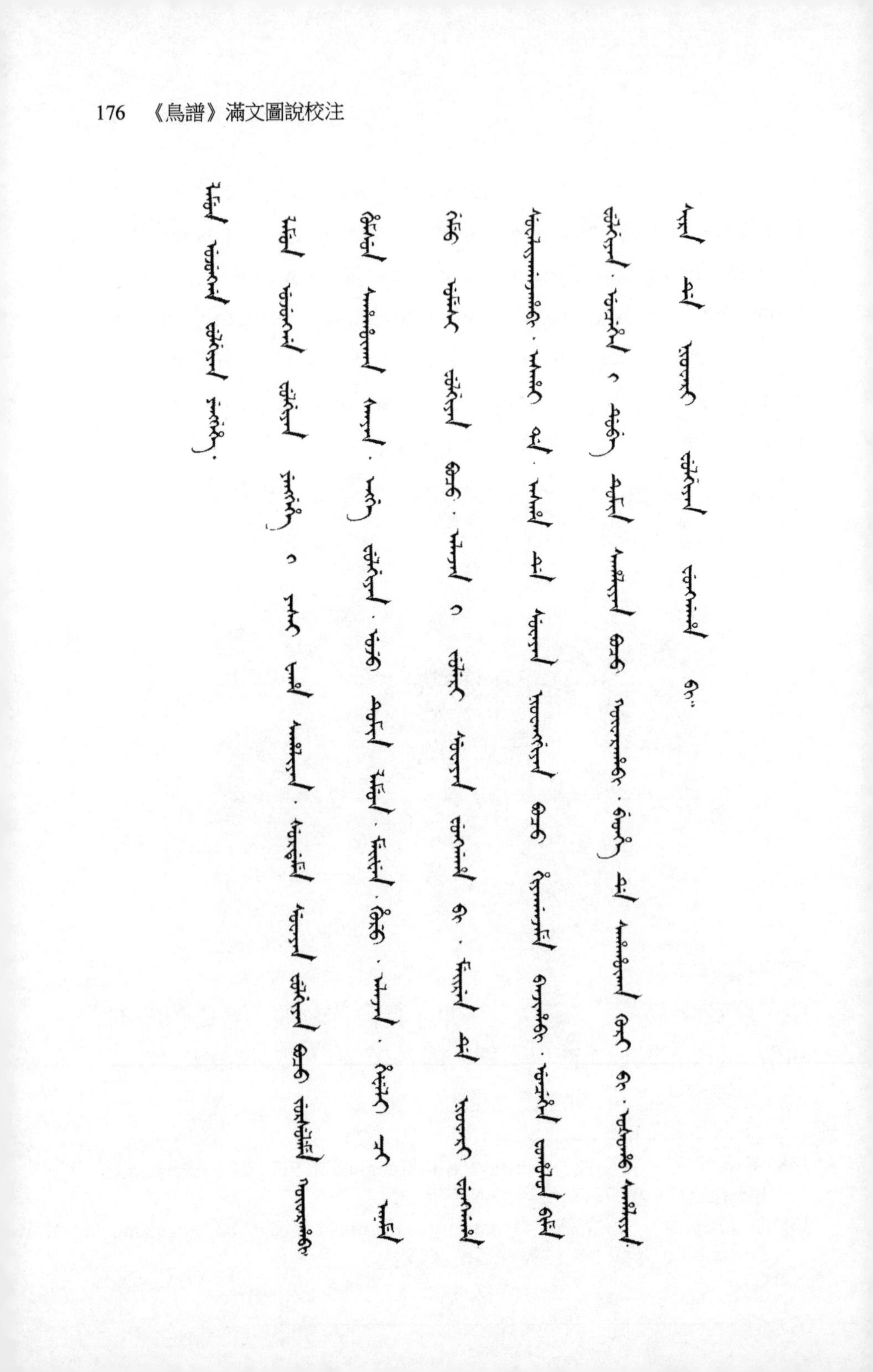

[illegible]

[illegible]

[illegible]

[illegible]

[illegible]

[illegible]

[illegible]

lamun ujungga fulgiyan yenggehe.

lamun ujungga fulgiyan yenggehe i yasai faha sahaliyan, šurdeme suwayan fulgiyan boco jursuleme kūwarahabi, humsun sahahūkan šanyan, engge fulgiyan, uju tumin lamun, meifen, huru, alajan, hefeli ci aname gemu umesi fulgiyan boco, alajan i juleri suwayan funggaha bi, meiren de niowari funggaha suwaliyaganjahabi, ashai da, asha de suwayan niowanggiyan boco hiyaganjame banjihabi, uncehen foholon bime fulgiyan, uncehen i dube tumin sahaliyan boco kūwarahabi, bethe de sahahūkan kuri bi, ošoho sahaliyan, sira de niowari fulgiyan funggaha bi.

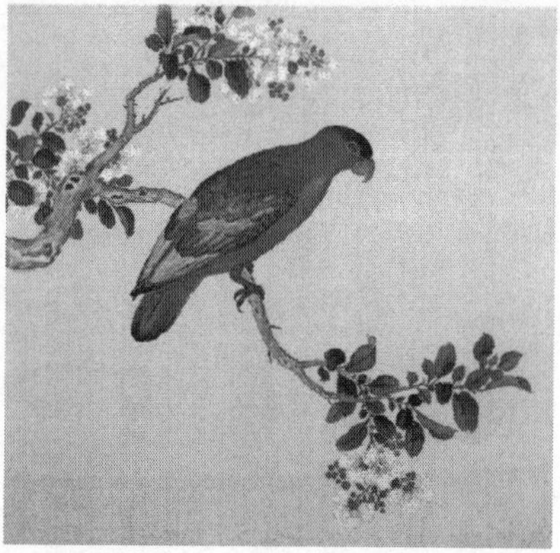

青頭紅鸚哥[140]

青頭紅鸚哥，黑睛，黃赤重暈，蒼白瞼，紅觜，深青頭頂，頸、背、臆、腹俱鮮紅色，臆前有黃毛，肩上雜翠羽，膊、翅黃綠相間，短紅尾，尾尖殷黑暈[141]，蒼斑足，黑爪，脛上有翠紅毛。

140 青頭，滿文讀作“lamun ujungga”，意即「青色頭」，又作「藍色頭」。
141 尾尖殷黑暈，滿文讀作“uncehen i dube tumin sahaliyan boco kūwarahabi”，意即「尾尖圈了深黑色」。

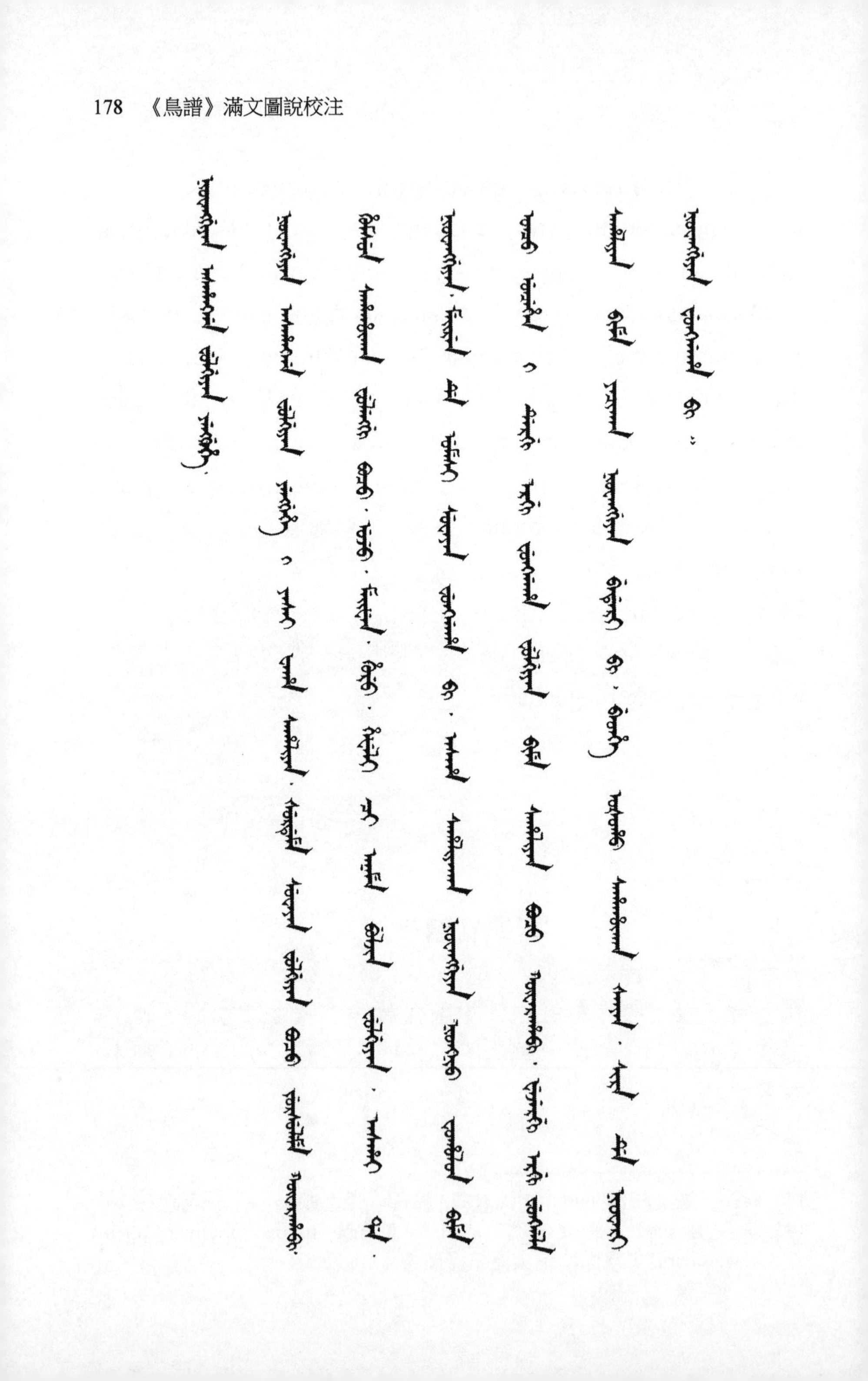

[illegible]

[illegible]

[illegible]

[illegible]

[illegible]

[illegible]

[illegible]

niowanggiyan ashangga fulgiyan yenggehe.

niowanggiyan ashangga fulgiyan yenggehe i yasai faha sahaliyan, šurdeme suwayan fulgiyan boco jursuleme kūwarahabi, humsun sahahūkan fulenggi boco, uju, meifen, huru, hefeli ci aname buljin fulgiyan, ashai da niowanggiyan, meiren de umesi suwayan funggaha bi, asha sahaliyakan niowanggiyan, niongnio foholon bime onco uncehen i dergi ergi funggaha fulgiyan bime sahaliyan boco kūwarahabi, fejergi ergi funggala sahaliyan bime yacikan niowanggiyan bederi bi, bethe ošoho sahahūkan šanyan, sira de niowari niowanggiyan funggaha bi.

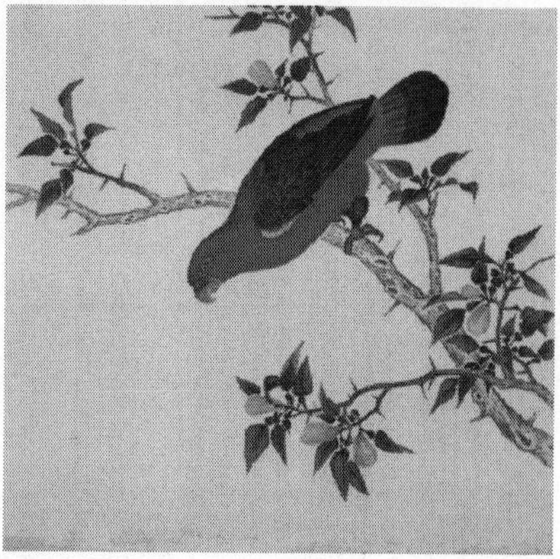

綠翅紅鸚哥

綠翅紅鸚哥，黑睛，黃紅重暈[142]，蒼灰臉，頭、頸、背、腹純紅，綠膊，肩上有嬌黃毛，黑綠翅，翮短，闊尾上節紅質黑暈，下節黑質青綠紋[143]，蒼白足、爪，脛上有翠綠毛。

---

142 黃紅重暈，滿文讀作"šurdeme suwayan fulgiyan boco jursuleme kūwarahabi"，意即「周圍圈了雙層黃紅色」。

143 闊尾上節紅質黑暈，下節黑質青綠紋，滿文讀作"onco uncehen i dergi ergi funggaha fulgiyan bime sahaliyan boco kūwarahabi, fejergi ergi funggala sahaliyan bime yacikan niowanggiyan bederi bi"，意即「闊尾上邊紅毛而圈了黑色，下邊黑毛而有青綠紋。」

ᠪᠣᠯᠣᠨ ᡳᠯᡥᠠᠪᡠ ᠰᠠᡳᠨᡤᡤᡝ᠉

ᠶᠠᠰᠠ ᡠᠨᠴᡝᡥᡝᠨ ᡠᠨᠴᡝᡥᡝᠨ ᡳ ᡩᡠᠪᡝ᠈ ᠪᠣᠴᠣ ᠪᡳᠮᡝ ᠰᠠᡥᠠᠯᡳᠶᠠᠨ᠈ ᡶᡠᠩᡤᠠᡥᠠ ᠰᡠᠸᠠᠶᠠᠨ ᠪᠣᠴᠣ ᠰᡠᠸᠠᠶᠠᠨ ᡠᠨᠴᡝᡥᡝᠨ᠈

ᡶᡠᠯᡤᡳᠶᠠᠨ ᠴᡳ ᡧᠠᠨᠶᠠᠨ ᠪᠣᠴᠣ ᠰᠠᡥᠠᠯᡳᠶᠠᠨ ᠪᡳᠮᡝ᠈ ᡧᠠᠨᠶᠠᠨ᠈ ᠪᠣᠴᠣᠩᡤᠣ ᡠᠨᠴᡝᡥᡝᠨ ᠰᠠᡥᠠ ᠪᡳᠮᡝ᠈ ᡧᠠᠨᠶᠠᠨ ᠪᡳ

ᡤᡡᠯᡤᡳᠶᠠᠨ ᠰᡠᠸᠠᠶᠠᠨ ᠪᡳᠮᡝ᠈ ᡧᠠᠨᠶᠠᠨ ᠰᡠᠸᠠᠶᠠᠨ᠈ ᡧᠠᠨᠶᠠᠨ ᡳ ᡧᠠᠨᠶᠠᠨ ᡳ ᡶᡠᠩᡤᠠᠨ ᠰᠠᡥᠠᠯᡳᠶᠠᠨ᠈ ᠪᠣᠴᠣ᠈ ᡧᠠᠨᠶᠠᠨ᠈ ᠰᠠᡥᠠᠯᡳᠶᠠᠨ

ᡠᠨᠴᡝᡥᡝᠨ ᡤᠣᠯᠮᡳᠨ ᡶᡠᠯᡤᡳᠶᠠᠨ ᡧᠠᠨᠶᠠᠨ ᡳ ᡧᠠᠨᠶᠠᠨ ᠰᠠᡥᠠ ᠰᠠᡥᠠᠯᡳᠶᠠᠨ᠈ ᡶᡠᠩᡤᠠᡥᠠ ᠰᡠᠸᠠᠶᠠᠨ ᠪᠣᠴᠣ ᡠᠨᠴᡝᡥᡝᠩᡤᡝ᠈

ᡠᠨᠴᡝᡥᡝᠨ ᡶᠣᡥᠣᠯᠣᠨ ᡶᡠᠯᡤᡳᠶᠠᠨ ᡧᠠᠨᠶᠠᠨ᠈

niowari uncehengge fulgiyan yenggehe.

niowari uncehengge fulgiyan yenggehe i yasai faha sahaliyan, šurdeme suwayan boco kūwarahabi, humsun fulenggi boco, engge fulgiyan, engge i dube sahaliyan, uju, meifen, alajan, hefeli ci aname tumin fulgiyan boco, meiren, huru niowari yacin boco, ashai da, asha niowari niowanggiyan, doko ergi sahaliyan, uncehen golmin bime lamukan niowari, bethe ošoho sahaliyan.

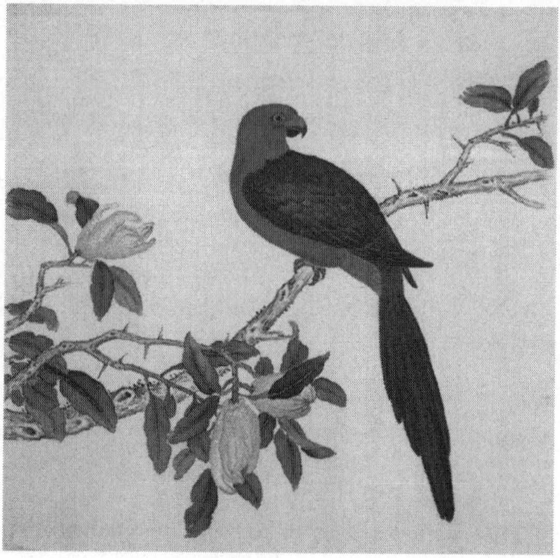

翠尾紅鸚哥

翠尾紅鸚哥，黑睛，黃暈，灰瞼，紅觜，黑喙[144]，頭、頸、臆、腹深紅色，肩、背翠青色，翠綠膊、翅，黑裏，藍翠長尾[145]，黑足、爪。

144 黑喙，滿文讀作“engge i dube sahaliyan”，意即「觜尖黑」。

145 藍翠長尾，滿文讀作“uncehen golmin bime lamukan niowari”，意即「尾長而藍翠」。

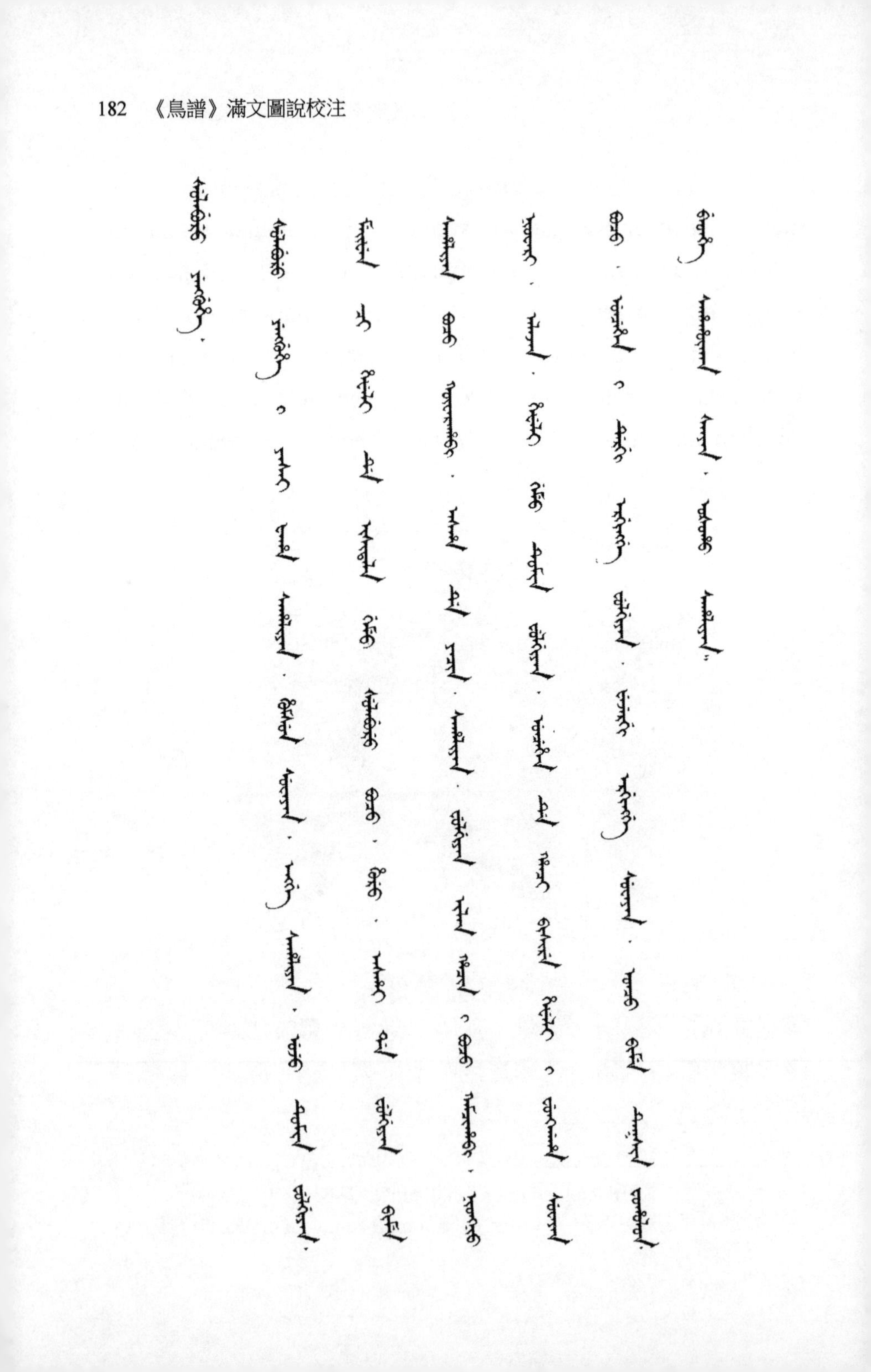

šulaburu yengguhe.

šulaburu yengguhe i yasai faha sahaliyan, humsun suwayan, engge sahaliyan, uju tumin fulgiyan, meifen ci hefeli de isitala gemu šulaburu boco, huru, ashai da fulgiyan bime sahaliyan boco kūwarahabi. asha de yacin, sahaliyan, fulgiyan ilan hacin i boco kamcihabi, niongnio niowari, alajan, hefeli gemu tumin fulgiyan, uncehen de hanci bisire hefeli i funggaha suwayan boco, uncehen i dergi eringgge fulgiyan, fejergi eringgge suwayan, onco bime teksin foholon, bethe sahahūkan šanyan, ošoho sahaliyan.

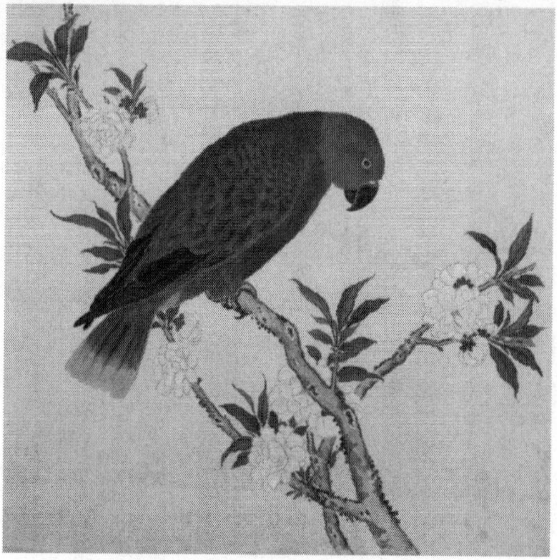

蓮青鸚鵡

蓮青鸚鵡，黑睛，黃臉，黑觜，殷紅頭頂[146]，項至腹作青蓮色，紅背、膊中有黑暈，翅兼青黑紅三色，翠翮、臆、腹俱殷紅。近尾腹毛黃色，尾上紅下黃，闊而齊短，蒼白足，黑爪。

146　殷紅頭頂，滿文讀作“uju tumin fulgiyan”，意即「頭深紅」。

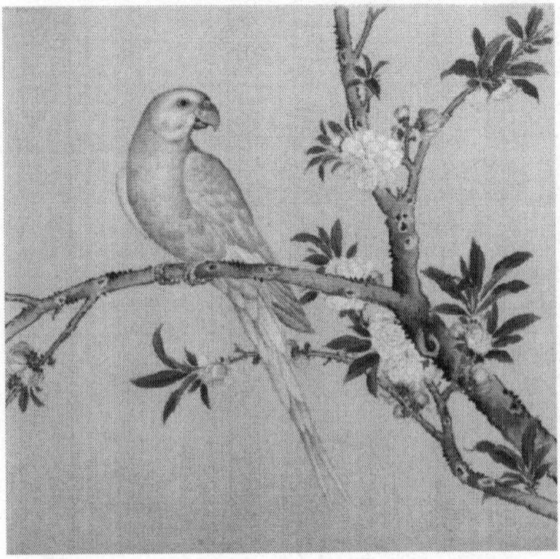

suwayan yenggehe.

suwayan yenggehe i yasai faha sahaliyan, humsun gelfiyen suwayan, engge i dergi ergingge fulgiyan, engge i fejergi ergingge sohokon sahaliyan, šakšaha fulgiyakan suhun boco, uju suhuken fulgiyan, meifen, huru, ashai da, asha ci aname gelfiyen suwayan boco, alajan, hefeli ardashūn suhuken boco, uncehen suwayan, juwe gidacan narhūn bicibe, golmin akū, bethe ošoho šanyakan suhun boco. sung gurun i suduri i kumun i ejetun de, taidzung han kumun i mudan de šuwe hafu bihebi, tere fonde, suwayan yengguhe be jafanjiha turgunde, beye suwayan yengguhe i ucun be arahabi sehebi. hiyo šan tang ni sulaha ejetun de, yengguhe i suwayan

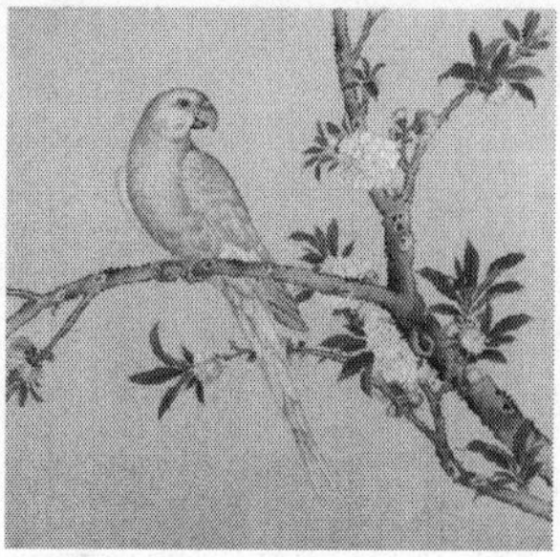

黃鸚哥

黃鸚哥，黑睛，淺黃臉，上咮紅，下咮黃黑[147]，米紅頰，牙紅頂，項、背、膊、翅粉黃色，臆、腹嬌牙色，黃尾二翎[148]細而不長，米白足、爪。《宋史・樂志》：太宗洞曉音律，時有貢黃鸚鵡者，親製〈金鸚鵡曲〉[149]。《學山堂志餘》云：鸚鵡黃者，

147 上咮紅，下咮黃黑，滿文讀作“engge i dergi ergingge fulgiyan, engge i fejergi ergingge sohokon sahaliyan”，意即「觜的上方紅，觜的下方黃黑。」

148 二翎，滿文讀作“juwe gidacan”，意即「二蓋尾」，滿漢文義不合。

149 金鸚鵡曲，滿文讀作“suwayan yengguhe i ucun”，意即「黃鸚鵡曲」。

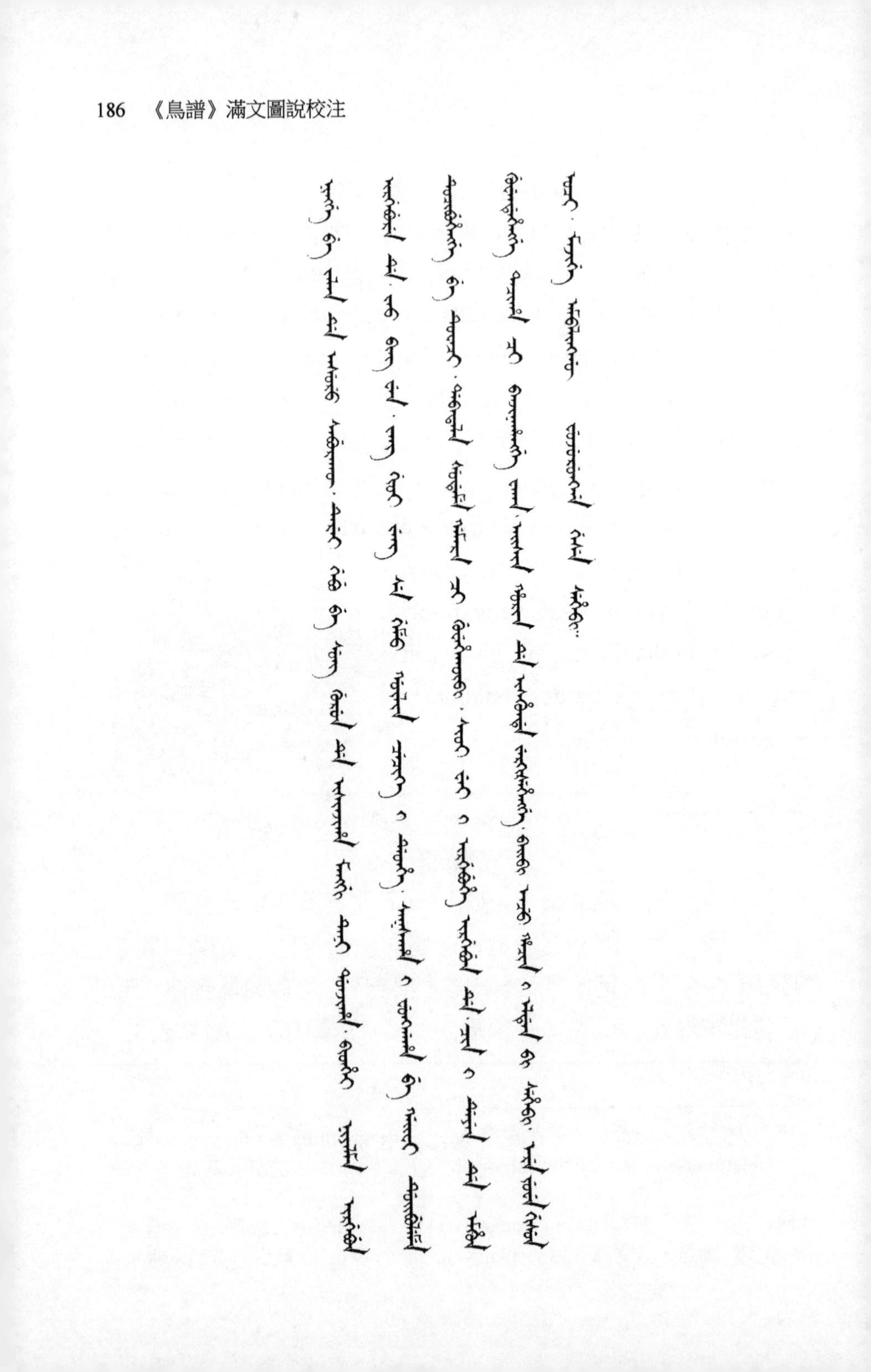

ningge be jalan de asuru saburakū, terei gebu be sung gurun de isinjiha manggi teni donjiha, bithei niyalma irgebun irgebure de, jao bing wen, jang gioi jeng se gemu gūlin cecike i dethe, saksaha i funggaha be gaifi duibuleme tucibuhengge be tuwaci, dabatala šudeme gamara ci guwehekūbi, sioi wei i irgebuhe irgebun de, cin i deyen de emhun guwendehengge taciha ci banjinahangge waka, aisin horin de ishunde jerkišehengge, baibi encu hacin i elden bi sehebi. ere juwe gisun oci, majige ambalinggū fujurungga gese sehebi.

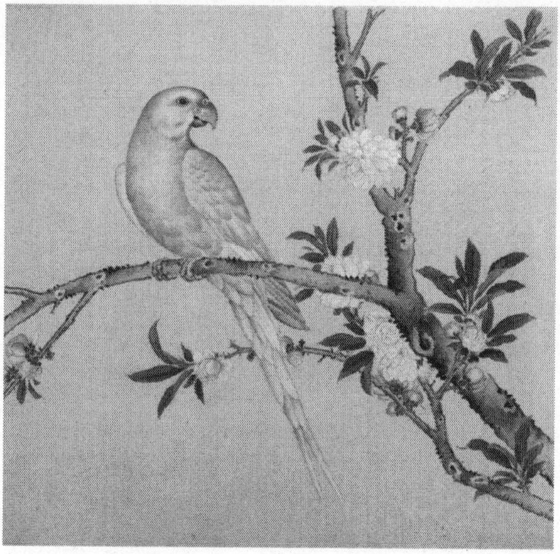

世不多見，其名至宋始有文人題詠。趙秉文、張居正皆借鶯羽鵲裳形容[150]，未免傷于刻畫，徐渭詩云：自談正殿非關學，却照金籠別有光二語，差為大雅。

150 鶯羽鵲裳，滿文讀作“gūlin cecike i dethe, saksaha i funggaha”，意即「黃鸝之羽，喜鵲之毛」。

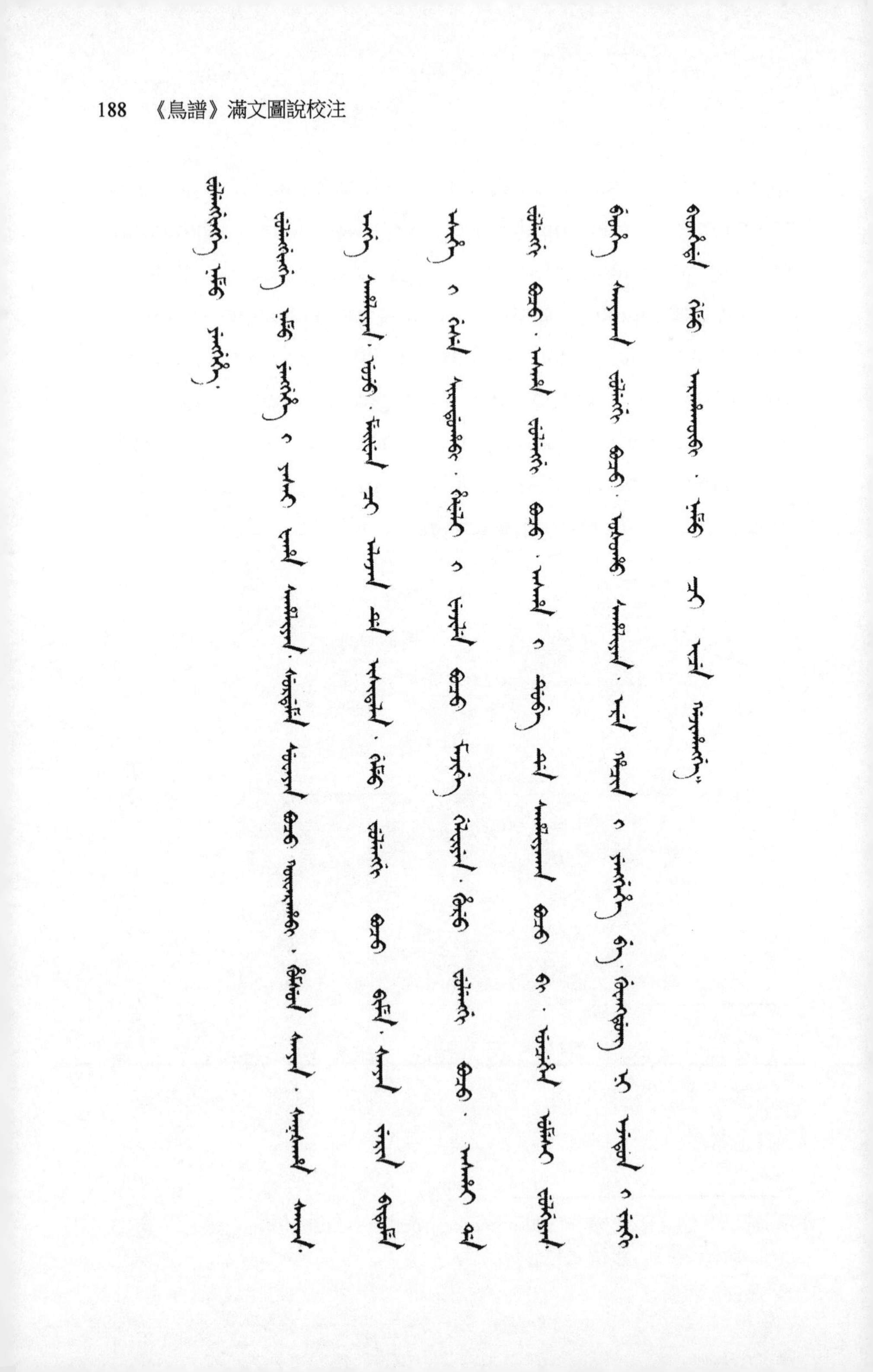

fulenggingge namu yenggehe.

fulenggingge namu yenggehe i yasai faha sahaliyan, šurdeme suwayan boco kūwarahabi, humsun šanyan, šakšaha šanyan, engge sahaliyan, uju, meifen ci alajan de isitala, gemu fulenggi boco bime, šanyan jerin bitume esihe i gese siranduhabi, hefeli i fejile boco majige gelfiyen, huru fulenggi boco, ashai da fulenggi boco, asha fulenggi boco, asha i dube de sahaliyakan boco bi, uncehen umesi fulgiyan, bethe šanyakan fulenggi boco, ošoho sahaliyan. ere hacin i yenggehe be guwangdung ni ejetun i jergi bithede gemu arahakūbi, namu ci ice gajihangge.

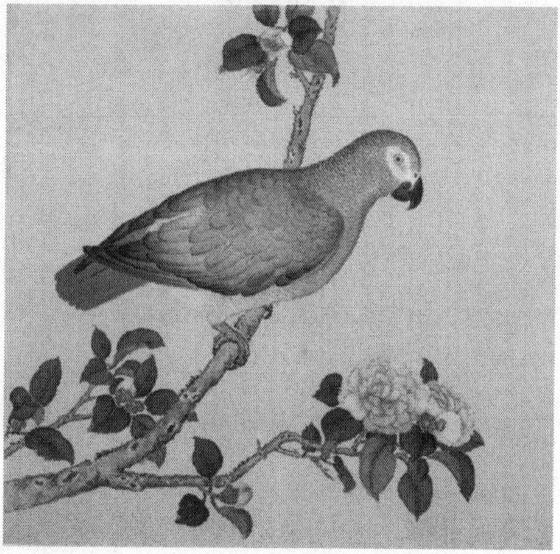

灰色洋鸚哥

灰色洋鸚哥，黑睛，黃暈[151]，白臉，白頰，黑喙，頭、頸至臆，俱灰色白邊鱗次，腹下色稍淺，灰背，灰膊，灰翅，翅尖帶黑，鮮紅尾，灰白足，黑爪。此種《粵志》諸書皆不載，新從海洋來者。

151 黃暈，滿文讀作“šurdeme suwayan boco kūwarahabi”，意即「周圍圈了黃色」。

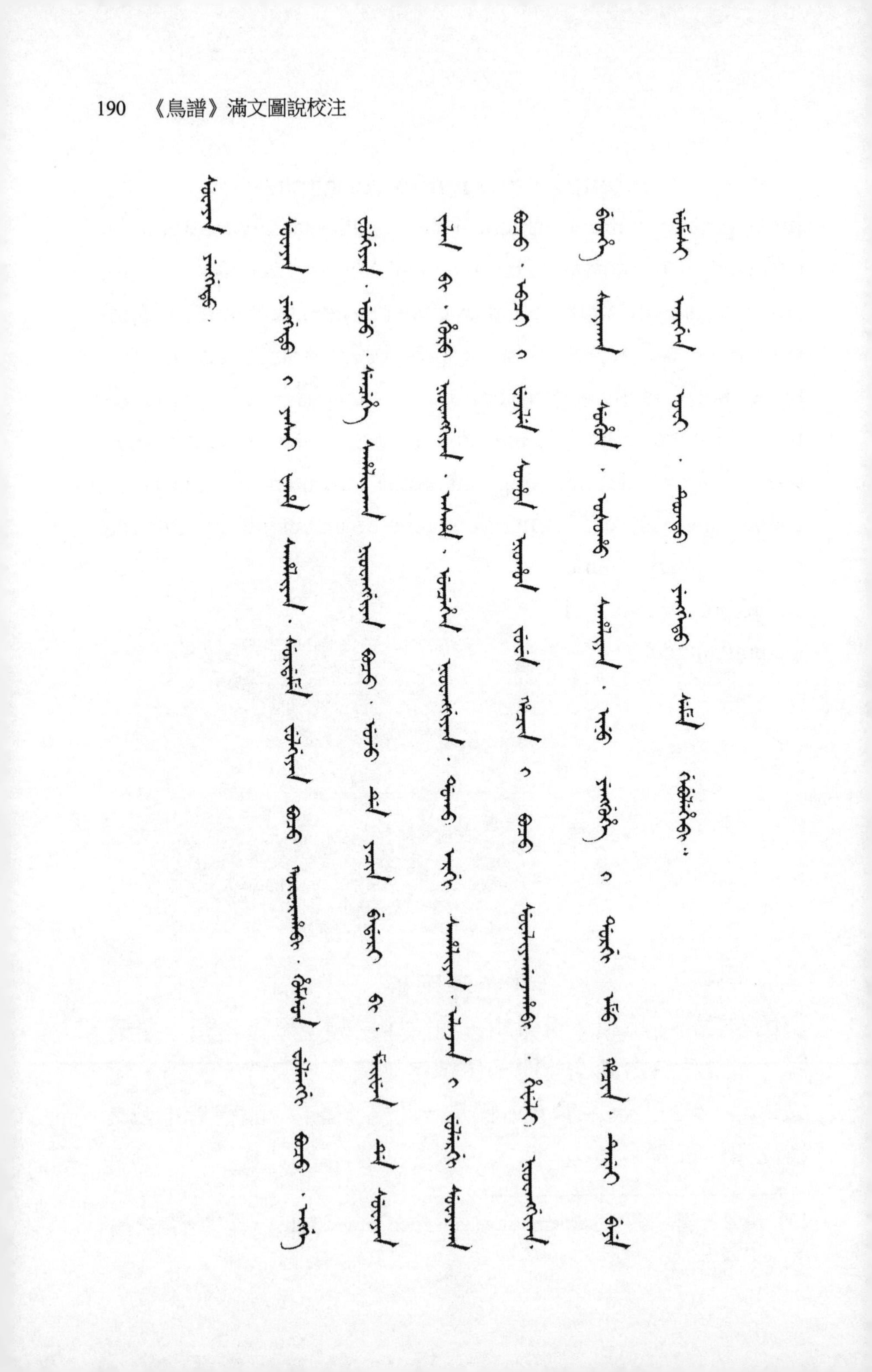

[illegible]

[illegible]

[illegible]

[illegible]

[illegible]

[illegible]

[illegible]

suwayan yenggetu.

suwayan yenggetu i yasai faha sahaliyan, šurdeme fulgiyan boco kūwarahabi, humsun fulenggi boco, engge fulgiyan, uju, sencehe sahaliyakan niowanggiyan boco, uju de yacin bederi bi. meifen de suwayan jalan bi. huru niowanggiyan, asha, uncehen niowanggiyan, doko ergi sahaliyan, alajan i julergi suwayakan boco, ebci i fejile sohon niohon juwe hacin i boco suwaliyaganjahabi, hefeli niowanggiyan, bethe šanyakan suhun, ošoho sahaliyan, inu yengguhe i dorgi emu hacin, terei beye umesi ajigen ofi, tuttu yenggetu seme gebulehebi.

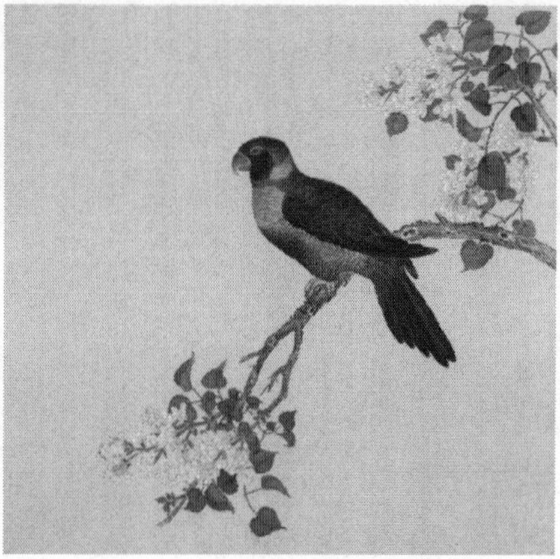

黃丁香鳥

黃丁香鳥，黑睛，紅暈[152]，灰臉[153]，紅觜，頭、頷黑綠色，頂前有青紋，項上有黃節，綠背，綠翅、尾，黑裏，臆前甘黃色，脅下柳黃、柳綠二色相閒，綠腹，米白足，黑爪，亦鸚䴉之一類，以其身最小，故有丁香之名。

152 紅暈，滿文讀作“šurdeme fulgiyan boco kūwarahabi”，意即「周圍圈了紅色」。

153 灰臉，滿文讀作“humsun fulenggi boco”，意即「眼瞼灰色」，又作「灰瞼」，此作「灰臉」，誤。

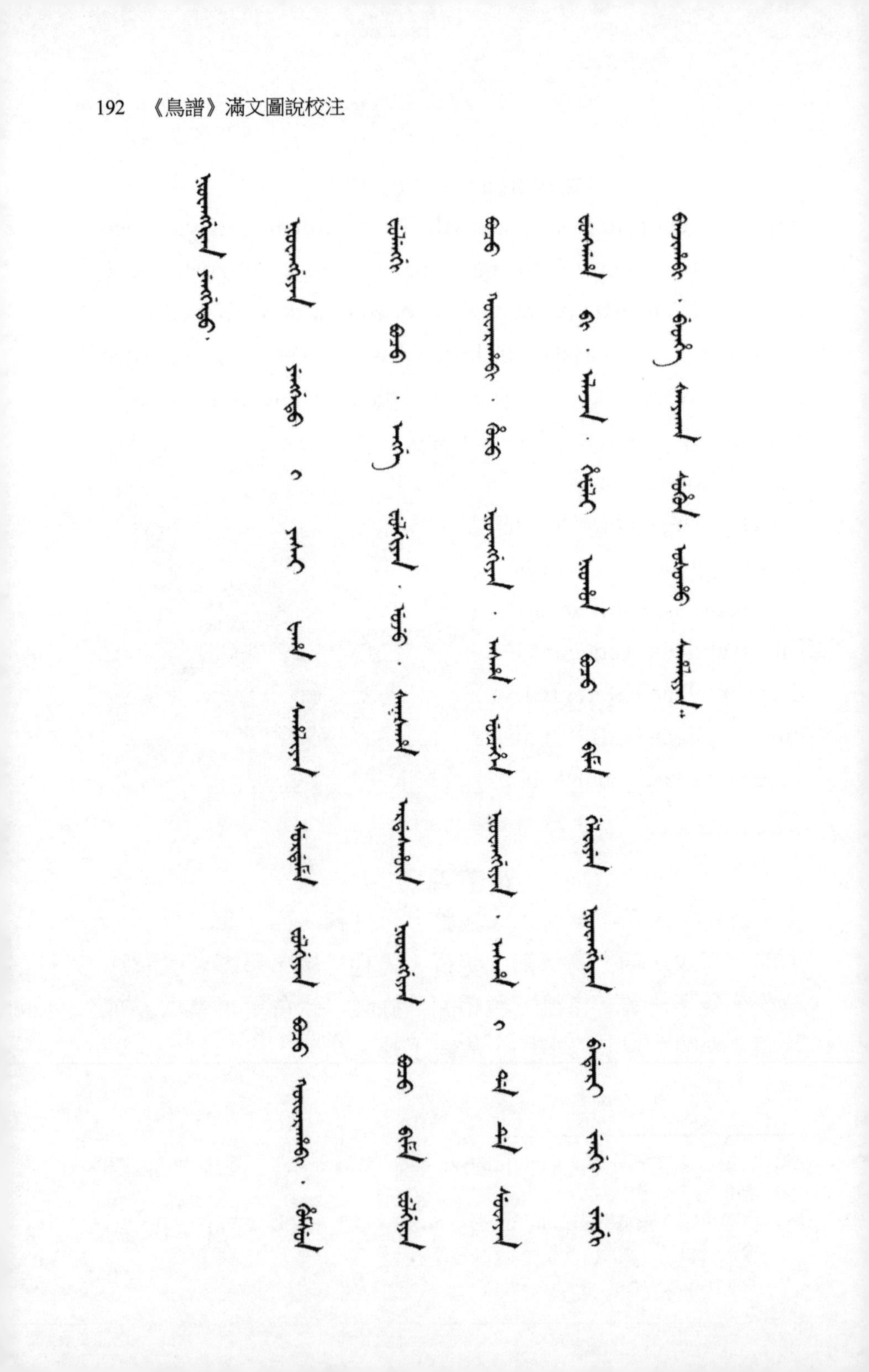

niowanggiyan yenggetu.

niowanggiyan yenggetu i yasai faha sahaliyan, šurdeme fulgiyan boco kūwarahabi, humsun fulenggi boco, engge fulgiyan, uju, šakšaha ardashūn niowanggiyan boco bime fulgiyan boco kūwarahabi, huru niowanggiyan, asha, uncehen niowanggiyan, asha i da de suwayan funggaha bi, alajan, hefeli niohon boco bime gelfiyen niowanggiyan bederi jergi jergi banjihabi, bethe šanyakan suhun, ošoho sahaliyan.

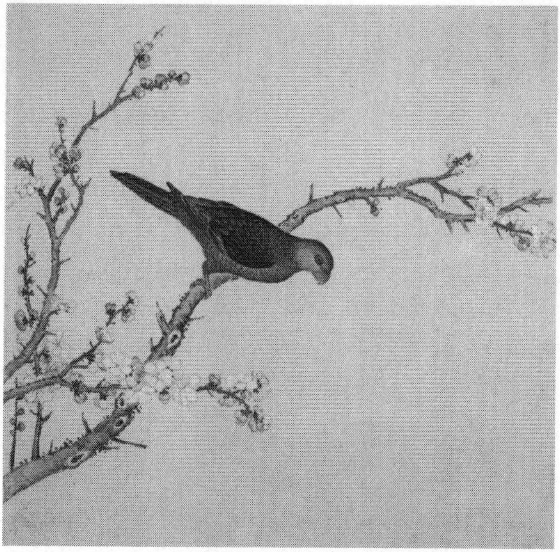

綠丁香鳥

綠丁香鳥，黑睛，紅暈，灰臉，紅觜，頭、頰嫩綠色帶赤暈[154]，綠背，綠翅、尾，翅根有黃毛，臆、腹柳黃質淺綠紋相次，米白足，黑爪。

154 赤暈，滿文讀作"fulgiyan boco kūwarahabi"，意即「圈了紅色」。

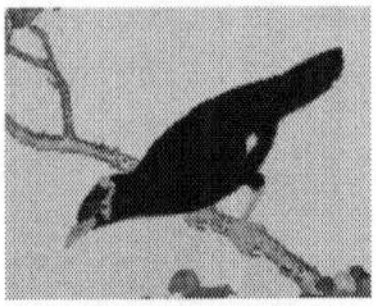

[illegible]

[illegible]

[illegible]

[illegible]

[illegible]

[illegible]

[illegible]

[illegible]

[illegible]

[illegible]

[illegible]

[illegible]

[illegible]

[illegible]

cinjiri, inu kinggiri sembi, emu gebu cingiri, emu gebu giri cecike.

cinjiri be, gui hai ba i alin birai ejetun de, cingiri kiongguhe i adali, sahaliyakan fulaburu boco, engge fulgiyan, fakjin suwayan, yasai fejile ci uju de isibume tumin suwayan bederi bi, ujui funggaha de secen bifi, uthai niyalma i funiyehe be hūwalaha adali, niyalmai gisun be gisureme bahanambi, yengguhe ci geli sure, amba muru yengguhe i jilgan, jusei jilgan de adali, cingiri i jilgan oci, amba haha i jilgan i gese, yeng jeo ba i birgan tunggu de tucimbi sehebi. juwe guwang ni ba i encu hacin i jaka be ejehe bithede, cingiri juwe yasai amargi de uju be hafitame banjiha suwayan yali senggele bi, niyalmai gisun be alhūdara mangga, jilgan mudan yengguhe ci den amba, getuken tomorhon, urehe coko i umhan i buda soro be ucubufi ulebumbi sehebi. oktoi sekiyen i bithede, cingiri uthai cinjiri inu, tang gurun i bithede, giri cecike obuhabi, ere tubet i gisun, amba ici kiongguhe i gese sahaliyakan fulaburu boco, uju be hafitame banjiha suwayan yali senggele bi, šan, ilenggu, yasa niyalma i adali ofi, niyalma i gisun be alhūdame mutembi, šanyan boco ningge inu bi sehebi.

了哥，亦作料哥，一名秦吉了，一名結缭鳥

了哥，《桂海虞衡志》云：秦吉了如鸜鵒，紺黑色，丹咮[155]，黄距，目下連頂有深黄紋，頂毛有縫，如人分髮，能人言，比鸚鵡尤慧，大抵鸚鵡聲如兒女，吉了聲則如丈夫，出邕州溪洞中。《嶺表錄異》云：秦吉了兩眼後夾腦有黃肉冠，善效人言，語音雄大分明於鸚鵡，以熱雞子和飯與棗飼之。《本草綱目》云：吉了即了哥也，《唐書》作結遼鳥[156]，番音也[157]，大於鸜鵒，紺黑色，夾腦有黃肉冠，如人耳人舌人目，能效人言，亦有白色者。

---

155 丹咮，滿文讀作"engge fulgiyan"，意即「紅觜」。

156 熱雞子，滿文讀作"urehe coko i umhan"，意即「熟雞蛋」。又結遼鳥，滿文讀作"giri cecike"，蒙文讀作"jijir sibaγu"，藏文讀作"khyim bya"。

157 番音，滿文讀作"tubet i gisun"，意即「圖伯特之語」、「西番語」。

ᠠᠰᡥᠠ ᡳ ᡠᠨᠴᡝᡥᡝᠨ

ᠠᠰᡥᠠ ᡳ ᡠᠨᠴᡝᡥᡝᠨ ᡳ ᡶᡠᠯᡤᡳᠶᠠᠨ ᡩᡠᠪᡝ᠈ ᠰᠠᡥᠠᠯᡳᠶᠠᠨ᠈ ᡠᠨᠴᡝᡥᡝᠨ ᡳ ᠰᡠᠸᠠᠶᠠᠨ᠈ ᡶᡠᠯᡤᡳᠶᠠᠨ ᠪᡝᡩᡝᡵᡳ᠈ ᡴᠣᠩᡴᠣᡵᡳ

ᡤᡝᠯᡳ᠈ ᠰᠠᡥᠠᠯᡳᠶᠠᠨ᠈ ᡤᡝᠯᡳᠶᡝᠮᠪᡳ᠈ ᡧᠠᠨᠶᠠᠨ ᠪᡝᡩᡝᡵᡳ᠈ ᠰᡠᠸᠠᠶᠠᠨ᠈ ᡳᠰᡳᠨᠵᡳᠮᡝ᠈ ᠴᡳᡴᠵᡳᠨ ᠪᠣᠴᠣ ᡳ

ᡤᡝᠯᡳᠶᡝᠮᠪᡳ᠈ ᠰᠠᡥᠠᠯᡳᠶᠠᠨ᠈ ᡧᠠᠨᠶᠠᠨ᠈ ᠰᠠᡥᠠᠯᡳᠶᠠᠨ᠈ ᠪᡝᡩᡝᡵᡳ᠈ ᠰᡠᠸᠠᠶᠠᠨ ᠪᠣᠴᠣ᠈ ᠪᡝᡩᡝᡵᡳ᠈ ᡥᡡᡳᡥᠠᠨ᠈ ᡥᡝᠩᡴᡝ᠈ ᠠᠯᠠᠵᠠᠨ

ᡠᠨᠴᡝᡥᡝᠨ ᡳ ᡩᡠᠪᡝ᠈ ᠰᠠᡥᠠᠯᡳᠶᠠᠨ᠈ ᠪᡝᡩᡝᡵᡳ᠈ ᠰᠠᡥᠠᠯᡳᠶᠠᠨ ᡥᡡᡳᡥᠠᠨ ᡧᠠᠨᠶᠠᠨ ᠰᡠᠸᠠᠶᠠᠨ ᡤᡝᠯᡳ᠈ ᠮᡠᡥᡝᠯᡳᠶᡝᠨ ᠪᡳ

ᠰᡳᠩᡤᡝᠨᡳᠶᡝ᠈ ᠠᠰᡥᠠ ᡳ ᡠᠨᠴᡝᡥᡝᠨ᠈ ᡩᡝ ᡨᡠᠪᡳᡥᡝᠪᡳ᠉

alin i yenggehe.

alin i yenggehe i yasai faha sahaliyan, engge umesi fulgiyan, engge i dube watangga, uju sahaliyan, sencehe yacikan niowari, uju niowanggiyan, huru, hefeli i funggaha majige gelfiyen, asha, uncehen yacikan niowari, dube sahaliyan, bethe umesi fulgiyan, erei funggaha i boco, engge, bethe yengguhe de murušeme adali ofi, tesu bai niyalma, alin i yenggehe seme gebulehebi.

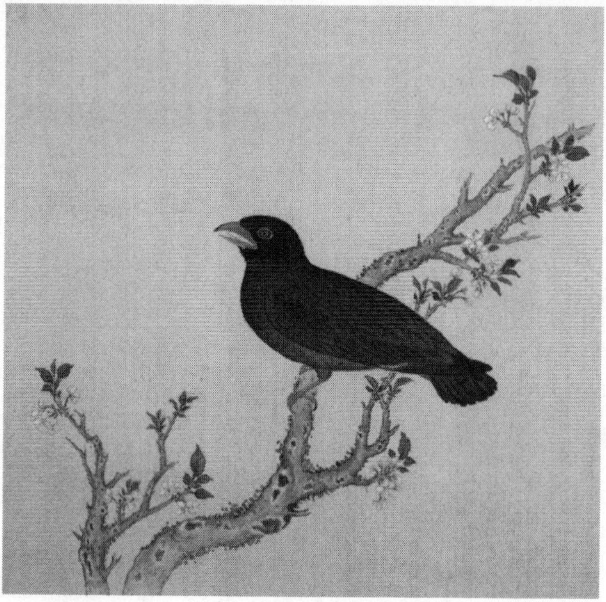

山鷚哥

山鷚哥，黑睛，鮮紅觜，勾喙，黑頭，翠青頷，綠項[158]，背、腹毛略淺，翠青翅、尾，黑尖，鮮紅足，其毛色、觜、足略似鸚鵡，土人名山鷚哥。

---

158 綠項，滿文讀作"uju niowanggiyan"，意即「綠頂」，滿漢文義不合。

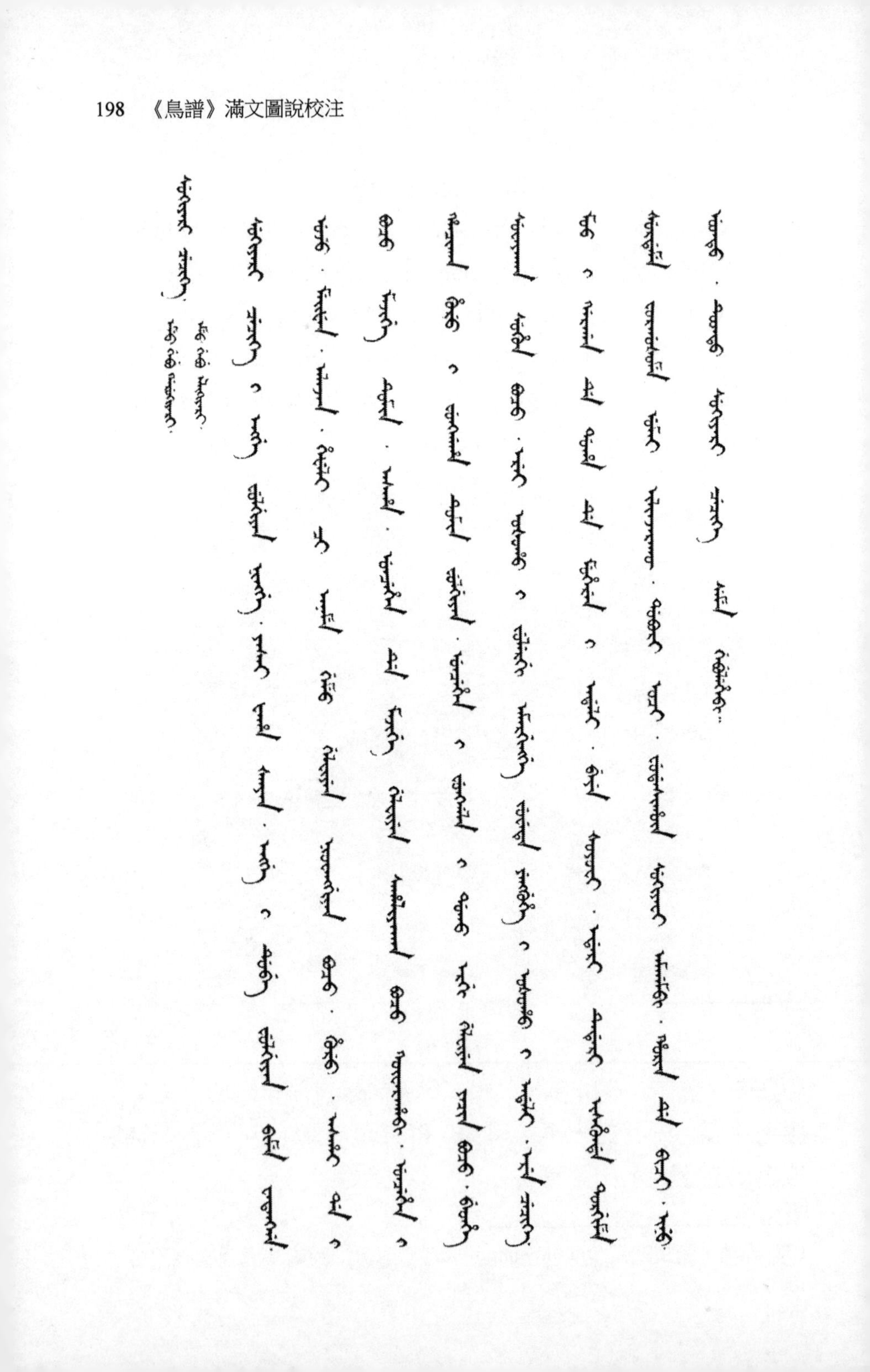

[illegible]

[illegible]

[illegible]

[illegible]

[illegible]

[illegible]

[illegible]

[illegible]

[illegible]

sukiyari cecike, emu gebu garukiyari, emu gebu alikiyari.

sukiyari cecike i engge fulgiyan ningge, yasai faha šanyan, engge i dube fulgiyan bime watangga, uju, meifen, alajan, hefeli ci aname gemu gelfiyen niowanggiyan boco, huru, ashai da i boco majige tumin, asha, uncehen de majige gelfiyen sahaliyakan boco kūwarahabi, uncehen i hancikan huru i funggaha tumin fulgiyan, uncehen i funggala i doko ergi gelfiyen yacin boco, bethe suwayakan suhun boco, erei ošoho i julergi amargingge juwete yengguhe i ošoho i adali. ere cecike moo i gargan de doha de muheren i adali, beye šoyofi, ederi tederi ishunde torgime šurdeme forgošome umai ilinjarakū, dobori oci, fudasihūn sukiyafi amgambi, horin de bici, inu uttu, tuttu sukiyari cecike seme gebulehebi.

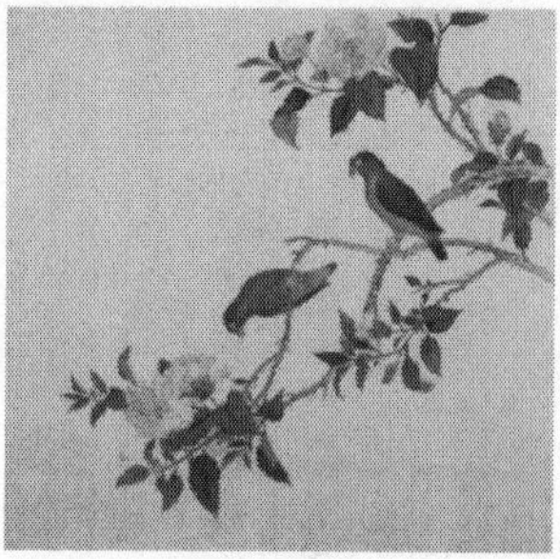

倒挂鳥，一名綠毛么鳳[159]，一名羅浮鳳[160]

倒挂鳥，紅觜者，白睛，紅勾喙，頭、項、臆、腹俱作嫩綠色，背、膊稍深，翅尾略帶淺黑暈。近尾背毛殷紅[161]，尾毛之裏縹青色，米黃足，其趾前後各兩，如鸚鵡趾[162]。此鳥集於樹枝，屈體如環，東西相穿，旋轉不已，夜則倒挂而宿，在籠亦然，故名倒挂子。

159 綠毛么鳳，滿文讀作"garukiyari"，意即「么鳳」。
160 羅浮鳳，滿文讀作"alikiyari"，意即「慢走等候之鳥」。
161 殷紅，滿文讀作"tumin fulgiyan"，意即「深紅」。
162 鸚鵡趾，滿文讀作"yengguhe i ošoho"，意即「鸚鵡爪」。

[illegible]

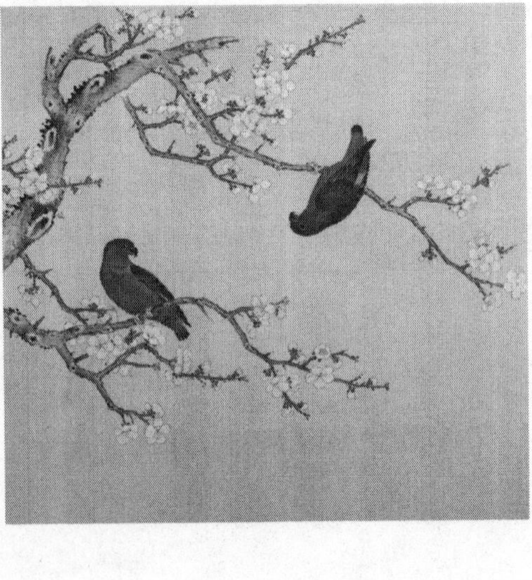

sahaliyan engge sukiyari cecike.

sukiyari cecike i dorgi, encu emu hacin i engge sahaliyan ningge, erei amila oci, yasai faha sahaliyan, engge i dube watangga bime sahaliyan, uju de emu farsi niowari funggaha bi, uju, meifen, huru, asha, uncehen ci aname gemu tumin niowanggiyan boco, uncehen i hancikan huru i funggaha umesi suwayan, umesi fulgiyan, juwe jalan faksalame banjihabi, sencehe, hefeli gelfiyen niowanggiyan, alajan i julergi emu jalan umesi fulgiyan funggaha bi, bethe sohokon šanyan, ošoho julergi amargingge inu juwete. emile oci, beyei gubci amila de adali, damu ujui niowari funggaha umesi seri, fulgiyan mersen bi, alajan i julergi de emu jalan fulgiyan funggaha akū, ede ilgabuha babi. guwangdung ni ejetun de, garukiyari i

---

黑鶯倒挂[163]

倒挂鳥別一種，黑鶯者，其雄黑睛，黑勾喙，頂上有翠毛一片，頭、項、背、翅、尾，俱作深綠色，近尾背毛嬌黃鮮紅兩節層次，頷、腹淺綠，臆前鮮紅毛一節，黃白足，趾亦前後各兩[164]。雌者通身與雄者相似，惟頂上翠色稀疎，有紅點，臆前無紅節[165]，為異耳。《粵志》云：么鳳

---

163 倒挂，滿文讀作“sukiyari cecike”，意即「倒挂鳥」。

164 趾亦前後各兩，滿文讀作“ošoho julergi amargingge inu juwete”，意即「爪亦前後各兩」。

165 臆前無紅節，滿文讀作“alajan i julergi de emu jalan fulgiyan funggaha akū”，意即「臆前無一節紅毛」。

[illegible]

[illegible]

[illegible]

[illegible]

[illegible]

[illegible]

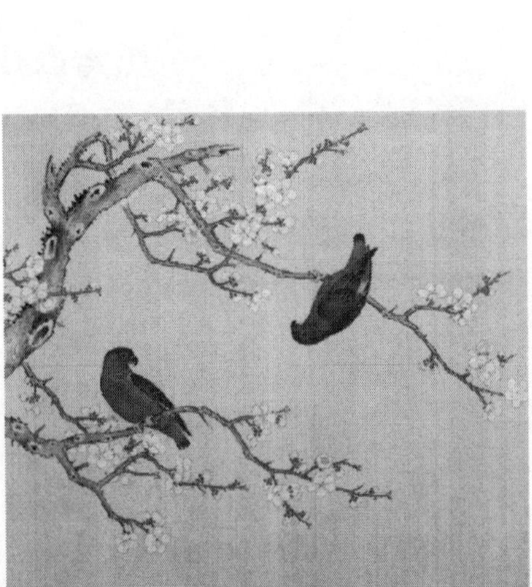

funggaha niowanggiyan, doko ergi suwayan, lo feo alin i mei hūwa ts'un gašan de umesi labdu, nenden ilhai moo i gargan de fudashūn〔fudasihūn〕lakiyambi, tuttu ofi, su dung po i nenden ilha be irgebuhe irgebun i gisun, enduri gurung ci takūraha sukiyari cecike, niori niowari šun tucike erinde fudasihūn lakiyambi sehebi. hūi jeo i ejetun de, nenden ilhai moo de bisire wesihun gasha i dorgi, sukiyari cecike labdu, garukiyari de adalikan bicibe ajigen, eo yang yuwan erebe alikiyari sembi seme, tuttu alikiyari be irgebuhe fujurun arahabi. su ši i araha irgebun i suhen de, ling nan bai wesihun gasha i dorgi sukiyari cecike bi, funggaha niowanggiyan, engge fulgiyan, yengguhe de adalikan bicibe umesi ajigen, dergi mederi ci gajihangge, arsari bade banjihangge waka sehebi.

綠衣[166]，黃裏。羅浮梅花村多有之[167]，倒挂梅花枝上，故東坡〈梅花詩〉云[168]：蓬萊宮中花鳥使，綠衣倒挂扶桑暾[169]。《惠州志》稱：梅花上珍禽多倒挂子，似綠毛鳳而小。歐陽元謂之羅浮鳳[170]，有〈羅浮鳳賦〉。蘇軾詩注：嶺南珍禽有倒挂子，綠衣紅喙，如鸚鵡而極小，自海東來，非塵埃中物也。

---

166 綠衣，滿文讀作"funggaha niowanggiyan"，意即「綠毛」。
167 羅浮，滿文讀作"lo feo alin"，意即「羅浮山」。
168 東坡，滿文讀作"su dung po"，音譯姓名當作「蘇東坡」。
169 扶桑暾，滿文讀作"šun tucike erinde"，意即「太陽出來之時」。
170 羅浮鳳，滿文讀作"alikiyari"，意即「慢走等候之鳥」。

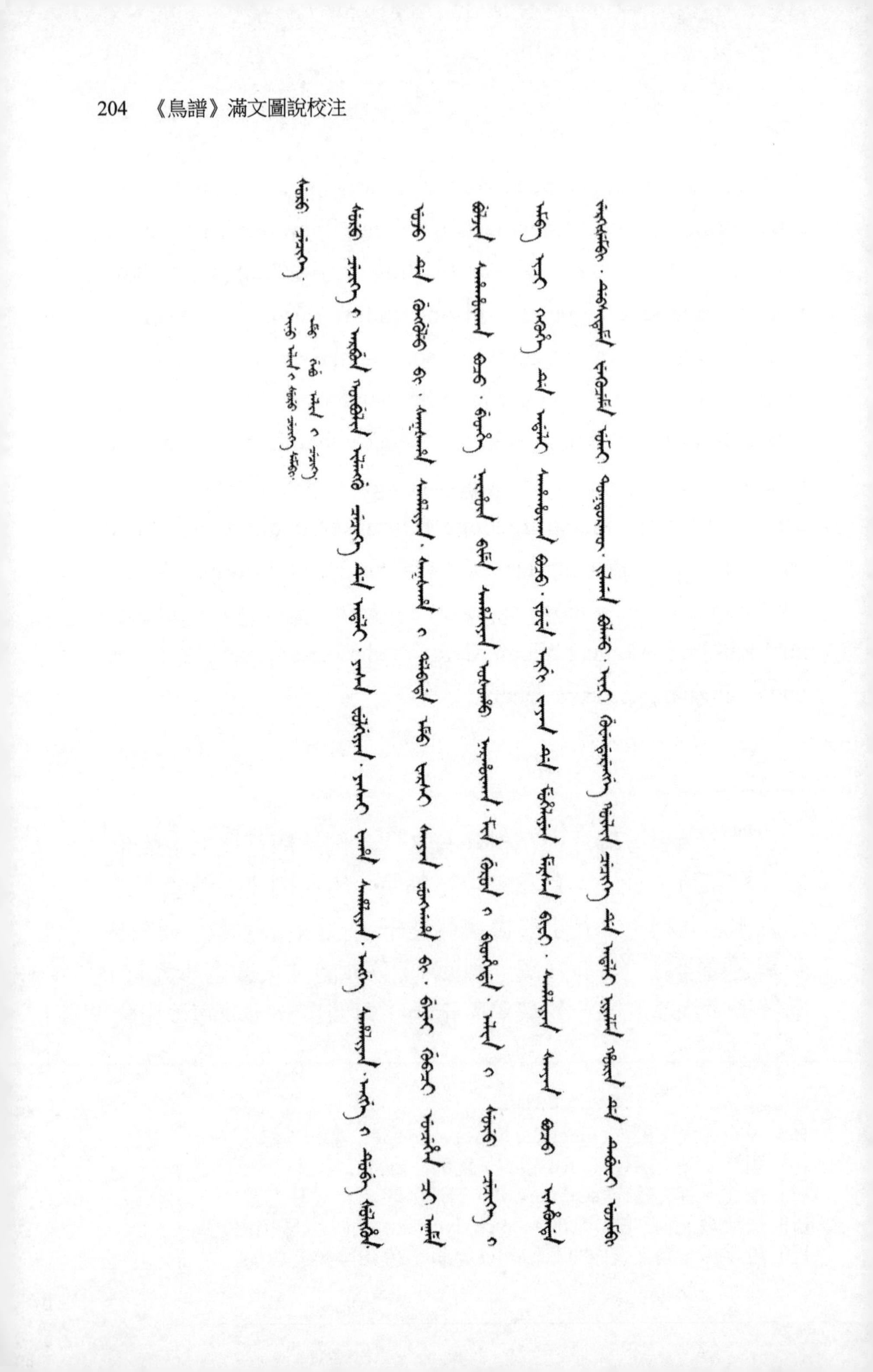

[illegible]

šuru cecike, inu alin i šuru cecike sembi, emu gebu alin i cecike.

šuru cecike i arbun kūbulin ilenggu cecike de adali, yasa fulgiyan, yasai faha sahaliyan, engge sahaliyan, engge i dube šulihun, uju de gunggulu bi, šakšaha sahaliyan, šakšaha i dalbade emu farsi šanyan funggaha bi, beyei gubci uncehen ci aname buljin sahahūkan boco, bethe narhūn bime sahaliyan, ošoho narhūkan. min gurun i bithede, alin i šuru cecike i amba ici kekuhe de adali sahahūkan boco, juwe ergi jayan de muheliyen mersen bifi, sahaliyan šanyan boco ishunde jerkišembi, debsiteme fekuceme umai toktorakū, jilgan bolgo, ini guwenderengge gūlin cecike de adali, niyalma horin de tebufi ujimbi

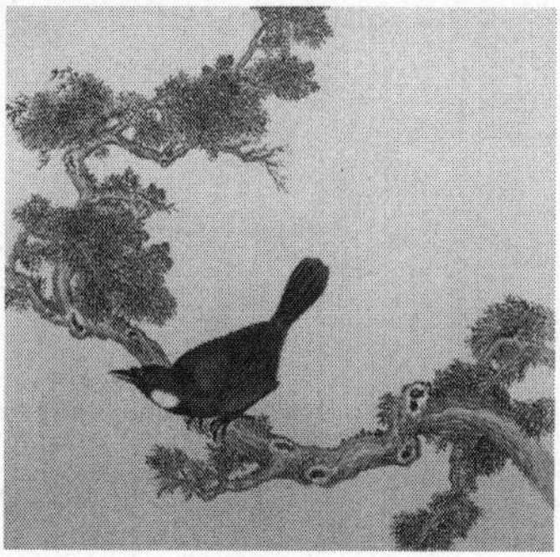

珊瑚鳥，亦作山鵰，一名山烏[171]

珊瑚鳥，形如百舌，赤目，黑睛，黑觜，尖喙，頂有幘[172]，黑頰，頰旁有白毛一片，通身至尾純蒼色，足細而黑，纖爪。《閩書》云：山鵰，鳥大如鳩，蒼色，兩腮有圓點，黑白相映，翔跳不定[173]，聲清調如鶯，人籠畜之。

171 山烏，滿文讀作"alin i cecike"，意即「山雀」。
172 頂有幘，滿文讀作"uju de gunggulu bi"，意即「頭有鳳頭」。
173 翔跳，滿文讀作"debsiteme fekuceme"，意即「跳躍」。

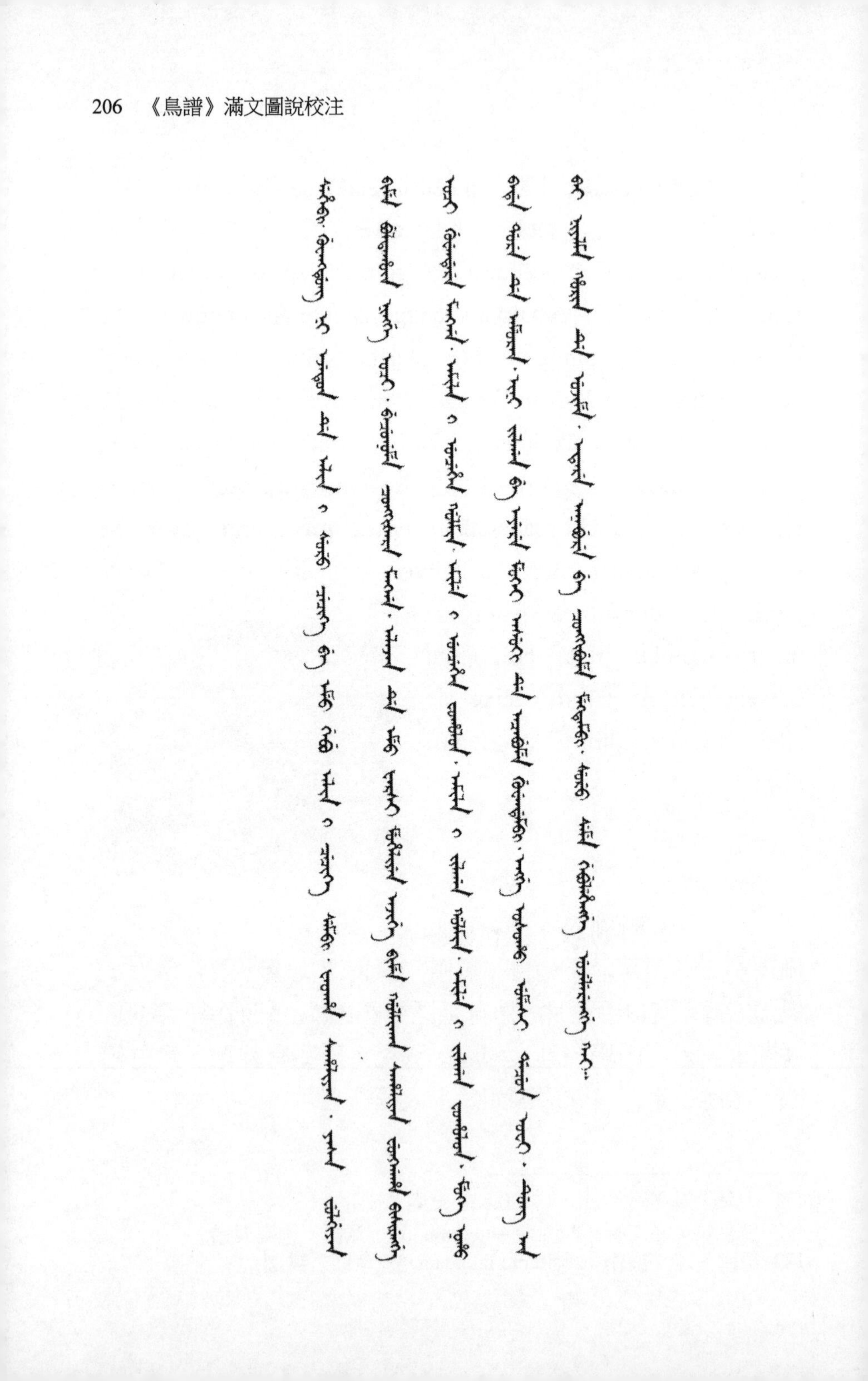

sehebi. guwangdung ni ejetun de, alin i šuru cecike be emu gebu alin i cecike sembi. fatha sahaliyan, yasa fulgiyan bime bultahūn ningge oci, becunume congkišara mangga, alajan de emu farsi muheliyen ajige bime golmikan sahaliyan funggaha bisirengge oci guwendere mangga, amila i uncehen golmin, emile i uncehen foholon, amila i jilgan golmin, emile i jilgan foholon, muke noho bade dore de amuran, ini jilgan be eyere mukei asuki de acabume guwendembi. engge ošoho umesi dacun ofi, dung an bai niyalma horin de ujime, etere anabure be congkibume mektembi, šuru seme gebulehengge ujelerengge kai.

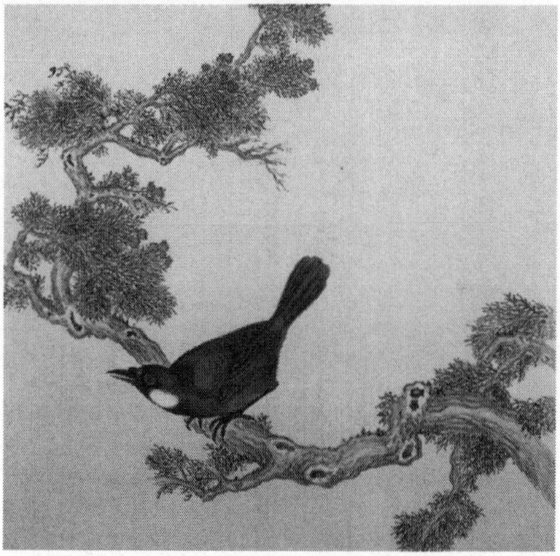

《粵志》云：山鶘，一名山烏，其鐵腳者[174]，眼赤而突者善鬥，臆間有黑毛一片圓小而長者善鳴，雄尾長，雌尾短，雄音長，雌音短。喜棲水，自調其聲，與流波相應。觜爪最利，東安人籠畜之，以鬥勝負，一名珊瑚，珍之也。

---

174 鐵腳者，滿文讀作"fatha sahaliyan"，意即「黑掌」。

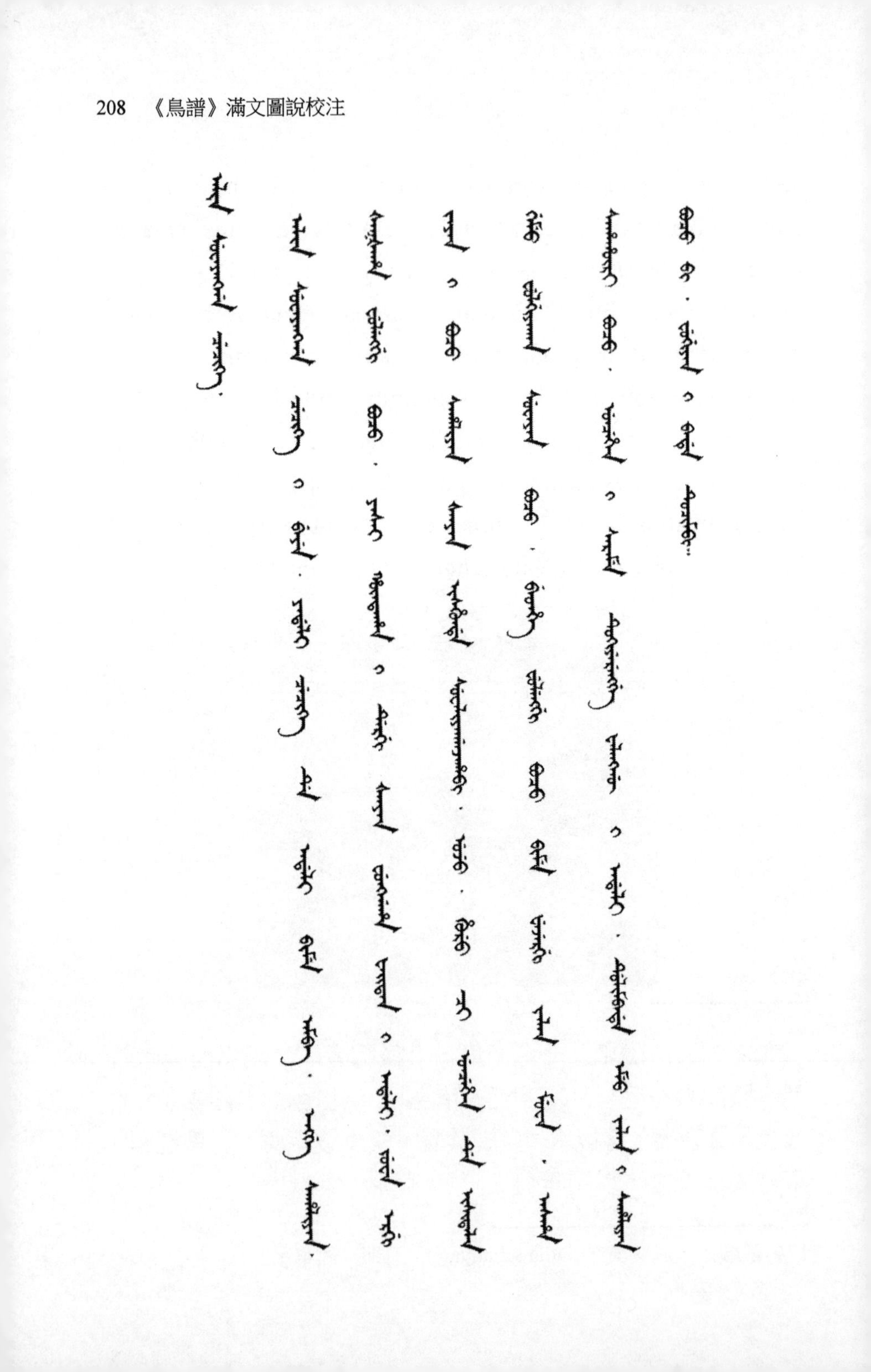

alin suwayangga cecike.

alin suwayangga cecike i beye, yadali cecike de adali bime amba, engge sahaliyan, šakšaha fulenggi boco, yasai hūntahan i dergi šanyan funggaha faitan i adali, juwe ergi jayan i boco sahaliyan šanyan ishunde suwaliyaganjahabi, uju, huru ci uncehen de isitala gemu fulgiyakan suwayan boco, bethe fulenggi boco bime fejergi jalan muwa, asha sahahūri boco, uncehen i sarame tukiyerengge falanggū i adali, dulimbade emu jalan i sahaliyan boco bi, fugiyan i bade tucimbi.

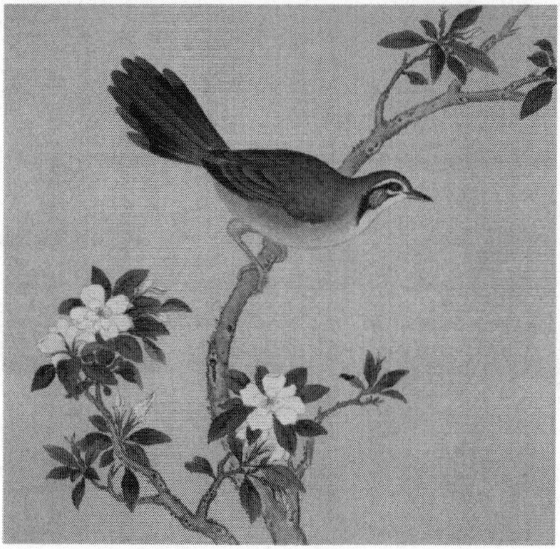

黃山烏

黃山烏，身如畫眉而大，黑喙，頰灰色，眼眶上白毛如眉，兩腮黑白相間，自頂、背至尾俱赤黃色，足灰色而粗下[175]，翅蒼黑色，尾開翹起如掌，中有黑節，閩中有之。

175 粗下，滿文讀作“fejergi jalan muwa”，意即「下節粗」。

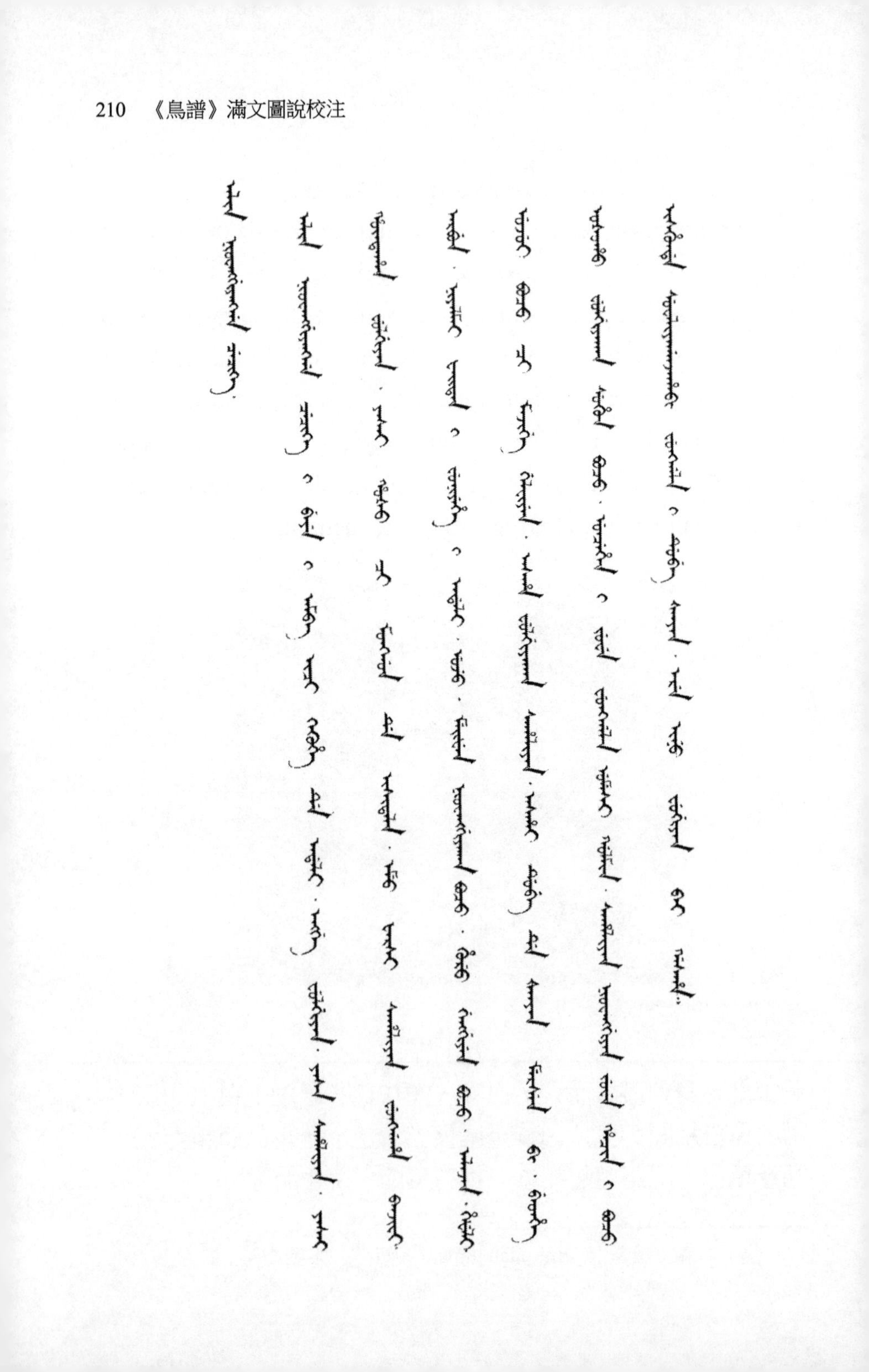

alin niowanggiyangga cecike.

alin niowanggiyangga cecike i beye i amba ici kekuhe de adali, engge fulgiyan, yasa sahaliyan, yasai hūntahan fulgiyan, yasai hošo ci monggon de isitala, emu farsi sahaliyan funggaha banjifi, arbun niyalmai faitan i funiyehe i adali, uju, meifen niowanggiyakan boco, huru genggiyen boco, alajan, hefeli, ujui boco ci majige gelfiyen, asha fulgiyakan sahaliyan, ashai dube de šanyan mersen bi, bethe ošoho fulgiyakan suhun boco, uncehen i juwe funggala umesi golmin, sahaliyan niowanggiyan juwe hacin i boco ishunde suwaliyaganjahabi, funggala i dube šanyan, ere inu fugiyan bai gasha.

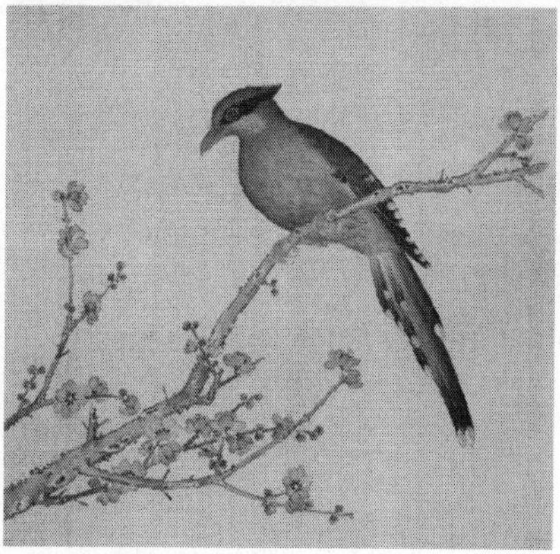

綠山烏

綠山烏，身大如鳩，赤觜，黑目，紅眶，眼角至項黑毛一片，狀如人之眉毫，頂與頸石綠色[176]，背天青色，臆、腹比頂色稍淺，赤黑翅，翅尖有白點，米紅色足爪，尾有兩毛甚長，黑碧二色相間，毛尖白，亦閩鳥也。

176 石綠色，案滿文“niowanggiyakan boco”，意即「蘋果綠」，或「略綠色」。石綠，滿文當讀作“niowarikū”。

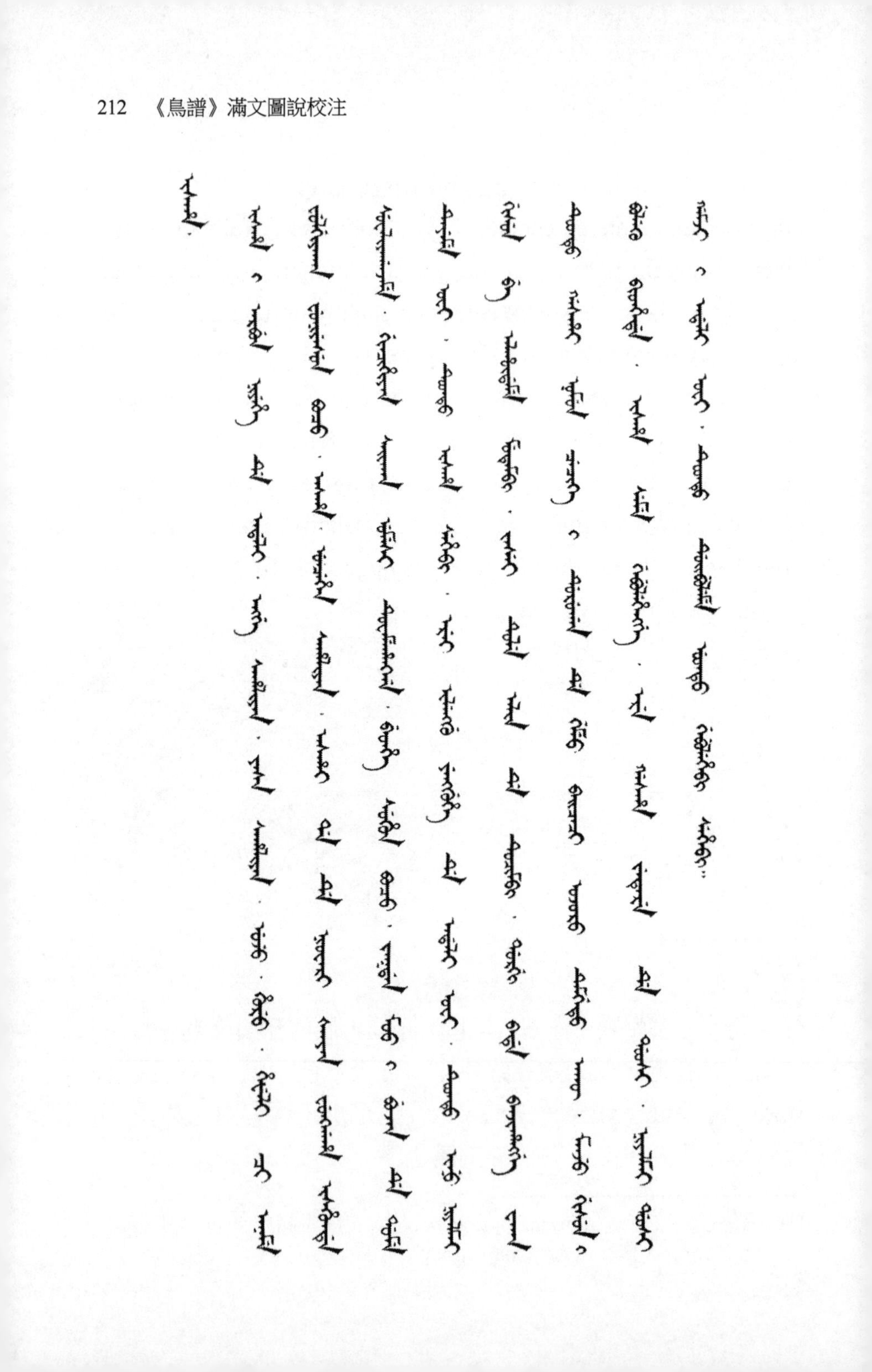

[illegible]

[illegible]

[illegible]

[illegible]

[illegible]

[illegible]

[illegible]

[illegible]

[illegible]

isha.

isha i arbun niyehe de adali, engge sahaliyan, yasa sahaliyan, uju, huru, hefeli ci aname fulgiyakan funiyesun boco, asha, uncehen sahaliyan, ashai da de niowari šanyan funggaha ishunde suwaliyaganjame, gincihiyan saikan umesi tuwamehangga, bethe suhun boco, jakdan moo i bujan de dome teyeme ofi, tuttu isha sehebi. erei ilenggu yengguhe de adali ofi, tuttu inu niyalmai gisun be alhūdame mutembi, jasei tule alin de tucimbi, dorgi bade banjihangge waka, tuttu gashai nomun cecike i durugan de gemu baicaci ojoro temgetu akū. manju gisun i buleku bithede, isha seme gebulehengge, ere gasha jetere de doosi, niyalmai doosi gamji i adali ofi, tuttu duibuleme uttu gebulehebi sehebi.

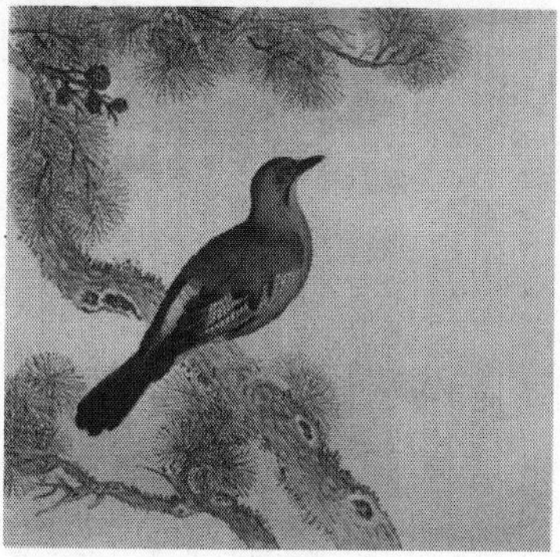

松鴉

松鴉，狀如鴉[177]，黑觜，黑目，頭、背及腹紅褐色，黑翅、尾，膊有翠白毛相間，文彩可觀，米色足，棲息松間，故曰松鴉。其舌如鸚鵡，故亦能學人語，生於塞外山中，非內地所產，故《禽經》、《鳥譜》皆無可考。《清文鑑》名「伊思哈」，謂此鳥貪食如人之貪婪，故得此名。

177　松鴉狀如鴉，滿文讀作“isha i arbun niyehe de adali”，意即「松鴉狀如鴨」，此「鴉」字誤，當作「鴨」。

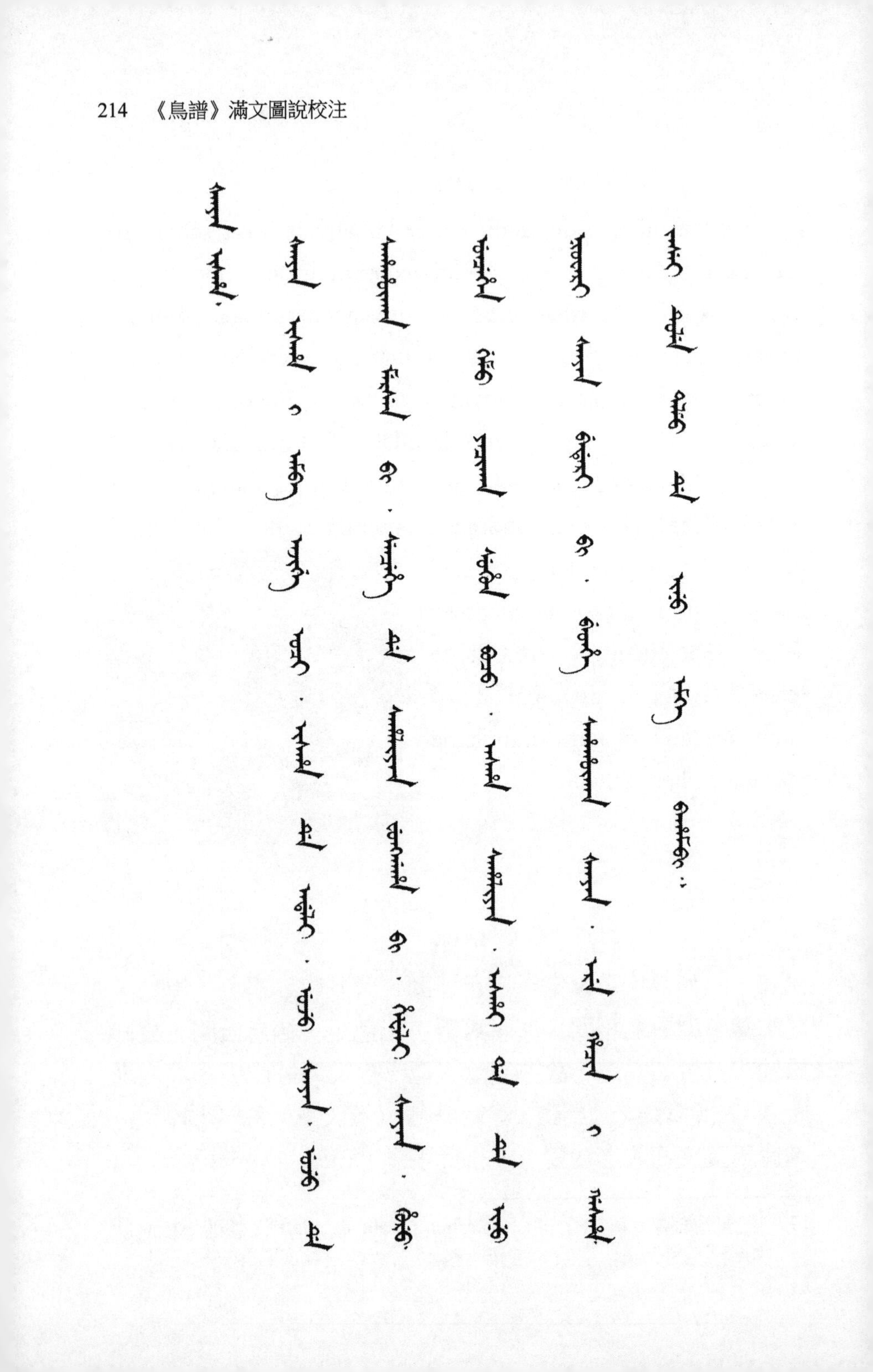

šanyan isha.

šanyan isha i amba ajige oci, isha de adali, uju šanyan, uju de sahahūkan mersen bi, sencehe de sahaliyan funggaha bi, hefeli šanyan, huru, uncehen gemu yacikan suhun boco, asha sahaliyan, ashai da de inu niowari šanyan bederi bi, bethe sahahūkan šanyan. ere hacin i gasha, jasei tule talu de inu emke bahambi.

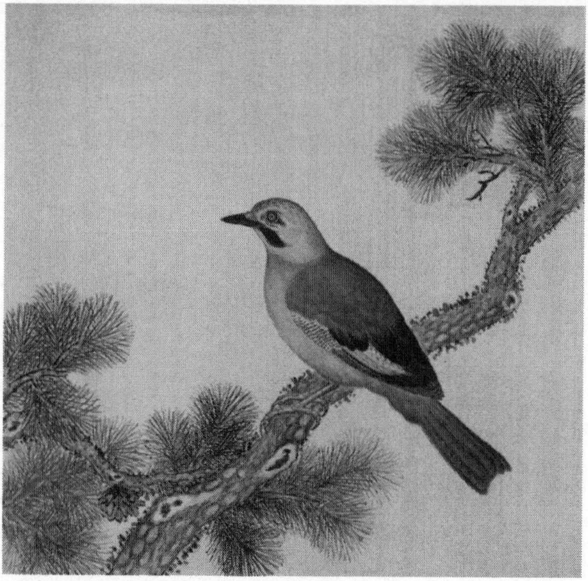

白松鴉

白松鴉，大小與松鴉相等，白頂[178]，頂有蒼點，頷有黑毛，腹白，背、尾皆青米色，黑翅，膊上亦有翠白紋[179]，蒼白足。此種塞外時一有之[180]。

178 白頂，滿文讀作“uju šanyan”，意即「白頭」。
179 膊，滿文讀作“ashai da”，意即「翅根」。
180 時一有之，滿文讀作“talu de inu emke bahambi”，意即「偶亦獲一」。